深化新时代高校共青团改革的实践探索

—— 南开大学典型工作案例集

SHENHUA XINSHIDAI
GAOXIAO GONGQINGTUAN GAIGE DE
SHIJIAN TANSUO

贺文霞　主编

南开大学出版社

天津

图书在版编目(CIP)数据

深化新时代高校共青团改革的实践探索：南开大学典型工作案例集／贺文霞主编．—天津：南开大学出版社，2022.10
ISBN 978-7-310-06289-8

Ⅰ.①深… Ⅱ.①贺… Ⅲ.①南开大学－共青团工作－案例－汇编 Ⅳ.①D297.6

中国版本图书馆 CIP 数据核字(2022)第 130851 号

版权所有　侵权必究

深化新时代高校共青团改革的实践探索
——南开大学典型工作案例集
SHENHUA XINSHIDAI GAOXIAO GONGQINGTUAN GAIGE DE SHIJIAN TANSUO
——NANKAI DAXUE DIANXING GONGZUO ANLI JI

南开大学出版社出版发行
出版人：陈　敬
地址：天津市南开区卫津路 94 号　邮政编码：300071
营销部电话：(022)23508339　营销部传真：(022)23508542
https://nkup.nankai.edu.cn

天津泰宇印务有限公司印刷　全国各地新华书店经销
2022 年 10 月第 1 版　2022 年 10 月第 1 次印刷
240×170 毫米　16 开本　19.5 印张　2 插页　321 千字
定价:98.00 元

如遇图书印装质量问题，请与本社营销部联系调换，电话:(022)23508339

本书编写委员会

主　编：贺文霞
副主编：东俊艳　刘维爽
编　委：张　彤　王　嫒　杨　奇
　　　　姚　征　杨　璨　邹傲凡

序

2019年1月17日，习近平总书记在南开大学考察期间寄语师生："只有把小我融入大我，才会有海一样的胸怀，山一样的崇高。"近年来，南开大学共青团始终牢记嘱托，以习近平总书记关于青年工作的重要思想为指引，强化"党旗所指就是团旗所向"，聚焦"国之大者"和高校立德树人根本任务，深入探索"党希望团怎么做，党需要团做什么"，围绕高校"三全育人""大思政"格局构建和高水平人才培养等中心工作，通过持续深化共青团改革，切实提升引领力、组织力、服务力和大局贡献度，勇担将"小我"融入"大我"的青春使命，当好党的助手和后备军。

在扎实推进高校共青团改革的过程中，南开大学各级团组织在实践中不断明确改革方向，逐渐形成具有时代特点的南开共青团改革发展思路，涌现出一批引领凝聚青年、组织动员青年、联系服务青年的典型举措。本书以"培根铸魂 厚植情怀""强基固本 凝心聚力""青春筑梦 知行合一"三个篇章，着力展现南开共青团在思想引领、组织动员、成长服务方面的真招实招和典型做法，为深化高校共青团改革提供借鉴。

宏伟蓝图书写雄心壮志，实现梦想重在真抓实干。踏上新征程，南开共青团必将坚定不移跟党走，坚持问题导向，坚持大抓基层，全面深化学校共青团改革，努力做到思想引领构建新格局、围绕大局实现新作为、服务青年展现新成效、改革攻坚开创新局面、从严治团呈现新气象，团结带领广大团员青年勇于在大风大浪中当先锋、做闯将，继续书写不负党和人民殷切期望的精彩篇章！

目 录

思想引领篇

第一篇章　培根铸魂　厚植情怀

宣时代之音　传南开精神
　"深度、温度、态度"——南开大学团委构建全媒体传播矩阵 …… 3
全方位培育锻造，多维度贡献作为，在青年理论宣讲的热潮中发出
　时代强音 ………………………………………………………… 9
探索"调研+宣讲+话剧"学习教育新模式
　——以物理科学学院"永怀精神"特色育人体系为例 ………… 15
立体交叉学党史，思想引领强根基 ………………………………… 21
三个"一"，让党史教育"活"起来 ………………………………… 27
敬建党百年，促宣讲联动 …………………………………………… 33
　——"史于南开"宣讲团承办全国大学生联讲启动会暨天津市
　　青年宣讲联盟成立仪式的案例 ………………………………… 33
赓续红色血脉，践行初心使命 ……………………………………… 38
做好法治精神宣讲，培养公能兼备人才 …………………………… 43
凝聚党团深刻思想，宣扬伟大恩来精神 …………………………… 49
"学科+思政"，打好网络育人组合拳 ……………………………… 55
做好青年身边人，打造网络新阵地 ………………………………… 62
　——南开大学商学院"师说心语"网络育人栏目 ……………… 62
"爱乐模式"助推社团改革，引领服务激发社团活力 …………… 67
文学艺术育品格，"南开之光"传薪火 …………………………… 73
纪念爱国运动校园接力跑，"一二·九"精神闪光新时代 ……… 78

组织动员篇
第二篇章　强基固本　凝心聚力

加强党建统领，深入推进班团一体化建设 ······ 85

以"达标创优"行动为牵引，夯实基层团组织建设 ······ 90

以"青年之友"行动为牵引，强化团干部队伍培养建设 ······ 95

把旗定向、厚植情怀、三全育人、示范担当 ······ 100
　　——南开大学深入实施青年马克思主义者培养工程经验 ······ 100

党建带班团，"五力"促协同 ······ 106

用好"点线面"结合工作法，提升团的组织力 ······ 112
　　——以理工大类学生为例 ······ 112

医学院党团班一体化建设效能的初步探索 ······ 118

"三全"改革，落实基层团委改革 ······ 125

"青心向党，固本强基"组织力提升计划 ······ 130

架构"党小组-团小组-团支部"党班团一体化建设模式 ······ 135

创设团支部辅导员，推进党建带团建 ······ 140

依托仪法团校，打造法学青年骨干培养孵化器 ······ 145

讲好团校五堂课，打造青年培育有力阵地 ······ 151

学用结合强理论，菜单选课助发展 ······ 156

以"薪火培训营"为载体，探索群众入团的培养、选拔与发展规范性
　　建设模式 ······ 161

成长服务篇
第三篇章　青春筑梦　知行合一

搭建南开大学联系服务青年协调工作组，全面深化南开学生会组织
　　改革 ······ 169

聚焦五育融合，助力青年成长成才 ······ 175
　　——南开大学共青团扎实推进五育融合育人工作 ······ 175

坚持立德树人，培育时代新人 ······ 181
　　——"师生四同"育人模式创建 ······ 181

致敬南开先贤，赓续家国情怀 ······ 187
　　——原创话剧《杨石先》搭建南开育人新平台 ······ 187

青年教师进支部，立德树人担使命 …………………………………… 193
凝聚青年力量，用语言构建"抗疫"应急服务桥梁 …………………… 198
　　——以南开大学抗击疫情翻译突击队为例 ………………………… 198
五育融合从理念到实践 …………………………………………………… 204
　　——"新工科"专业背景下校园文化建设发展路径 ……………… 204
"灯塔破雾"工作坊 赋能青年学生成长发展 …………………………… 210
全心权益，唯你所想 ……………………………………………………… 216
　　——做好学生会"加减法"，当好青年"贴心人" ………………… 216
彰显服务青年的坚实力量 ………………………………………………… 221
　　——以软件学院学生会组织改革为例 ……………………………… 221
做实事、暖人心、育学风 ………………………………………………… 226
　　——多策并举构建周恩来政府管理学院"三化"学风体系 ……… 226
发挥专业优势，开展"数学+成长护航"服务 ………………………… 232
以校园文化活动促进学生专业发展 ……………………………………… 239
　　——以环境文化节为例 ……………………………………………… 239
融合专业、深化改革、服务青年 ………………………………………… 244
　　——以医学文化节为例 ……………………………………………… 244
全员体育，将"动起来"植入你的DNA ………………………………… 250
"青莲紫"爱上"苏区红" ………………………………………………… 256
　　——苏区十年社会实践活动纪实 …………………………………… 256
"实践+体育运动+社会公益"的三位一体闭环式 实践育人模式探究 … 262
　　——以南开大学"公益晨跑 筑梦庄浪"项目为例 ………………… 262
融入社会治理体系，打造实践育人南医品牌 …………………………… 267
八载志愿路，践行公能心 ………………………………………………… 273
竞赛推介助学科创新，公益宣讲担青年责任 …………………………… 279
　　——南开大学融通人才基地社团 …………………………………… 279
"三全育人"理念下科普实践服务新发展 ……………………………… 284
　　——以物理科学学院科普育人为例 ………………………………… 284
巧用力，打造创新创业金奖项目 ………………………………………… 291
"专业+实践+创新创业"，对接产业发展需求 ………………………… 297

思想引领篇

第一篇章　培根铸魂 厚植情怀

共青团是党的助手和后备军，肩负着党赋予的团结带领广大团员青年为新时代党和国家事业发展做出新的更大的贡献的光荣职责。为更好发挥对青年团员、群众的思想引领作用，南开大学共青团以习近平新时代中国特色社会主义思想为指导，全面贯彻习近平总书记关于青年工作的重要思想和视察南开大学重要讲话精神，坚持党对共青团工作的领导，坚持正确政治方向，丰富政治理论学习新形式，搭建主旋律宣传矩阵，坚持发挥桥梁和纽带作用，深入青年群体，下大力气做好思想政治引领的核心工作。

构建"学科+思政"格局，学深悟透实效不断增强。不同专业结合实际情况，把学科建设发展、学科教育教学、学科历史宣传等与思想政治教育紧密结合，从不同角度宣传和阐释党的理论、方针、政策，合理利用红色资源，让青年坚定道路自信、制度自信、理论自信、文化自信，推动深入学习习近平新时代中国特色社会主义思想取得实效。鼓励青年学以致用，把专业学习成果投入到建设社会主义现代化强国的伟大征程中。

设计"宣讲+话剧"模式，青年理论学习不断深化。以讲促学，宣强国梦，推动师生"同学、同研、同讲、同行"，深化青年理论武装实效。以剧增效，演爱国梦，赓续百年南开话剧传统，以话剧美育助力宣讲入脑入心。积极构建大宣讲体系，形成全国联合宣讲态势，以扎实行动影响带动师生群众学史明理、学史增信、学史崇德、学史力行，在深入推进党史学习教育中发挥磅礴的青年力量。

搭建"主旋律+宣传"矩阵，网络意识形态阵地进一步筑牢。意识形态工作是为国家立心、为民族立魂的工作。做强正面宣传和拓宽传播矩阵，是共青团坚持围绕中心、服务大局的重要途径。各级共青团坚持正确的政治方向，以学生为中心打造宣传矩阵。坚持在大局下思考、在大局下行动，明确职责定位、展现自身价值，抓住重大时间节点紧紧围绕党和国家重要事业发声。不断拓展网络育人栏目，打通理论宣传最后一公里。创新工作方式，解决青年问题，牢牢把握青年思想动态变化，引领青年树牢理想信念，从根本上筑牢校园网络意识形态阵地。

本篇章聚焦思想引领，遴选14篇典型案例，展现了学深讲透习近平新时代中国特色社会主义思想，持续深化主题教育、青年理论学习宣讲，做强正面宣传和拓宽传播矩阵等提升共青团思想工作水平的典型做法。

宣时代之音　传南开精神

"深度、温度、态度"——南开大学团委构建全媒体传播矩阵

一、背景情况

南开大学团委全媒体工作主要由校团委宣传部、网络新媒体运营中心负责。南开大学团委既能独立完成筹办活动、撰写稿件、手绘美工、摄像摄影、程序设计、新媒体运营等宣传工作，更能立足自身政治组织站位，发挥舆情监督、思想引领的作用，协助加强校内意识形态建设，同时积极联络学院宣传组织，通过审核发放记者证、在学院设立记者站的方式，引领建设了一支60余人的校园记者队伍，宣传队伍人手足、热情高、实力强，业已形成以微信平台为主，融合微博、抖音、纸媒、微信视频号以及深度报道、专业访谈、广播流媒体、微纪录片等多媒介平台的闭环式全媒体矩阵，着力打造有深度、有温度、有态度的报道内容，不断拓宽贴近青年、活泼生动、兼具新媒体与传统媒体创作的宣传形式，依托宣传工作规范化制度安排，形成了具有学习引领力、平台传播力、产品影响力、舆论引导力的南开共青团宣传工作新局面。南开大学团委全媒体获评"2020年度全国优秀高校媒体"、第七届红枫大学生记者节"十佳校媒"等称号。

二、主要做法

（一）制度规范，保障有力

在日常思想政治引领上，南开大学团委全媒体坚持"漫灌+滴灌"相结合，注重把握宣传工作的"时、度、效"。在加强主题宣传教育的同时，以特色团日活动考评、三级宣传工作联席会、十佳宣传组织负责人评选、新媒体阵地建设月报等制度为依托积极对接各学院，以学院宣传组织为枢纽深入青年，了解青年，引导各学院开辟出具有学院特色的宣传工作模式，高质量完成思想引领任务。考评机制完善，既有新媒体月度榜单、优秀推文评比以及激励机制进行正向引导，也有以周为单位进行总结的舆情监督报告进行负向管控，新媒体工作整体蓬勃发展。

（二）通力合作，担当作为

南开大学团委全媒体工作职能部门团结一致，互相支持；下设平台科室分工明确，各司其职。办公活动事务管理平台负责部门内外文件整理存档、各种实体活动筹备开展；学生媒体记者管理平台负责原创内容制作生产；新媒体云端管理平台负责活动策划及产出计划安排；网络新媒体运营中心负责各种新媒体榜单整理、舆情监督，招募团队入驻团委网络新媒体运营中心工作室，首批已入驻10个学院74位南开师生。在长期宣传工作开展过程中，南开大学团委全媒体更是形成了以"团宣十诫"为代表的敢担当、能作为的工作精神，团队工作分工明确、高效运转，激励着新媒体人不断进取、锐意创新，共同打造有态度、有温度、有热度的新时代共青团全媒体优质原创作品。

（三）深入青年，服务青年

南开大学团委全媒体着力发挥青年意见聚合体的平台价值，定期策划青年人关注的热点选题，深入青年开展调查研究，形成调研成果，并用青年人喜闻乐见的新颖形式进行编排整理，推出系列主题推送。2021年，南开大学团委全媒体共发布了涉及社交心理、自习室、二手交易、情绪、音乐歌词、大学生活、废话文学、校园活动、婚恋交友等不同主题的调研内容10余项，阅读量总和近5万人次。着重发挥互联网融媒体育人作用，设计开展了一系列主题线上线下活动，开辟"蜕变""成像""聚焦""近话论"等一系列新媒体原创专栏，选拔培养不同层次共青团宣传干部，扎实培育出一批网络正能量育人成果，真正做到深入青年、了解青年、服务青年。

三、思路举措

（一）强化思想引领，筑牢理想信念之基

当舆论如潮水般铺天盖地涌来时，宣传工作的风向标应该如何树立？在大数据时代，驳杂的声音难免让人陷入迷茫，而正确的宣传引领就是指明方向的灯塔。南开大学团委推进"网上共青团"建设，守好青年思想引领阵地，建立共青团全媒体宣传矩阵，设计开通多种共青团业务子系统，打通团青互动最后一公里。

持续深入开展"青年大学习"等主题学习教育活动，指导各级团组织在重要时间节点开展纪念活动，厚植爱国情怀。切实发挥共青团政治功能，使习近平新时代中国特色社会主义思想，特别是习近平总书记关于青年工作的重要思想，在青年师生中入脑入心，教育引导青年师生坚定四个自信，将"爱党、爱国、爱社会主义相统一"教育贯穿全校各级团组织各项工作始终，创新性开展系列主题教育活动，持续壮大主流意识形态传播声量。持续推进党史学习教育，南开大学团委在微信公众号平台开设"百年风华正当时"专题，集合各级团学组织的党史学习教育优质活动和内容；联合演讲团开辟"学党史·讲党史"专栏，用南开青年朗读党史故事的方式创新党史学习教育形式，共推出两季（共15期），内容涵盖了党的领袖、革

命英烈、爱国科学家等众多党史人物的经典故事。

（二）树立高校品牌，打造原创文化精品

校园原创文化作品植根于学校的文化基因，反作用于校园文化繁荣，能够发挥春风化雨、润物无声的教育功能，是开展思想政治教育的鲜活形式与生动教材。

在迎接百年校庆时，南开大学团委全媒体平台组织实践团队前往云南、广东、湖北、江苏等地进行《找寻南开》专题纪录片拍摄，寻访百年南开印记，并深入发掘这些印记背后的故事，让广大"南开人"在实践中更深刻了解南开历史，领悟南开精神，感受南开文化。"百天看百年南开"校史宣传项目以"南开大学团委"微信公众平台为载体，组建专业团队，一天打造一期精品推送，用一百期推送讲述百年南开故事。同时，推出校庆答题小程序，制作"校庆十二时辰""打卡新民俗为祖国母亲庆生"等一系列优秀的新媒体文化创意作品，用正能量占领网络空间主阵地。秉持理论与实践相结合的原则，致力于通过多种形式全方位向南开百年献礼，向全校、全社会讲好南开百年故事。

（三）走近南开青年，壮大主旋律传播声量

通过构建以微信平台为主，融合微博、抖音、纸媒、视频号等在内的全媒体传播矩阵，南开大学团委打造了一批正能量、高质量、聚青年的网络文化产品。提早部署迎庆建党百年新媒体文创作品，各基层学院团委积极响应，精选出优秀作品38件，以原创短视频、海报、漫画、视频网络日志（VLOG）、文创产品设计等多种形式展现南开青年在建党百年的峥嵘岁月里的奋斗故事；充分发挥技术优势，由南开大学团委宣传部策划，"很南不开心"工作室制作推出《百年芳华》音乐短片（MV），用说唱形式展现百年大党历经风雨的历史、昂首阔步的现在和无限光明的未来，献礼建党百年；推出原创街访栏目《开新街坊》，关注校园热点，倾听青年心声，为高考学子加油，为自己的梦想努力；举办"百年起航，青春飞扬"南开大学共青团首届学生媒体达人风采大赛，旨在通过南开青年媒体人的视角，

讲好南开故事，传播南开声音，展示了南开青年的爱国热忱与青春风采，挖掘出一批青年媒体达人和优秀作品，走近青年，了解青年，推动团属学生媒体融合发展。

四、改革实效

（一）全面优化宣传原创内容，构建网络思政新格局

运用新媒体手段开展思想引领，强化阵地建设活力。不断拓宽传播矩阵，在原有宣传阵地基础上，适时进驻青年喜爱的新兴媒体平台，构建融媒体传播矩阵，做强正面宣传。完善宣传体制机制，建立全视角收集信息、科学化处理信息、现代化传播信息的全链条工作程序，建设一支兼具管理能力和专业能力的宣传工作队伍。持续打造网络精品，着眼优化内容供给，设计制作一系列鲜活生动的线上精品产品。打通信息传导通道，及时进行分析研判，做到早预警、早引导、早干预，打赢舆情风险化解的主动仗，助力校园环境和谐稳定。

以融媒体建设为重点，着力构建网络思政新格局。针对青年学生思想特点开展宣传工作，对党的科学理论进行青年化阐释，不断增强对意识形态领域复杂性的警惕和鉴别力，通过设计制作宣传作品满足青年学生对融媒体文化产品的需求以及共青团引领工作的需要。

（二）完善以青年为主体的校园媒体宣传阵地

构建以青年为主体的校园宣传阵地，充分发挥青年的首创精神，给予青年充分的自主探索空间，鼓励学生运用独具特色的、符合当代大学生特点的表达方式和语言习惯，独立思考，主动探索。全媒体团队互帮互助，评价体系"既看结果也看过程"，让学生在参与宣传工作的过程中有收获、受教育、促提升；容错纠错机制不断健全完善，积极营造鼓励青年创新创

同时加强对校园媒体宣传阵地的宏观监督,确保学生宣传媒体的方向和原则正确,树立积极向上的舆论导向,发挥高校思想政治教育功能。

(三)师生共绘同心圆,育人润物细无声

南开大学团委全媒体践行"师生共同体"理念,将指导教师与学生紧密联结在一起。教师引导方向,做媒体内容的引路人,营造开放、包容、支持、引导的成长氛围;学生自主探索,大胆提议,勇于创新,合作交流,充分发挥主动创造性。师生秉持着精益求精、坚持不懈的"工匠精神",脚踏实地,戒骄戒躁,不为浮名,苦心孤诣,致力于优质原创内容持续输出,建设南开大学共青团原创文化品牌。

正是在"师生共同体"模式的带动下,南开大学团委全媒体始终葆有旺盛的创作力和生命力。师生团队在讨论中产生思维的碰撞,实现教学相长,良性互动,在时间和空间上极大延伸了育人工作的手臂,让思想育人更富营养、更接地气、更有温情、更具活力地给学生以人生启迪、智慧光芒、精神力量。

撰稿人:郭威

图 1-1 团委融媒体矩阵

全方位培育锻造，多维度贡献作为，在青年理论宣讲的热潮中发出时代强音

一、背景要求

为深入学习贯彻习近平新时代中国特色社会主义思想，深刻领会习近平总书记关于青年工作的重要思想，2019年2月，共青团中央决定在全团实施"青年讲师团"计划，持续深化"青年大学习"行动，推进马克思主义中国化、时代化、青年化，推动党的科学理论青年化阐释、理论武装工作创新化发展。

我校各基层学生宣讲团已初具规模，为强化顶层设计、高位整合资源，统筹宣讲团规范化、特色化、规模化发展，增强青年理论宣讲队伍整体培育建设，学校团委精准聚焦需求、跨界融合优势，改革调整"供给侧"，于2020年5月正式成立我校"成才报国青年宣讲团"。

2021年，为庆祝中国共产党成立100周年，扎实推进"学党史、强信念、跟党走"学习教育走向深入，共青团天津市委员会就开展党史学习专题宣讲工作做出具体部署安排，动员各级团组织充分运用青年载体、青年故事、青年语言等，积极开展对象化、分众化、互动化宣讲。

二、工作目标

聚焦学习宣传贯彻习近平新时代中国特色社会主义思想，推动各学科

专业、各级团组织积极发现、选拔、培养一批政治坚定、善于面向青年传播党的理论主张的优秀青年讲师，常态化深入基层、走进青年，围绕党的理论、党史国史、形势政策、成就故事等，开展面对面、互动性的宣讲交流，注重解疑释惑，回应青年关切，以"小切口"展现"大视角"，把党的理论讲清楚、讲明白，让青年听得懂、记得住、能运用，激励和引领广大青年真正在内心深处增强"四个意识"、坚定"四个自信"、做到"两个维护"，坚定不移听党话、跟党走，在新时代新征程上争做担当民族复兴大任的时代新人。

三、思路举措

（一）打造党史宣讲轻骑兵，分层次高标准做好选拔培育

工作启动以来，学校团委严把宣讲团政治方向，紧紧围绕学习宣传贯彻习近平新时代中国特色社会主义思想、落实落细党史学习教育要求，高标准遴选、高质量打磨青年宣讲团队伍。

锻造"青年讲师团"排头兵。 由学校团委书记贺文霞，学校党委宣传部副部长、校史研究室主任、马克思主义学院副教授肖光文，天津青年党史宣讲团成员、马克思主义学院副教授刘一博等16名来自不同学科，在专业教学、思想政治教育和共青团工作一线的优秀青年教师组成宣讲团第一梯队"青年讲师团"，充分发挥综合性大学和首批全国重点马克思主义学院的学科优势，凝聚资源力量，织密党的创新理论和青年工作实践纵横交错、螺旋上升新网格，构筑"理论金课"策源新高地。

培植"青马领学团"示范队。 遴选南开大学"青马工程"培训班优秀学员骨干组建"青马领学团"，亮明身份、突出专长，聚焦马克思主义理论经典原著、中国共产党人精神谱系、基层一线模范的奋斗奉献故事等，通过领学、研学、讲学相结合的创新方式，营造读原著、学原文、悟原理的浓厚氛围；总结凝练运用基层治理和群众工作实践中的生动素材，以知促

讲、以讲促学、以学促践，激发内生动力，构建学习闭环，充分发挥"点亮一盏灯、照亮一大片"的朋辈引领示范作用，打造学习宣传贯彻习近平新时代中国特色社会主义思想的领航头雁队伍。

建强"基层特色学生宣讲团"主力军。整合各分团委"学生永怀精神宣讲团""杨石先精神宣讲团""恩来精神展演团""红色记忆宣讲团""民法典精神学生宣讲团""史于南开宣讲团"等基层特色学生宣讲团为第三梯队，从"走出去"到"沉进去"，发挥独有的深入普通团员青年开展小范围、互动式交流的优势，在学科互补、优势融合中培育鲜明特色、彰显文化品牌。强化政治引领，提升学习实效，于宣讲团中建立临时党团支部，夯实党团组织对宣讲团特色项目的政治把关和指导作用。

（二）雕琢青年思政精品课，全链条一盘棋抓好学习研讨

以学为基、学研并进，着力加强党的科学理论的青年化阐释和具象化解读，突出思想引领的针对性、实效性，以点带面、由表及里地抓好宣传教育。

推进常态化"师生同学同研"。宣讲团定期举办集体备课会，来自不同学科专业的青年师生共同研习领会党中央最新指示要求和习近平总书记重要讲话精神，围绕党史学习教育共同研讨宣讲主题、思路与方法技巧。为了让青年讲师更快地在集体备课中找准结合点、下好先手棋，"成团"伊始，团委就为讲师团成员配备了习近平《论中国共产党历史》《中国共产党简史》等理论书籍，并依托理论中心组学习机制邀请全国党的建设研究会特邀研究员、我校马克思主义学院教授、博士生导师张健，中央团校（中国青年政治学院）教授、共青团工作理论研究所所长吴庆等专家名师为宣讲团成员作"怎样学好讲好党的历史"、"青春如歌——中国共产党与中国青年100年"、习近平总书记"七一"重要讲话精神、党的十九届六中全会精神等主题培训授课，把握政治方向，开好方法小灶。

打造订单式"行走的思政课"。针对不同受众特点和需求，严格选题申报，精心设计宣讲课程"菜单"，努力提升宣讲水平，以"你点单，我来讲"的服务形式扎实传播好党史学习教育的南开青年之声。自"成才报国青年宣讲团"预约工作启动以来，面向校内外发布了"换了人间——大历史观视野下中国共产党的百年奋斗""以人民为中心：中国共产党的初心使命"

"感悟百年党史,赓续红色血脉——学习贯彻习近平总书记'七一'重要讲话精神""党的领导与青年使命——学习贯彻党的十九届六中全会精神"等20门青年教师理论金课,推出"传承'两弹一星'精神,走好民族复兴之路""跨山越海有真情:西海固青年扶贫史""大学生活,有'典'不一样"等30余门基层学生宣讲团队特色课程,讲清楚党的光辉历程、初心宗旨、重大理论成果、伟大精神、宝贵经验。在明确"讲给谁""讲什么"的基础上,宣讲团积极创新"如何讲",以青年喜闻乐见的形式,开展场景型、沉浸式、融入化宣讲,着力增强感染力和说服力,广受欢迎。

图 1-2　青年讲师团成员宣讲习近平新时代中国特色社会主义思想

(三)聚焦服务大局贡献度,全方位多渠道展现共青团作为

针对突出需求,发挥团的组织动员优势,集中开展若干服务社会、服务青年、服务群众的重点项目,持续深化品牌工作的时代内涵,引导青年在贡献大局中成长进步。

双向育人,搭建"受教育、长才干、作贡献"的互动平台。义务教育阶段"双减"政策出台以来,宣讲团积极响应号召,组建"课后服务"志愿团队,对接中学生需求,着力打造具有"公能"特色的课后服务课程,涵盖理想信念教育、优秀传统文化、法律知识普及等各个方面，深入南开大学附属中学、新华中学等开展宣讲实践，在广度和深度上加强协作，为建设高质量教育体系、强化学校教育主阵地作用贡献力量。积极构建横向协同、纵向衔接的"高校-中学"实践育人平台，在服务中锤炼本领、增长才干，实现"双向育人"效果最大最优化。

主动引领，展现"聚合力、高质量、广覆盖"的担当作为。联合北京大学、复旦大学等高校牵头发起全国高校青年宣讲团联讲活动，构建大宣讲体系，形成全国联合宣讲态势；召开"学习贯彻党的十九届六中全会精神青年论坛暨'天津市高校青年宣讲联盟'工作交流推进会"，积极搭建资源共享平台，扎实建构学习交流运行体系。发挥宣讲联盟联学联讲优势，以天津市县域共青团组织改革试点和"两新"组织团建为契机，与多区签约大中小学思政一体化实践基地，与政府机关、国有企业共同成立"服务青年岗位建功合作联盟"，开展"服务青年群体思想建设"共建，针对不同领域、不同行业和不同年龄阶段青年，设计分众化、有针对性的宣讲，发挥专业学科和人才资源优势，推动宣讲进企业、进农村、进社区、进网络，切实引导全市青少年知史爱党、知史爱国、知史爱社会主义。

图1-3　2021年4月，举办全国高校青年宣讲团联讲启动会暨天津市高校青年宣讲联盟成立仪式

四、改革成效

在意识形态工作的第一线，在思想政治教育的最前沿，宣讲团大处着眼、细处着手，奏响南开"后浪强音"，已成为提升青年工作思想性、理论性和亲和力、针对性的创新载体和有效途径。截至 2021 年 11 月，宣讲团深入基层村镇、街道、企业、学校等，以线上线下相结合的形式在校内各专业学院，天津、西藏、新疆等地各中小学开展宣讲活动共计 172 场，打造精品宣讲作品 50 项，累计覆盖 22,929 余人。

在一系列宣讲实践中，挖掘、培养、锻造了一支能够讲清重大观点、善于释疑解惑、激发奋进动力的青年宣讲人才队伍，讲学相长、同心同向，以理论深度、时代厚度、实践力度、情感温度打通青年理论武装工作的"最后一公里"，引导青年努力成长为习近平新时代中国特色社会主义思想的坚定信仰者和忠实实践者，在建功"十四五"、奋进新时代的历史征程上矢志践行"请党放心，强国有我"的青春誓言。

撰稿人：刘天阳

探索"调研+宣讲+话剧"学习教育新模式

——以物理科学学院"永怀精神"特色育人体系为例

一、背景要求

为在新时代加强和改进党的群团工作,贯彻深化共青团改革文件精神,物理科学学院以习近平新时代中国特色社会主义思想和党的十九大精神为指导,全面贯彻落实习近平总书记视察南开大学重要讲话精神和全国高校思想政治工作会议、全国教育大会精神,坚持把立德树人作为根本任务,贯彻落实"三全育人"理念。物理科学学院探索"调研+宣讲+话剧"学习教育新模式,形成以"永怀精神"为核心的特色育人体系,通过深入实践调研、聚焦理论宣讲和打造原创话剧,立足党史,通过实践调研、宣讲和展演南开大学杰出校友、"两弹一星"元勋、烈士郭永怀先生以身许国的感人事迹,展现中国共产党坚强领导"两弹一星"科研攻关的光辉历程,深入学习宣传贯彻习近平总书记关于弘扬"两弹一星"精神的重要论述,传承南开"公能"精神,强化理想信念教育,厚植爱国主义情怀。

二、工作目标

物理科学学院以政治建设为根本,以专业需求为导向,深入挖掘物理学科的红色资源优势,依托对南开大学杰出校友、"两弹一星"元勋、烈士郭永怀先生的事迹精神开展的深入研究，着力搭建一套协同育人的组织保障体系、开创一批扎根专业特色的实践项目、形成一批党史学习教育特色宣讲、培育一部爱国颂党精品原创话剧、创作一组广泛传播的新媒体作品、开展一系列根植专业需求、品牌特色鲜明、辐射作用突出的组织育人实践探索，力求以"永怀精神"为依托，通过"学-思-践-悟"持续深入构建"实践+"型组织育人新模式，在学院、学校、社会范围内争做示范引领，形成辐射带动，努力营造科研报国的良好氛围，打造特色品牌。

三、思路举措

物理科学学院以"永怀精神"为依托和主线的主题实践，进一步贯彻落实党史学习教育动员大会精神，深入学习宣传贯彻习近平总书记关于传承弘扬"两弹一星"精神的重要论述。物理科学学院组建实践队，通过"学-思-践-悟"，打造高校"第二课堂"新形式，以实际行动献礼建党百年；培育形成系列主题宣讲，丰富载体助力形式创新，激发理论宣讲工作常讲常新；深入社区、学校开展宣讲展演，助力天津市大中小学思政课一体化建设，让爱国主义在青少年心中扎根；在校内外多个单位支持下，宣讲团主持创作原创话剧献礼建党百年，推动爱国主义教育入脑入心。此外，借助线上平台聚焦辐射带动，"互联网+党建"格局见行见效。

（一）深挖优势资源，"师生同行"实践调研

依托党支部建设、知行南开暑期社会实践项目等，物理科学学院将团组织建设融入学校"师生四同"的"大思政"格局，深入挖掘郭永怀烈士事迹精神，组建"传扬永怀薪火，勇担时代使命"系列实践团，深入挖掘南开校友、"两弹一星"元勋、烈士郭永怀事迹精神，连续5年前往其家乡山东荣成及其学习工作地北大、清华、中科大、中科院力学所、青海原子城等地进行实践，深入感悟和调研"永怀精神"，构建起"实践+"型组织育人新模式；打造以"永怀"为主题的特色教育品牌；在郭永怀事迹陈列

馆、青海原子城国家级爱国主义教育示范基地纪念馆等地建立实践基地，搭建了馆校协同的常态化实践项目和联系机制。

2021年，宣讲团成员延续往年赴郭永怀事迹陈列馆挂职实践、前往青海原子城交流调研的实践传统，再次组建两支"师生同行"暑期实践队，分别赴山东荣成郭永华事迹陈列馆与青海原子城开展社会实践，构建起"实践+"型组织育人新模式，打造了以"永怀"为主题的特色实践教育品牌。

图1-4　2021年7月，物理科学学院赴山东荣成暑期社会实践队

（二）强化调研成果，聚焦党史教育宣讲

南开大学物理科学学院以实践交流调研成果为基础，组建南开大学学生永怀精神宣讲团，持续深入推进党史学习教育，积极将自身工作融入天津市大中小思政一体化建设和学校"师生四同"的"大思政"格局。自2018年以来，宣讲团培育形成题为《"两弹一星"，永怀不忘》《仰望星空，初心永怀——致敬民族脊梁郭永怀》《传承"两弹一星"精神，走好民族复兴之路》等的一批党史学习教育特色宣讲。

为深化新时代学校思想政治教育一体化建设，助力思政教育体系建立，宣讲团先后受邀前往红桥区丁字沽小学、河西区梅苑小学、天津港保税区空港学校等多所中小学开展主题宣讲；受邀参与红桥区大中小学思政课一体化建设暨馆校共建推动会，为推进大中小学思政课一体化建设工作提供了鲜活的实践载体和丰富的活动资源，积极助力新时代思政课建设内涵式发展，力求将宣讲团工作融入天津市大中小学思政课一体化建设。

学生永怀精神宣讲团累计前往天津市各大中小学、社区基层开展宣讲90余场、覆盖4万余人。宣讲团成员先后代表学校接受中央党史学习教育重点督察观摩，向教育部党史学习教育高校第二指导组进行党课汇报展示，在全国高校青年宣讲团联讲启动会、全国高校研究生党的十九届四中全会精神学习论坛等大型活动中宣讲时代强音。

（三）创新教育形式，打造精品原创话剧

在宣讲实践的理论基础上，南开大学物理科学学院紧紧围绕歌颂南开物理杰出校友、民族脊梁、"两弹一星"元勋郭永怀的杰出事迹主题主线，启动《永怀》话剧项目，通过宣传郭永怀为国防事业奉献一生的事迹，向青年一代传递南开与国家民族同频共振的价值取向、精神品质和文化自觉，形成了具有南开物理特色的社会实践育人品牌。

图1-5　2021年6月9日，话剧《永怀》在天津市人民艺术剧院进行爱国颂党主题话剧展演

由南开大学物理科学学院师生自编自导并组织排演的话剧《永怀》，先后在武清区、宁河区、静海区青少年党史学习教育活动中进行专场展演，在校内外宣讲20余场，受众超过2万人，话剧得到天津市委宣传部、市文明办、市科协、市教育两委、团市委和天津北方演艺集团的大力支持，相关事迹被《光明日报》、人民网、新华社、《天津日报》等众多媒体多次报道。

（四）聚焦辐射带动，发挥"互联网+"体系优势

疫情期间，宣讲团努力创新宣讲形式，加强宣传辐射，依托线上平台面向近3千人次开展线上宣讲10余场，并通过新媒体平台创作、发布了一系列广泛传播的新媒体作品。

宣讲团联动学院党团支部，在学院微信公众号开设"样板领学"和"星空为他点亮"专栏，发布"两弹一星"精神系列作品。宣讲团负责人王天皓作为5名高校青年代表之一，在人民网五四青年节特别策划视频中结合郭永怀事迹讲述"两弹一星"精神；代表南开大学在《中国研究生》杂志"百校研究生颂百年"活动中讲述郭永怀事迹；录制市教委"百年辉煌看津门"主题"口述史"系列短片，相关作品浏览量超200万。物理科学学院通过将宣讲与宣传工作有机结合，利用网络平台讲述人物事迹，弘扬伟大精神，有效探索形成了覆盖广泛、切实可行的"互联网+"模式。

四、改革成效

学生永怀精神宣讲团成员作品获评学校研究生"十佳微党课"、南开大学首届微团课大赛第一名；宣讲团成员中多人入选天津市青年讲师团和各级讲师团，相关活动受到中国新闻网、中国青年网等众多媒体报道。

相关实践项目先后获评全国大学生暑期实践优秀团队，全国"三下乡"暑期社会实践优秀团队案例、百篇优秀调研报告，2次天津市"三下乡"暑期社会实践优秀团队。原创话剧得到天津市委宣传部、天津市教育两委等各个单位的支持，在天津人民艺术剧院进行专场展演，多次得到媒体专

题报道。

经过长期实践，南开大学物理科学学院围绕"永怀"主题开展了一系列根植专业需求、品牌特色鲜明、辐射作用突出的思想引领实践新探索，摸索出一套集"调研""宣讲""话剧"为一体的主题化思想引领学习教育新模式。

一是"调研要深入"，依托馆校共建，根植专业特色，挖掘现有的优势资源，特别是关于南开大学革命先烈、优秀校友的经典案例和爱国事迹，依托"师生同行"暑期实践，以调研实践、实地采访等形式丰富调研主题内容。

二是"宣讲要深刻"，基于调研实践的主题讲好中国故事，弘扬中国精神，宣传骨干集体备课、宣讲主题时长灵活、宣传形式多样丰富，结合音视频剪辑、朗诵演绎等形式提升宣讲效果，激发理论宣讲工作常讲常新。

三是"话剧要生动"，在学中演，在演中学，激励剧组成员深入学习主题人物的爱国事迹，组织实践活动，深入感悟主题人物，把话剧演"活"，推动爱国主义教育入脑入心。

四是聚焦辐射带动，利用新媒体阵地做好意识形态引领传播工作，做好线上线下工作间的协同衔接，有效推动"互联网+"格局见行见效。

五是做好协同组织保障，通过永怀团校"话剧节"选拔优秀演员加入话剧团，选拔党团支书与团学骨干加入宣讲团，建立宣讲团、话剧团团支部，发挥组织引领，做好组织协同保障。

撰稿人：李凡一、王天皓

立体交叉学党史，思想引领强根基

一、背景要求

加强党史学习教育，对于推进高校共青团改革，牢牢把准政治方向意义重大。2015年，党中央首次召开群团工作会议，习近平总书记指出，要推动各群团组织结合自身实际，紧紧围绕增强"政治性、先进性、群众性"，开创新形势下党的群团工作新局面。加强党史学习教育，对于高校共青团把准政治方向，推进和深化改革有重要意义。

深入开展党史学习教育，是抵御不良思潮，增强青年学生价值引领的现实要求。青年人思维活跃，价值观还未完全定型，辨别力不强，特别是处在新媒体时代的新一代青年学生，面对网上大规模的冗余信息，易受到不良思潮的影响。因而，要在青年学生中不断深化党史教育，坚持不懈地培育和弘扬社会主义核心价值观，从而使青年学生坚定跟党走的决心，立志肩负起民族复兴的时代重任。

二、工作目标

2021年是中国共产党成立100周年，值此重要时间节点，生命科学学院牢牢把握契机，着眼共青团改革大局，以学生为中心，创新理想信念教育工作进路，构建党史教育新模式，深入开展党史学习教育。

党史学习教育的开展，一是为了服务于高校立德树人的根本任务，通过强化思想引领,服务青年成长成才的需求;二是为了深化以学生为中心的共青团改革,通过把握学生思想动态,把准青年学生脉搏,了解青年学生心声,提升引领青年的成效,将共青团改革深深植根于服务青年学生的生命线,建设更加坚强有力的高校共青团组织;三是为了引导青年学生领会只有社会主义才能救中国,只有坚持和发展中国特色社会主义才能实现中华民族伟大复兴的历史逻辑和现实逻辑,坚定广大青年学生听党话、跟党走的信念。

三、思路举措

高校共青团组织要结合实验学科的学科特性和学生特质,采取有针对性的方式开展党史学习教育,提升思想政治教育的实效性。实验学科学生存在学业压力大、实验任务重、理论素养薄弱、重实践轻理论等问题,对实验学科学生开展党史学习教育面临现实困境。如何在学生时间紧、底子薄、兴趣低的条件限制下,创新党史学习教育机制,丰富形式,调动学生兴趣,强化思想引领,服务学生成长,是实验学科相关的高校共青团组织亟待解决的问题。

生命科学学院团委围绕生物学科特性,精准把握生物学科学生的特点,创新构建"走、看、画、讲、写"五位一体的立体交叉党史学习教育模式,触发多感官的联动协同作用,优化传统教育模式,降低学习门槛,致力于提升活动的创新性、参与性、互动性和趣味性,激励团员青年学习党史,传承红色基因,赓续百年初心,做到学史明理、学史增信、学史崇德、学史力行,争做时代新人。

(一)徒步参观学党史,打造沉浸式学习体验

天津市红色革命遗址众多,生命科学学院充分依托市内红色资源,以景引学,通过开展"寻根铸魂铭初心,行稳致远新征程"徒步参观红色教育基地等活动,将党史学习融入寻访红色风景、红色初心之中,打造沉浸

式党史学习体验，最大限度发挥其教育功能。

活动中，师生们从南开校园徒步抵达平津战役纪念馆，其间共唱红歌、共讲行进中的微党课、重温入党誓词，融合理论学习、仪式教育等多种活动形式，通过红色教育基地珍贵的展品、影像资料等，将历史定格，直观呈现老一辈革命家为中国人民谋幸福，为中华民族谋复兴的坚定初心和奉献精神。在沉浸式的党史学习体验中，自觉增强守初心、担使命的思想自觉和行动自觉。

图1-6　2020年8月30日，徒步参观学党史活动

（二）话剧表演观党史，营造场景式学习氛围

话剧作为一种独特的艺术形式，兼具直观性和对话性，能够直接作用于观众的听觉和视觉，还原历史场景。生命科学学院通过举办一系列红色话剧展演活动，引导学生挖掘党史故事，让学生在琢磨角色、塑造人物、设计创作的过程中，跟随人物重新回到那个艰苦卓绝的年代，感悟先辈们用生命捍卫信仰、用信仰诠释生命的感人故事，深学党史铭初心。

学院组织青年学生深刻挖掘党史、校史、院史中的红色基因和育人元素，精心打磨了《金色的鱼钩》《风声》《采莲南塘秋》《萧采瑜》等话剧。

这些话剧或是抓住人物的语言、动作、神态等进行细致入微的刻画，从而反映出人物崇高的精神世界，折射出共产党人为理想为信仰不畏牺牲的崇高品质；或是通过独特的视角呈现百年南开波澜壮阔的校史，生动诠释爱国主义是南开的魂；又或是呈现南开生物学人重建生物系的艰辛历程，将老一辈科学家筚路蓝缕、爱国报国的襟怀生动展现，引领学生站在新时代的历史节点上，担当新使命，实现新作为。

（三）齐心手绘忆党史，拓展多维度学习渠道

生命科学学院立足学院特色，发挥生物学科专业特长，调动学生积极性，通过培养皿绘图、手绘、剪纸、篆刻、手工艺品制作等多种艺术呈现形式，带领广大学生回顾中国共产党一路走来的艰辛与成就，重温建党以来中国共产党带领中国人民进行伟大革命、伟大创造的激昂岁月，拓展多维度的党史学习渠道。开展了"齐心手绘忆党史，百年献礼庆华诞"主题展览活动、"光影百年"绘画和摄影作品征集活动，通过手绘党史大事件、今昔对比绘画和摄影作品等，将党带领中国人民开天辟地，从站起来到富起来再到强起来的伟大征途凝聚在作品之中。系列作品被南开大学图书馆收藏。

（四）党（团）课大赛讲党史，构建互动式学习平台

通过微党（团）课大赛的举办，以赛促学，以讲促学，生命科学学院打磨出一批优秀的微党课，并培养出一批相对成熟的理论讲师；通过线上微视频录制推广、线下党课宣讲等方式，引导学生讲师深入所在的党支部、团支部进行微党课宣讲，以点带面，构建起互动式的学习平台。

系列微党（团）课大赛围绕"学史增信铭初心，筑梦青春迎百年""共抗疫情，爱国力行"等多个主题展开，引导学生深学党史，精研理论，并将理论结合实际，打磨出主题鲜明、逻辑清晰、讲解生动透彻的微党课作品。讲师们围绕党史学习教育，讲述革命先辈入党故事、新时代劳模故事、抗疫故事、科研报国故事等，先后深入学院60余个党团支部进行微党课宣讲，激励大家提高理论学习积极性，引领广大青年学生提升理论素养，坚

定理想信念。

（五）手书经典悟党史，创新自适性学习模式

针对生物学科学生理论基础薄弱、理论学习动力不足的问题，学院组织开展了以"寻根铸魂铭初心，行稳致远新征程"为主题的手书党史红色经典活动，引导学生结合个人理论基础、个性化需求等具体情况，选取感兴趣的红色经典著作进行研读，并完成手书经典作品300余份。通过创新"自适性"的党史学习模式，以学生为主体，以服务学生成长为基本遵循，打牢思想根基，坚定理想信念。

四、主要成效

生命科学学院团委通过构建"走、看、画、讲、写"五位一体的立体交叉学党史模式，触发多感官的联动协同作用，推动党史学习教育走深走实，入脑入心。先后受到《今晚报》、光明网等媒体的宣传报道，得到广大师生的充分肯定和广泛赞誉，对于实验学科学生党史学习教育的开展具有示范性的价值。

（一）打牢底子，夯实理论学习基础

通过线上的微党课视频录制推广和线下的微党课宣讲，将党史教育资源盘活用好，实现党史学习教育的线上线下互动联通。推动优秀学生讲师深入党团支部面向青年学生宣讲，以点带面，突出党课宣讲的互动性和参与性，从而提升学生的获得感，增强学生的认同感。

（二）探好路子，拓展党史教育渠道

针对实验学科学生学业压力大、实验任务重、理论基础弱等问题，在

党史学习教育的内容选取和形式设计上，突出以满足学生诉求为中心。构建"走、看、画、讲、写"五位一体的立体交叉党史学习教育模式，把准青年学生脉搏，具有较强的吸引力，能够更好的调动学生积极性，从而激励青年学生主动学习党史，坚定理想信念，汲取成长力量。

（三）迈开步子，打破传统模式桎梏

党史学习教育不能仅局限于理论学习的传统模式，要引领学生迈开步子，走出校园，在广阔天地中受教育。要充分依托红色资源，通过参观红色教育基地、开展仪式教育等，打造沉浸式党史学习体验。利用话剧展演等直观形式，挖掘党史故事，还原历史场景，使党史故事穿越岁月流转，实现在地化，从而激励学生树立远大志向，坚定爱国报国之心。

撰稿人：李鹏琳、王一涵、张宏思

三个"一",让党史教育"活"起来

一、背景要求

党的十八大以来,习近平总书记就学习党史、新中国史、改革开放史、社会主义发展史作出一系列重要论述,全面阐述了学习"四史"的重大现实意义,全面分析了中国共产党的伟大历史贡献和革命精神,为学好"四史"、做好"四史"的研究和宣传教育工作提供了理论指引。在中国共产党成立100周年之际,按照党中央开展党史学习教育的部署安排,历史学院结合专业特色,注重发掘自身的红色资源,采取多种形式广泛动员师生共同参与"大思政"格局下的社会实践,在实践育人中推进党史学习教育。

生于忧患,为国家民族的解放而砥砺奋斗,海河畔的南开和荆楚大地走出的陈氏父子,都用自己的脚步丈量着中国大地,为中华民族的复兴,代代传承,呕心沥血。其中陈潭秋之子、历史学院陈志远教授更是南开大学走出的杰出学术代表,他用自己的学术研究,为南开史学公能兼备的优良传统,为党领导下的伟大制度,描摹百年底蕴下的辉煌印迹。

二、工作目标

历史学院的学子们希望借实践之机,以习近平新时代中国特色社会主义思想为指导,以深化"四史"学习教育,学史增信、述史明理为宗旨,立足学科特长,充分利用陈潭秋父子感人的红色故事,寻访红色足迹,传承烈士精神。

活动旨在发挥优秀团员培养基地和先进理论宣传基地的良好示范作用，鼓励新时代青年心怀信仰，坚定前进方向，成长为一代代坚定初心跟党走的优秀榜样。促使史院青年坚定爱党爱国的信念，用脚步丈量中国大地，践行公能精神，传递中国力量，并增强社会使命感与专业认同感，在红色文化的鼓舞下坚定为社会主义建设贡献南开力量的决心，进一步树立榜样，使各式社会实践活动逐渐形成史院青年的日常习惯，书写史院青年的责任担当，传承南开历史文化与精神内涵。

三、思路举措

南开大学历史学院组建行稳致远实践队，前往陈志远教授家中进行前期采访，陈教授为师生们讲述了父亲陈潭秋烈士的事迹，遗憾一生未曾与父亲相见。实践队深刻了解到陈潭秋先生为国奉献的烈士精神以及陈志远教授对父亲浓烈的思念之情。受陈教授之托，实践队还专程前往湖北省博物馆为陈教授带回父亲书信的复制品，以慰教授的思念之情。

采访完成后，实践队就专程前往湖北，分别参观了湖北武汉、黄冈等地的红色遗迹和先烈展馆，包括武汉革命博物馆、辛亥革命武昌起义纪念馆、湖北省博物馆、陈潭秋故居纪念馆等，寻找陈潭秋烈士的身影，弥补先生遗憾，宣讲习近平总书记"七一"重要讲话精神，进行口述史的整理和研究。形成了"一封信"（原件为红色一级文物）、"一段史"（口述史）、"一部剧"（原创话剧）的可喜成果。

（一）以烈士家书为依托推动烈士的家国情怀落地生根

湖北省博物馆现存一封陈潭秋烈士的家书，这是陈志远教授尚未出生时陈潭秋烈士准备赴死的托孤家书，现为红色一级文物。陈志远教授与父亲一生从未谋面，希望实践队成员能够通过实践活动带回关于家书的有关资料。

实践队到湖北省博物馆后,湖北省博物馆党委书记万文全围绕陈潭秋烈士生平事迹及家书进行了专题座谈,并特别向南开师生展示了烈士家书的原件,同时将原件的扫描件、影印件、照片送给南开师生。

实践队成员围绕家书撰写了宣讲稿,以团课、新生党员"第一课"的形式多次在校内外进行宣讲,让更多南开人感受烈士家书爱党爱国的赤诚情怀。教师节前夕,实践队成员将家书的照片冲洗、打印、塑封,作为特殊的礼物送给陈志远教授,并向他汇报了暑期社会实践的收获。

图 1-7　历史学院行稳致远实践队赴湖北武汉武昌起义纪念馆

(二)以口述史为载体推动学生的学术训练和专业自信

作为历史学院的学生,实践队成员充分发挥专业特色,整合一手采访资料,形成一篇口述史报告,其中部分采访可以说是"抢救性"采访。通过学术角度剖析陈潭秋烈士,希望能使烈士形象更加立体,更好地感悟继承发扬烈士精神。

暑期社会实践队成员前往陈志远教授家中,围绕陈潭秋烈士早年事迹、陈潭秋烈士对子女的教育等进行口述史访谈。陈志远教授为到访的青年学子系统梳理了陈潭秋烈士有关青年思想的论述，并叮嘱同学们：青年是党和国家的未来，党和国家都十分重视青年的成长和发展。作为一名青年学子，大家要朝气蓬勃，德智体美劳全面发展，不断增强服务国家、服务人民的责任感与使命感，做到不辜负党和国家的培养！

在赴湖北武汉、黄冈实践的过程中，实践队成员对陈志远教授学生、武汉纺织大学马克思主义学院教授刘燕，湖北省博物馆党委书记万文全，陈潭秋故居纪念馆馆长丁本洲等人进行了访谈。

图1-8　历史学院行稳致远实践队拜访中共一大代表陈潭秋烈士之子陈志远教授

（三）以话剧为呈现传承南开红色基因

南开大学有着悠久的话剧传统。武汉和黄冈短短数天的游览采访，使实践队成员对陈潭秋烈士有了更加深刻的认知，成员们自发编写了一部以陈潭秋烈士英雄事迹为主要内容的原创话剧，以便让烈士精神能够传播得更广。

话剧取名为《一潭秋水澄天下》，凝练概括了陈潭秋先生的一生，突出在陈潭秋一生中遇到的重要事件与心境变化，使个人融入历史，让历史反映个人，通过大时代与小视角的交互，充分挖掘了陈潭秋的烈士形象，让同学们更加深刻的体悟到在当时的环境下青年们奋不顾身、敢勇当先的榜样精神，把握时代脉搏，紧扣习近平总书记对青年人给予的深切厚望："青年是标志时代的最灵敏的晴雨表，时代的责任赋予青年，时代的光荣属于青年。"

四、主要成效

受到陈潭秋烈士事迹的鼓舞，在此次实践之后，有三名实践队成员开始撰写入党申请书，申请入党。受到烈士精神的感召以及南开师长的期望，同学们深刻领悟了中国共产党是中国工人阶级的先锋队，是中国人民和中华民族的先锋队，始终坚持全心全意为人民服务的宗旨。

本次实践，由于其时间和意义的特殊性受到了《光明日报》、《今晚报》、津云等多家媒体的采访报道，尤其在中国共产党诞辰当日登上了《光明日报》七一专版。

荆楚大地育英魂，公能精神伴心深。在此次暑期社会实践中，学生们对湖北地区的红色文化进行了认真学习，对以爱国主义为底色的南开精神产生更加深刻的了解。而通过口述史研究和原创话剧创作，红色文化和先烈精神也就在学生们的努力下，从雕塑中、展板上、遗址里真正地走出来，流淌进每个人的心里。对于实践队而言，这是一次充满教育意义和启迪作用的实践经历。同学们在本次实践活动中，学以致用，躬身实践，通过对党史和烈士思想的学习，坚定了爱党爱国的信念，并增强了社会使命感与专业认同感，在红色文化的鼓舞下坚定了为全面建设社会主义现代化国家贡献南开力量的决心。

五、后续拟开展工作

（一）一个展

实践队成员计划以从湖北省博物馆带回的陈潭秋烈士托孤亲笔信为切入点，策划家书信件主题展览，并与南开大学图书馆合作，面向全校师生举办展览。通过丰富的历史照片和亲笔信图片，将陈潭秋烈士对革命事业的坚定信念、对后代的殷切希望生动形象地展示给参观者，将陈潭秋烈士的革命精神和民族情怀传递给更多师生，更好地弘扬和传承红色精神。

（二）一场赛

实践队成员将对开展暑期社会实践过程中关于陈志远教授、刘燕教授、万文全书记、丁本洲馆长等的采访内容和收集到的相关资料进行口述史整理，参加口述史大赛，发挥历史学的学科优势，将红色文化转化为学术成果。

（三）一经典

实践队成员将以在各档案馆整理收集到的史料和采访内容为依托，撰写话剧剧本，并寻求校内校外专业老师的指导与帮助，提高话剧舞台和剧本演绎的质量，努力打造一部穿越时空、打动人心的精品话剧，以经典致敬先烈、致敬革命精神，传承百年南开的红色基因！

《一潭秋水澄天下》在南开大学历史学院话剧节上首次演出，结束后，实践队成员注重收集师生反馈，继续修改与完善剧本，丰富话剧内容，争取在更多更大的舞台上呈现话剧，推动陈潭秋烈士精神和党史学习教育走向大众、深入群众。

撰稿人：刘鑫莹、贾忆倩、苏心悦

敬建党百年，促宣讲联动

——"史于南开"宣讲团承办全国大学生联讲启动会暨天津市高校青年宣讲联盟成立仪式的案例

一、背景要求

青年兴则国家兴，青年强则国家强。回眸历史、聚焦当下、放眼未来，共青团需始终牢记为党育人的根本任务，把青年理论宣讲工作抓细抓实，用党的最新理论成果武装青年思想，用当代中国马克思主义塑造青年思想。坚持不懈用习近平新时代中国特色社会主义思想教育引导青年，构筑起青年一代的强大精神支柱，是共青团的首要政治任务，也是新时代青年理论宣讲工作的主题主线。

为迎庆建党百年，面对新时代新使命，青年理论宣讲工作更应与时俱进、日新月异，让更多青年人把党的创新理论讲给青年人听，让更多青年人受教育受洗礼，成长为担当民族复兴大任的时代新人。因此，由南开大学牵头，以北京大学、复旦大学、西安交通大学、兰州大学为发起单位，希望在重要时间节点、时政热点和重大历史事件面前共同发出青年的"后浪强音"，形成全国联动宣讲态势，汇聚青年一代勇担使命的磅礴力量。

二、工作目标

做好青年理论宣讲工作要坚持以青年的方式、青年的声音"讲活""讲精""讲透"习近平新时代中国特色社会主义思想,在青年中播撒信仰种子,厚植理想情怀。

历史学院"史于南开"宣讲团以习近平新时代中国特色社会主义思想为指导,以深化"四史"学习教育,学史明理、学史增信为宗旨,立足学科特长,以唯物史观推进"四史"学习,在以研促讲、以讲促学中展现新时代青年的使命担当。通过常态化的理论宣讲工作激励广大青年在全面建设社会主义现代化国家新征程中建功立业。

三、思路举措

(一)紧抓队伍建设,提高理论宣讲水平

理论学习宣讲工作的成效取决于宣讲团成员的素质。"史于南开"宣讲团吸纳了涵盖历史学院本、硕、博三个学历层次,中国史、世界史、文物与博物馆三个专业的30余名成员,团青比100%,党员数量占比超过70%,组建了一支结构合理、素质过硬的讲师队伍。

为了增强宣讲团的业务能力,提升宣讲实效,"史于南开"宣讲团先后开展三次集体备课,邀请专家学者进行业务指导。天津市委讲师团"四史"专家宣讲团成员、历史学院副教授王凛然以"以史论理,以史服人,以史动人"为主题,与宣讲团成员分享了结合专业所长宣讲"四史"的经验,在宣讲选题、强化历史与理论结合等方面提供了详细指导。天津大学马克思主义学院教师、历史学院校友程斯宇以"从四渡赤水、巧渡金沙江看中国共产党为什么能"为题带来主题讲座,重现了广受好评的"手绘板书讲党史"课程,并与宣讲团成员就宣讲技能等展开讨论分享。教育部长江学者特评教授、历史学院教授李金铮就"中共革命时期的反腐"进行主题讲座,指导宣讲团成员提高党史理论学习的深度。

"史于南开"宣讲团还开展了多次内部培训,严把选题关,广拓思路关,细抠宣讲关,并邀请校内其他优秀学生宣讲团进行经验分享,帮助宣讲团

成员掌握运用宣讲技巧与方法，切实提高宣讲水平。

（二）打造宣讲品牌，推动理论宣讲常态化

"史于南开"宣讲团作为南开大学"成才报国"基层特色宣讲团的一员，精心打造特色宣讲课程，积极参与基层理论宣讲活动。

宣讲团在庆祝建党100周年重要时间节点筹划推出了"百年党史中的奋斗精神与青年担当"系列宣讲。该系列宣讲将视角投向百年党史中的青年人，结合习近平总书记关于青年工作的重要论述，展现青年在中国共产党百年征程中发挥的生力军、突击队作用。系列宣讲采用定主题、分小组模式，结合能力考量和个人意愿将宣讲团成员分为10组，分别从"青年运动与党的成立""长征路上的青年脚步""抗日救国中的青年力量""抗美援朝中'最可爱'的青年人""改革开放以来青年人的创业浪潮""抗疫斗争中的青年先锋""脱贫路上的青年担当""外交风云中的青年人""科研领域中的青年力量""文物保护事业中的青年坚守"等10个主题开展宣讲工作。这10大主题从纵向和横向回顾了百年党史中的青年群像，以青年的话语讲述青年的故事。同时鼓励团员充分发挥专业特长，"定主题而不定题目"，以小组合作探讨的形式深入挖掘史料中的青年故事，从历史学子和宣讲人的双重身份出发，用宣讲回应"一代人有一代人的历史使命"这一重要课题。

在天津市深入推动思政教育大中小一体化的背景下，"史于南开"宣讲团积极参与南开大学"成才报国"宣讲团的菜单式约讲，走出校园，深入基层，扩大宣讲覆盖面。自2021年4月南开大学"成才报国"基层特色宣讲团预约系统上线后，宣讲团共出讲10余场，进社区、进中小学、进机关事业单位，推动理论宣讲常态化。

同时，宣讲团积极利用新媒体手段，依托历史学院官方哔哩哔哩账号、喜马拉雅、网易云电台等平台发布"有声四史"系列宣讲节目20期，播放量突破2500人次。以音视频结合的形式，打造立体化全方位的"互联网+宣讲"格局。

（三）拓宽宣讲平台，联动全国高校共宣讲

为推动青年宣讲工作与时俱进、做实做深，形成全国高校青年宣讲合力，在学思践悟中育人育己，宣讲团充分发挥朋辈优势，拓宽宣讲平台，带头发出"青年共讲"之声。

在2021年五四青年节到来前夕，"史于南开"宣讲团成员在指导教师马超带领下前往西安交通大学参加全国高校青年理论宣讲创新发展论坛，就建党100周年之际如何以青年宣讲为载体，更好地凝聚青春力量展开研讨。

2021年4月29日，由校团委主办、"史于南开"宣讲团成员参与承办的全国高校青年宣讲团联讲启动会在南开大学举行。宣讲团成员与来自复旦大学、西安交通大学、兰州大学、湖南大学的青年宣讲团师生代表共话宣讲。宣讲团成员张铭悦作为代表向全国高校青年学子发出联讲倡议，宣讲团成员刘殊利在南开大学官方微博进行西南联大主题线上宣讲，开启线上联讲接力活动第一站。

宣讲团紧跟理论热点动态，加强与各兄弟高校学生宣讲团的合作交流，多次参与全国高校社会实践和宣讲交流会、全国高校青年宣讲团学习党的十九届六中全会精神集体备课会等活动，形成"青年联讲"态势。

四、改革成效

2021年以来"史于南开"宣讲团共开展线下宣讲活动10余场，覆盖听众2000余人次，在宣讲中充分展现出新时代南开青年的良好精神风貌，用科学理论武装青年、用远大理想鼓舞青年，引导广大青年不断坚定中国特色社会主义道路自信、理论自信、制度自信、文化自信。

"史于南开"宣讲团成员参与承办的全国高校青年宣讲团联讲启动会获得了《光明日报》、中国新闻网、《中国青年报》、津云等媒体的专题报道。

"史于南开"宣讲团将继续秉持"请党放心,强国有我"的责任使命,用青年之声传递思想力量,打通理论武装青年的"最后一公里"。

撰稿人:刘殊利、马超

图1-9 "学党史 强信念 跟党走"全国高校青年宣讲团宣讲交流展示会

赓续红色血脉，践行初心使命

一、背景要求

自中央党的群团工作会议以来，南开大学马克思主义学院团委深入学习习近平新时代中国特色社会主义思想和习近平视察南开大学重要讲话精神，贯彻落实新时代加强和改进党的群团工作，深化共青团改革等文件精神。为把广大人民群众更加紧密地团结在党的周围，汇聚起实现"两个一百年"奋斗目标、实现中华民族伟大复兴中国梦的强大正能量，马克思主义学院于2016年成立红色记忆宣讲团。

二、工作目标

红色记忆宣讲团旨在做好青年理论宣讲工作，推动习近平新时代中国特色社会主义思想在广大青年中入脑入心、落地生根。主要有三大具体目标：一是扩大社团红色文化辐射范围，创作出更多有故事有内涵的红色宣讲作品；二是提高社团建设水平，提升服务思政课改革创新能力；三是组织培养起一批有理想有担当、具备高度红色文化素养和文化自信的马克思主义青年队伍。

三、思路举措

（一）注重宣讲内容，理论学习有深度

马克思主义学院秉承"同学、同研、同讲、同行"（简称"四同"）的理念，着力打造青年理论宣讲品牌。红色记忆宣讲团深入钻研经典著作、挖掘党的百年光辉奋斗史，力求讲透马克思主义基本原理，深入阐释习近平新时代中国特色社会主义思想。通过不断创新理论宣讲方式，将马克思主义经典著作与中国特色社会主义理论体系结合起来，将马克思主义基本原理与中国的实际结合起来，将党史红色故事与党的最新理论结合起来，坚持不懈用习近平新时代中国特色社会主义思想教育引导青年，真正让新思想在青年群体中内化于心、外化于行。

（二）注重宣讲范围，理论宣讲多维度。

红色记忆宣讲团以理论宣讲为主要活动，改变以往"灌输式"宣讲，实行"点菜式"服务，始终服务于党的理论教育。讲稿形式多样，涵盖单人宣讲、多人宣讲以及讲演结合等多个方面，打破传统宣讲模式，真正做到让理论"活"起来；宣讲覆盖面广，宣讲团以南开大学 26 个专业学院为圆心，辐射天津大学、耀华中学、梧桐小学等天津市大中小学及天津市各基层社区，在校内外义务宣讲百余场；宣讲因人施教，针对不同听众，设计不同的宣讲内容，使宣讲内容更有科学性、针对性、实效性；宣讲融合话剧元素、创新宣讲模式，在形式上更加灵活多样。宣讲团编演《恰同学少年》《可爱的中国》红色话剧，将少年毛泽东、革命先驱方志敏的感人事迹搬上舞台，以多样的形式让群众获得沉浸式体验，提高宣讲的趣味性和实用性。此外，马克思主义学院还发挥自身资源优势，按照"紧跟时代前沿、紧跟群众需要、紧跟中心工作"的要求进行宣讲。在 2021 年 2 月份开展党史学习教育以来，社团更是以习近平总书记在党史学习动员大会上的

讲话精神为根本遵循，将党史学习融入社团活动，采取各种为宣讲受众所喜闻乐见的形式积极组织党史宣讲，相关活动已经覆盖 1300 余人，成为天津市开展党史学习教育的一大亮点与焦点。

（三）注重常态化机制，推动落实有力度

红色记忆宣讲团深入贯彻南开大学师生"四同"的育人模式，不断实践，探索创新红色记忆传承方式方法。以"同学"为根本，社团在指导教师刘一博的指导下，建立了常态化学习机制，做到了"日日学党史、周周学理论、月月讲方法"。自 2021 年 2 月，宣讲团已利用公众号推送《党史百年历史上的今天》30 余期；聚焦理论宣讲过程中遇到的问题，开展专题讨论与宣讲方法培训近 10 期……在学习活动中，社团成员的专业素养和知识水平得到了显著提高，自我潜能得到了充分激发。以"同讲"为基础，除亲自指导社团成员宣讲以外，社团指导教师刘一博还曾多次与成员共同宣讲，在宣讲中亲身示范演讲的要领与方式方法，将抽象的原则和经验变得具象化和直观化。以"同研同行"为拓展，社团指导教师刘一博与社团成员每年都会利用假期等时间深入苏区开展社会实践调研，了解革命老区最新发展成就，搜集各种红色故事进行理论宣讲稿件创作，不断增强宣讲故事的感染力，提高理论阐释实践的能力。在"四同"育人的基础上，社团师生共同承担天津市社科联"百年大党·思想常新"主题科普推广活动部分短视频制作、以方志敏的故事为主要内容，参与"榜样，你好"第四十四讲《试问将来人，遗稿可能读透？》党史人物专题课程录制等，充分利用新媒体传播优势，不断创新红色故事演绎方式。

四、主要成效

红色记忆宣讲团以传承红色文化、助力培育新人为社团使命，屡获中央电视台、《人民日报》、《光明日报》等主流媒体报道，具有广泛的社会影响力，宣讲成绩斐然。社团成员何昭宇、汤成斌等获 2017 年、2018 年全

国大学生讲思政课公开课一等奖,其中社团骨干成员何昭宇参加 2019 年全国学校思想政治理论课改革创新现场推进会,向领导同志做《小我融入大我·青春报效祖国》宣讲汇报展示,受到了与会领导的一致称赞。

《光明日报》于 2016 年、2018 年、2019 年三度发表《"青莲紫"爱上"苏区红"——南开学子重走长征路》《南开:将"红色文化"发扬光大》《南开学子演绎话剧致敬初心》专题文章报道社团活动。此外,宣讲团工作还得到了中共天津市教委认可,荣获中共天津市教委普通高等学校 2019－2020 学年度天津市先进学生集体荣誉称号这一省部级荣誉称号。2021 年 6 月,社团骨干成员王伯元作为南开大学唯一代表参与由教育部和中央广播电视总台联合举办的"全国大学生党史知识竞答大会",在百所高校的比拼中位列全国六强,比出了"红宣人"的水准,赛出了南开人的风采。

图 1-10　2021 年暑假,红色记忆宣讲团成员吴禹辰在朱德"天心整军"纪念广场宣讲

在新时代,红色记忆宣讲团将继续唱响"青莲紫"爱上"苏区红"主旋律,深入广大青年,坚持让最优秀的青年讲最精彩的故事,充分展示思想的锐度、青春的活力和专业的精神;更加主动宣介习近平新时代中国特色社会主义思想,围绕"四史"宣讲,充分发挥教育优势,将"天下事"

讲成"身边事",将"书面语"讲成"知心话";主动讲好中国共产党治国理政的故事、中国人民奋斗圆梦的故事、中国坚持和平发展合作共赢的故事,主动讲好党的故事、革命的故事、英雄的故事,倾心打造"学生版思政课"的时代答卷,引导广大青年加深对"四史"的理解和把握,加深对党的创新理论的认同、理解和内化。

撰稿人:牛舒婷

图1-11 2020年7月,红色记忆宣讲团成员王增沛在江西兴国潋江参与暑期国情调研,录制"江西军区"主题思政课

做好法治精神宣讲，培养公能兼备人才

一、背景要求

新时代加强和改进党的群团工作对我们的育人体系和育人模式提出了新的要求，要进一步引领青年，提升青年本领，发挥青年作用。"胸怀家国天下，矢志德法兼修"是法学院的育人宗旨，实现学与行的结合，公与能的统一，将法治素养提升更好与服务社会发展相结合，是法学院群团工作的一个重要着力点。法学是具有较强实践性和应用性的学科，结合新时代党的群团工作育人要求和学院学科特点，法学院成立了法治精神宣讲团，发出法学青年声音，以青年引领青年，用专业助力社会法治建设。

2020年11月召开的中央全面依法治国工作会议正式提出"习近平法治思想"。习近平法治思想指出，坚持以人民为中心是全面推进依法治国的力量源泉；社会主义法治建设必须为了人民、依靠人民、造福人民、保护人民。知法方能懂法，懂法方能用法，只有让群众了解法律的内涵，让法治精神深植在每一位公民心中，才能真正发挥法律为人民群众幸福保驾护航的作用。法治精神宣讲团自成立以来，也持续贯彻落实习近平法治思想，致力于将法治精神带到群众身边。

二、工作目标

法治精神宣讲团以"宣讲法治精神 服务法治中国"为理念，力图通过每一场高质量的宣讲，达到育人与服务社会相结合的目的，从团队组建、成员培训、备课、宣讲全环节把关，致力于提升宣讲质量。充分发挥团员青年骨干带头作用，带动更多团员参与到宣讲工作中，定时组织专场培训，指导教师把关备课质量，精准对接宣讲对象需求，让法治宣讲更接地气，不断扩大服务对象覆盖面。

法治精神宣讲团立足于学科专业特点，致力于创新育人模式和服务法治建设，打造法学特色宣讲品牌。期望在宣讲实践中，提升法学生的"能"，培养法学生的"公"，加强对青年人的思想引领，力图让法治精神宣讲团成为法治人才培养的助力器，同时通过生动有效的宣讲，践行法学人的担当，服务法治建设。

三、思路举措

（一）"一体联动"推动"高质高效"

党团班一体联动。 依托学院研究生党团班一体化的优势，法治精神宣讲团将团队建在支部上，将法治宣讲与党建、团建工作有机结合，以党建带团建，以党建带班建，充分发挥党员的先锋模范作用，带动团员参与到宣讲工作当中。实行党员引领网格化机制，将党员、团员划分成若干小组，充分发挥法治精神宣讲团中党员的引领作用，带动团员学习如何做好一场宣讲，提升宣讲技能，吸纳团员中的积极分子参与宣讲团工作，保证了宣讲团充足的人员后备力量。

学生干部一体联动。 学生工作的开展离不开学生干部的积极协调，党团班联动的模式离不开学生干部之间的密切配合。研究生会主席、党支部书记、团支部书记共同组成法治精神宣讲团的学生骨干团队，充分发挥领头雁的作用，研究生会主席组织研究生会学生骨干团队，发挥研究生会组织优势，做好组织协调宣传等后勤事宜，党团支部书记及班委定期召开联席会，在宣讲安排和人员调动方面保持积极配合，学生干部联动一体保证宣讲团队的高效运行。

宣讲全流程一体联动。课程质量是团队宣讲的核心，团队宣讲从成员培训、备课、宣讲各环节一体化联动。定期组织团队成员交流和研讨，从宣讲技能和专业能力方面进行培训；及时关注法律动态，组织集中备课，进行宣讲试讲，教师把关课程质量，及时调整宣讲内容和宣讲手段。全流程一体联动保证宣讲效果，一方面提升学生专业应用能力，另一方面提升学生服务社会意识，实现育人和服务社会相结合。

（二）因"时"而"动"确保精准对接

法治精神宣讲本质上是要弘扬法治精神，而法治精神的弘扬最根本的是要靠法律走到群众身边，解决群众的实际问题。为此，法治精神宣讲团牢牢把握住"时"这个关键字，一是紧跟法治实时动态，做一线法律动态的精准传声筒；二是精准对接宣讲对象时下需求，做解决基层群众实际法律问题的小帮手。

1. 因"时"而"动"做精准传声筒

法律是关于现实问题的学问，随着实践的变化而发展完善。法治精神宣讲要根据法律的变化不断更新宣讲内容。对于国家法治建设的重大变化，法治精神宣讲团要因"时"而"动"做精准传声筒。例如，2018年3月11日，第十三届全国人民代表大会第一次会议通过《中华人民共和国宪法修正案》，宪法修改对推进全面依法治国、推进国家治理体系和治理能力现代化具有重要意义，围绕宪法修正，法治精神宣讲团设计了相关宣讲课程。2020年5月28日，十三届全国人大三次会议表决通过了《中华人民共和国民法典》，民法典是新中国成立以来第一部以"法典"命名的法律，是新时代我国社会主义法治建设的重大成果。习近平总书记说："民法典要实施好，就必须让民法典走到群众身边、走进群众心里。"法治精神宣讲团牢记习近平总书记重要讲话精神，紧跟民法典颁布实施动态，制定了民法典专题宣讲系列课程。

2. 精准对接做法律小帮手

换位思维，以需求为导向，突出人文关怀。法治精神宣讲团以需求为导向，根据不同群体实际情况，结合受众的生活环境、思维方式、受教育程度等综合考虑宣讲形式及内容,将法律语言转化为群众语言,用群众喜闻乐见的方式讲法律,解决群众的实际法律问题。以中小学生为例,宣讲内容应避免纯说教性宣讲,宜采取互动式、鼓励式教学方式,宣讲内容不宜过深,主题宜选择与大家生活密切相关的未成年人保护、校园安全等法律问题;对大学生宣讲的内容需要更加注重系统性和逻辑性,可与不同专业学科适当结合阐释相关法律问题,宣讲内容可适当延伸;面向基层社区及村镇进行宣讲时,需关注基层群众的切实需求,选择与民众生活密切相关的婚姻家庭继承、民间借贷等法律问题进行讲解,宣讲形式上引入视频等活泼元素,用群众语言讲解法律问题;在面向企业员工进行宣讲时,可选择劳动者权益保护等方面的内容进行讲解。

图 1-12　武清区上马台镇民法典宣讲普法活动

(三)纵横挖掘扩大辐射范围

1. 横向扩大辐射范围

法治精神宣讲团在提升宣讲质量的同时,力图扩大覆盖面,服务更多群众。

宣讲团立足校内群体,紧紧抓住线上线下两个途径,推动宣讲的常态化。加强与校内其他学院党团班集体的联系,实现不同专业背景的联合,通过支部共建交流等形式宣讲法律;疫情常态化背景下,不断丰富宣讲形式，通过线上系列普法短视频等灵活形式，实现线上普法；在"12·4"国家宪法日和"3·15"消费者权益日以及"4·15"国家安全教育日等重要法治宣传日，开展针对性常态化普法活动，利用有奖知识竞答、现场解答法律疑难等多种灵活形式普及法律知识，截至目前，已累计开展相关专题普法8次，覆盖校内群体5000余人次。

法治精神宣讲团积极拓宽校外宣讲服务范围。第一，利用校友资源，积极联系宣讲单位；第二，积极联系学校周边单位，建立长期合作关系；第三，与暑期社会实践等相结合，将法治精神宣讲扩展到更广阔的地方。自成立以来，宣讲团宣讲服务范围涵盖中小学、企业、基层社区、部队等，实现了宣讲服务对象的多样化。累计到天津市河北区后台社区、咸水沽第五中学、咸水沽金石里社区、中国汽车技术研究中心有限责任公司汽车试验研究所等15家单位开展宣讲；同时法治精神宣讲团借助暑期社会实践等途径，到延安等地开展法治宣讲。

图1-13　12.4宪法日校园普法活动

2. 纵向扩大辐射深度

宣讲是育人与服务社会的结合。为充分发挥对青年人的引领和教育作用，同时促进法治宣讲的效果不断深化，法治精神宣讲团以宣讲为桥梁和纽带，加深与宣讲对象单位其他方面的合作。在校内党团班集体宣讲方面，不仅宣讲法律知识，更通过宣讲打开与其他学科集体合作共建的窗口，在集体建设和学科沟通方面加深合作。在校外宣讲方面，充分建立起与宣讲单位的合作沟通关系，以点带面，实现不定期宣讲到定期宣讲的转变，从常态化宣讲扩展到实践育人、校企合作、人才培养等方面，扩展与宣讲单位的合作深度。

四、改革成效

1. 充分发挥党团支部引领作用

建立党团班一体化建设的创新机制，以党建为引领，以团建为基础，党团班一体化建设，发挥党团和班级育人合力。将法治精神宣讲团建在支部，党团班学生骨干密切配合，党员充分发挥示范引领作用，带动团员积极参与到宣讲活动中，带动党支部获校红旗党支部荣誉，班级获校先进集体标兵荣誉，团员青年风貌更加积极向上。

2. 以需求为导向提升工作实效

宣讲的效果取决于宣讲课程设计质量，"宣讲对象是否愿意听并且能否听得懂"是评价课程质量的一个重要指标，为此必须精准把握宣讲对象的需求，面向不同宣讲对象相应调整课程内容，选择合适的授课方式和授课手段，通过备课、试讲等不断打磨，力求提升宣讲的效果。

3. 青年联系群众提升青年服务力

法治精神宣讲团在提升法学院学生专业应用能力的同时，为同学们提供了更多接触基层群众的机会，让学生们更真实地了解基层的法治发展和法律应用现状，在宣讲的过程中提升了同学们服务基层群众的能力，助力培养公能兼备、学行统一的法治人才。

撰稿人：于婷、周翠翠、周敬文、魏荟羚

凝聚党团深刻思想，宣扬伟大恩来精神

一、背景要求

　　党的十八大以来，以习近平同志为核心的党中央高度重视、亲切关心青少年和共青团工作，把共青团改革作为全面深化改革的重要方面。《共青团中央改革方案》指出，共青团是党的助手和后备军，是党和政府联系青年的桥梁和纽带。推进共青团改革，是全面从严治党的一部分，是焕发共青团生机活力的重要举措。《中共中央关于加强和改进党的群团工作的意见》指出，必须加强和改进党的群团工作，充分发挥群团组织作用，调动人民群众的积极性、主动性、创造性。周恩来政府管理学院团委将以习近平同志为核心的党中央对青年及青年工作的重要指示精神为思想指导，通过恩来精神展演团创新改革的工作思维与举措开展多次意义深远、内容丰富的校内外宣讲活动，持续深化学院党团精神教育及宣传工作，升华广大团员青年的时代责任感与爱国精神。

二、工作目标

　　周恩来政府管理学院（简称"政府学院"）团委在新时代加强和改进党的群团工作、深化共青团改革等文件精神的引领下，指导恩来精神展演团将传承恩来精神、弘扬总理风骨作为目标，以践行恩来精神为理念，结合当前的时代背景和现实需要，通过最具特色、生动丰富的展演形式，依托现代新媒体技术，将周总理的种种事迹化为喜闻乐见而又发人深省的语句，让观众更加深刻直观地感受周总理伟大的精神。

周恩来政府管理学院团委将总理故事与恩来精神融于团的基层组织建设之中，立足政府学院的学院特色与精神理念开展广大团员青年的思想教育工作，同时通过恩来精神展演团使周总理的伟大精神辐射南开并传播至校外，并将其打造成为政府学院乃至南开大学的一张独特的"红色名片"。

三、思路举措——创新引领，与时俱进

政府学院团委积极贯彻落实南开大学深化共青团工作改革创新的指导意见，带领恩来精神展演团聚焦新时代共青团工作的目标和要求，结合展演团本身的工作职能与特色，大力激发其创新改革的活力，着力将恩来精神展演团打造成思想引领、宣传教育方面的优质品牌。

（一）以创新为引领

1. 创新展演内容

在展演内容上，恩来精神展演团保持持续更新，已经梳理了包括周恩来与容止格言、总理的家风等在内共计6万余字的文字材料，还积极搜罗了大量珍贵而生动的影像资料，紧跟时代主流，争取做到每年均有新故事、新情节汇入，比如《恩来精神的时代传承》《总理后人的家风》等。

2. 创新活动形式

恩来精神展演团致力于打破固有宣讲形式，拓展新的展演思路，制定新型工作计划：展演团大胆尝试以话剧、情景剧、朗诵、歌舞等方式来丰富和扩充展演形式。

恩来精神展演团还建立了具有创新意义的"展演宣讲+社会实践"的新型工作模式，展演团在开展日常宣讲活动的同时，跟随并追寻着周总理的气息与足迹，多次在寒暑假期间组织社会实践队伍奔赴全国各地开展社会实践和恩来精神展演活动，目前已经覆盖了辽宁沈阳、贵州遵义、江苏淮

安、陕西延安等几十个省市。

利用互联网,恩来精神展演团面向学院开展了"花开十九大,诗意栖南开""追寻总理足迹,致敬百年南开"等多个线上文化作品征集活动,通过多样有趣的形式激励师生广泛参与,加深对南开精神和周恩来总理伟大精神的体悟;在总理诞辰 120 周年之际,与南开大学团委合作推出总理系列故事视频;借南开百年校庆的契机与南开大学学生会合作了"南开朗读者"特别栏目,均取得了良好成效。

3. 创新宣传形式

政府学院团委采取在多个地区分发宣传介绍册的形式,向广大人民群众宣介恩来精神展演团的存在,并充分利用网络数据和媒体平台,进行宣传机制的创新,开发线上扫码预约展演活动等新模式,提前统计展演需求、统筹安排展演人员、扩大团队影响力量。

4. 创新内部管理

展演团定期组织展演经验分享会、故事会、期中考核大会、专业培训会等各种活动会议,以创新改革的工作思维推动展演团进一步提高展演能力,为展演活动带来更好的效果。

图 1-14　展演团举办故事会

展演团在日常学习与展演准备等方面也坚持创新改革,创立展演团成员背故事、讲故事的打卡机制,建成背总理故事的打卡互助小组,相互鼓励和监督，定时进行成果的检查与评析。

在创新发展中，展演团始终明确改革目标——将自身打造成为顶流团队和优质品牌，不局限于现有的渠道，不拘泥于过去的经验，争取全方位改革。展演团始终立足于服务南开、服务社会的使命，以高标准要求自身，重视内部管理。积极利用互联网，注重引导广大师生积极参与活动，推动线上线下活动双轨并行。推进理论学习与社会实践紧密结合，高度重视社会实践活动在思想引领与精神宣传方面至关重要的作用。充分向世人展示恩来精神展演团的品牌特色，向外界递出名片。

（二）拓展校内外活动

恩来精神展演团自成立以来，已经开展的宣讲活动累计370余场，累计实践时长已经超过3800小时，直接受众达到上万人。

图 1-15　展演团走进中学校园

在校内，展演团将恩来精神教育融入展演，展演活动覆盖南开大学的14个学院。在周恩来诞辰日、周恩来奖学金颁奖典礼、周总理入校100周年纪念活动等校内大型活动中也有政府学院展演团人的身影。

在校外，展演团在 9 所天津市高校、中小学展开了多场宣讲活动；展演团还走进天津市 35 个基层社区，在社区党日活动中献上一场场精彩的恩来精神展演；展演团也在津南区民政局、滨海新区人民政府政务服务办公室等 11 个机关单位进行了展演，讲述总理楷模故事，推动广大党员干部切实践行总理精神；此外，展演团还组织开展了支教宣讲与建设南开书屋的活动，并与恩来干部学院展开交流共建，促进恩来精神与南开精神广泛传播。

（三）加强交流学习

展演团除了开展宣讲活动，还积极把握各种线下交流学习的机会。展演团参加了南开大学理论类社团联席会，与其他理论类社团共同交流经验与未来努力的方向。在 2018 年，展演团与北京交通大学周恩来班就学习与实践恩来精神过程中的心得体会进行了深入的讨论，并与同济大学习近平新时代中国特色社会主义思想学习研究会的师生就理论类社团的组织建设、理论宣传等工作经验进行了密切的交流；2020 年 11 月，恩来精神展演团代表南开大学成才报国青年宣讲团前往西安交通大学参加了"2020 高校青年'爱国、奋斗'精神研讨会"，围绕高校青年宣传思想工作共同研讨交流，向社会传递了属于南开青年的爱国奋斗之声。

恩来精神展演团始终注重理论学习，坚持正确方向引领，坚持开放包容的交流态度，保持谦虚谨慎的学习态度，积极探索展演团改革发展的新方向。

四、改革成效

薪火相传、踵武赓续。前人筚路蓝缕，后人奋发开创。周恩来政府管理学院团委紧紧跟随党中央对共青团工作的重要指示，积极担当起在团员青年中，甚至广大人民群众中的思想引领与宣传教育责任，着力革新优化旗下的恩来精神展演团。2016 年 10 月 28 日，在由天津市青年志愿者协会主办，共青团河西区委员会承办的"社区活力空间公益项目发布会"上，政府学院团委恩来精神展演团被评为"活力空间优秀公益伙伴"；2019年，恩来精神展演团荣获"天津市优秀青年志愿服务集体"称号……总而言之，改革已初显成效，未来定会延续光荣。

政府学院团委注重凝练独特优质的品牌特色，深刻认识到将展演团打造成为好的名片对实现未来的发展有着举足轻重的作用。因此，恩来精神展演团会时刻将展演宣讲的质量放在工作首位，对提高演讲水平、丰富展演形式、增加掌握故事数量、打造高级舞台效果、加强团队宣传力度等方面都不断深化创新，极力革新升级。

在创新改革恩来精神展演团的活动形式上，学院团委主张采取线上线下有机结合的方式，充分利用现代新媒体技术增强宣传力度、扩大影响范围。为促进展演团宣讲内容的丰富充实和展演团团员在革新工作上的思想风暴，政府学院团委积极与其他高校组织和社会机构沟通联系，为双向交流与思想碰撞提供良好契机。

同时，政府学院团委也鼓励恩来精神展演团将日常的展演内容与恩来精神内化于心、外化于行，创新"展演宣讲+社会实践"的工作形式，通过外出社会实践的"走出去"，使展演团团员能够更加深刻地领悟周总理的伟大事迹与精神，升华展演团团员的思想境界，进而提升展演团在未来进行宣讲与展演的工作质量与水准。在学习交流的同时，将恩来精神与南开精神传播至祖国的大江南北，扩大恩来精神展演团与南开大学在全国的影响版图，向社会传递南开青年的爱国奋斗之声。

恩来精神展演团在政府学院团委的带领下，不断进行改革创新，调动起团内所有成员的积极性、主动性和创造性。建党百年，也是展演团的改革转型之年，学院团委要将改革落在实处，打造好南开政府学院的品牌名片。

撰稿人：陈佩其

"学科+思政",打好网络育人组合拳

一、背景要求

自中央党的群团工作会议以来,经济学院团委贯彻落实习近平新时代中国特色社会主义思想和《高校共青团改革实施方案》,依照共青团"凝聚青年、服务大局、当好桥梁、从严治团"四维工作格局,始终把握思想政治引领这一核心任务。

经济学院团委主动适应信息传播、舆论格局和学生认知特点的新变化,结合南开经济"双一流"学科建设背景,充分发挥新媒体全域传播、鲜活表达、导向塑造等优势,打造以公众号"南开大学经院 e 学工"为核心的宣传矩阵,打好"学科+思政"网络育人组合拳,着力构建大思政工作体系,以实际行动回答好"培养什么人、怎样培养人、为谁培养人"这一根本问题。

二、工作目标

(一)发挥一流学科特色,贯彻思想引领任务

南开大学经济学院拥有理论经济学和应用经济学两个国家级一级重点学科、多个国家级研究平台、强大的师资科研团队与悠久的学科历史。经

济学院团委发掘学科内涵，借助经济学科特色扎实开展网络育人工作，利用青年师生喜闻乐见的新媒体方式，提高网络舆论的引导能力、营造健康向上的育人环境、打造正面声音的传播途径，进一步推动学校三全育人格局完善，让互联网这个时代的"最大变量"，变成思想引领的"最大增量"。

（二）搭建思想引领矩阵，助推一流学科发展

经济学院团委创新网络育人模式，多措并举在青年师生中营造浓厚的经济学科科研学习氛围，利用网络媒体的灵活性讲好南开经济学科故事，力图把思想引领优势筑成一流学科发展之基，凝聚青年师生形成合力、释放动能，增强南开经济学科的品牌力量与价值内涵，推进南开经济一流学科一流专业的建设、打造经济学科高质量人才培养基地。

三、思路举措

（一）优化资源配置，建设"三位一体"宣传矩阵

《高校共青团改革实施方案》出台后，经济学院团委找准政治站位，扎实学习、积极落实各项改革举措。2018年7月，经济学院团委优化现有网络宣传资源、打造思想引领合力，开设全新舆论阵地——微信公众号"南开大学经院e学工"，并联合微信公众号"南开大学经济学院团委""南开大学经济学院学生会"，打造"三位一体"宣传矩阵，建成"党委书记、副书记指导，专职团干部负责，本研团学骨干团队运营"的垂直体系，形成了以"九秩育人华章，献礼建党百年""青年大学习""学子热议""党的经济建设史专题""创经彩""经院战疫"为代表的19个品牌专栏，大大提升了思想引领的方向性、渗透性、实效性。

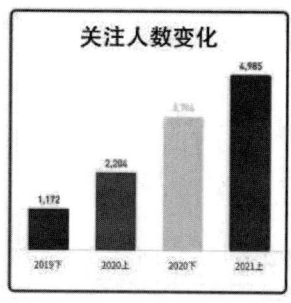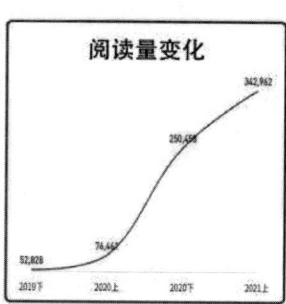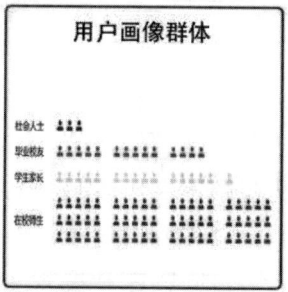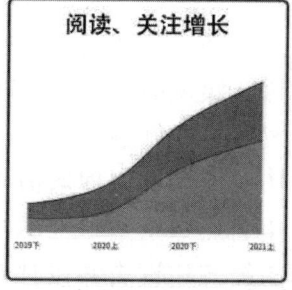

图 1-16　经济学院团委深化共青团改革，助推网络育人工作提质增效

（二）紧扣时代脉搏，融合学科知识强化正面引领

经济学院团委把握历次中央重要会议召开契机，及时组织学生学习重要会议精神；同时紧跟经济学科前沿、抓住经济领域新词热点，理直气壮地加强主流意识形态的高势位引领，做强正面宣传，与时代同频共振。

重视增强主导力。 在党的中央委员会全体会议、"全国两会"、庆祝中国共产党成立 100 周年大会、纪念中国人民志愿军抗美援朝出国作战 70 周年大会召开之际，学院团委把握时间节点营造浓厚的理论学习氛围，确保习近平经济思想，特别是习近平经济思想的学习落到实处。公众号结合会议精神对党的科学理论做青年化阐释，学生能够知其然并知其所以然；在会后及时收集学生学习感想，择优整理发布、展示学习成果，分享青年观点、传播青年声音。

重视提振解释力。 借用客观、鲜活的事实或案例来讲授学科前沿知识观点，增强话语说服力与认同力，保持共青团组织的先进性。打造"创经彩"品牌栏目解读"进博会""RCEP 区域全面经济伙伴关系协定"等与国家发展息息相关的经济学热词；介绍诺贝尔经济学奖研究成果等国际经济学科发展趋势和潮流；科普"双循环""碳达峰""碳中和"等经济发展新格局、新理念，开阔青年学子的学科视野，增强科研报国的信念与决心。

（三）学史明理，"青年大学习+党史"讲好学科故事

经济学院团委扎实推进"四史"教育、把握党史学习教育的主题主线，发挥新媒体的感染力、传播力、信息力，将党的经济建设史和南开经济学科发展史巧妙融入其中，营造经院青年大学习的热烈氛围。

发挥学史明理增信作用，增强历史自觉。在庆祝中国共产党成立 100 周年的热烈氛围中推出"党的经济建设史"专栏推送 23 期。梳理中国共产党的经济建设史并按时期顺序甄选发布，带领青年学生回顾在新民主主义革命时期、社会主义革命和建设时期、改革开放和社会主义现代化建设新时期以及中国特色社会主义进入新时代之后党领导全国各族人民开展经济建设、取得一系列伟大成就的史实，学习习近平经济思想，让青年学生增强历史自觉，保持战略定力，筑牢信仰之基。

发挥学史崇德力行作用，深化学科认同。依托南开大学经济学科成立 90 周年契机隆重推出"九秩育人华章，献礼建党百年"院史回溯专题，从"学科发展沿革""学科体系设置""学科建设成果"全方位展现了南开经济学科不畏艰辛、筚路蓝缕、锐意开拓创新、协力共铸辉煌的奋斗历程，增强了青年学子对南开经济学的认同感、使命感、归属感、荣誉感。

（四）服务师生，"青年大调研+学科"传递思政温度

经济学院团委既注重发挥内容强音的宣传作用，也用心细化宣传方式方法，采用生动活泼和幽默风趣的话语体系进行理论讲解，拉近团组织与青年师生"心"的距离，探究共青团践行党的群众路线、联系凝聚服务青年的新路径。经济学院团委青年大调研团队通过查找当下青年所面临的实际困难和问题，"掌握需求、找准痛点、对症下药"。

针对膳食质量提升需求，寓教于乐传递关怀。从经济学角度阐释了青年师生的真实消费行为背后的相关原理，推出微信图文《浅谈经济学原理在西南村的应用》，一经发布迅速点燃南开人的"朋友圈"，阅读量突破9000，达到了需求管理和寓教于乐的良好效果。

针对网络购物消费陷阱，前置指导体现温情。连续4年结合"双十一"购物潮的热点，从不同角度进行经济学解释，从理性消费行为、青年消费心理、消费者商家博弈、电信诈骗防范、商业案例模型分析等多角度进行前置宣传，让问题破解由弥补转向预防，让思想引领从"规训式"话语向"情感式"话语转变，有效提升话语的"言值"与"温度"。

针对调研青年所需所盼，设立平台公开渠道。利用公众号平台功能的多样性，公开设立青年学生反应问题的渠道，使得基层团委及时知悉青年学生的意见和建议，将公众号的宣传引领功能从"独白式"向"对话式"拓展。

（五）宣扬学科榜样，发扬典型引领示范作用

榜样是看得见的哲理，是悟得出的真谛，是学得到的真理。经济学院团委通过着力宣传南开经济学科历史先贤和身边的榜样教师人物，进一步弘扬正气、凝聚人心；通过推出年度人物巡礼专栏，在年中岁末依托优秀毕业生和先进个人及集体的典型事迹，将空泛的概念变成实在的样板，把精神的感召化为具体的行动。

宣传学科名师事迹。 通过宣扬南开经济学科名师为社会主义教育事业无私奉献的光辉事迹，给青年一代师生树立榜样：开设"经济学人"专栏，讲述傅筑夫、何廉、方显廷等南开经济学科先贤的生平历程、学术成果，筑梦"榜样"，为国担当；专访原副校长南开大学讲席教授逢锦聚、原副校长经济学院教授朱光华等身边的榜样教师，汲取力量、凝聚人心。

展播立德树人成果。 在五四前夕、毕业季、年终等时间节点开展优秀学生及先进集体成果巡礼，在朋辈中树立典型、打造样板，用"头雁之姿"激发经院学生的奋斗意志，建立起互促互进的浓厚学习氛围，激发经济学人的使命担当意识，提升青年学子的昂扬奋进之姿。

（六）激发团员力量，打造网络育人"生力军"

青年团员如同期待点燃的火把，一旦被点燃就能使团组织发挥"1+1>2"的聚合作用，进而增强网络育人实效。经济学院团委重视宣传矩阵运营团队的能力培养和组织建设。

知行合一，打造金牌团队。 经济学院团委新媒体中心实践队成建制参加"师生同行"暑期实践活动，在经济学院专职团干部和骨干青年教师的联合指导带队下开展专题调研，充分发挥媒体人宣传工作经验和优势，拍摄制作短视频，依托津云等主流媒体拓宽宣传覆盖面，并形成万字报告提交市政府，获评暑期实践先进团队。

定制培训，练就过硬本领。 经济学院团委依托"经鹰计划"线上、线下多渠道开展团学骨干清单式、模块化、系统性的实用网络宣传技能培训，增强团学骨干在新形势、新任务下不折不扣做好宣传工作、坚持思想引领的能力。

开拓创新，融合学科特色。 经济学院新媒体中心学生团队以著名经济学家为原型设计制作了趣味钥匙扣等文化周边产品，一经推出广受师生喜爱；以经济学科"经邦济世，智圆行方"的育人理念制作徽章盲盒，图文《不知道这是不是南开首套盲盒，反正我没抽中隐藏款》阅读量超过 2.5 万，并通过南开大学官方微博收获广大网友的关注和点赞。依托学科特色创新宣传方式，充分提升了青年团员的创造力、荣誉感及主动参与思政育人的使命意识。

四、改革成效

一是建立以"南开大学经院 e 学工"为核心的宣传矩阵。该公众号自成立 3 年来累计发布图文 1037 篇，阅读量超过 77.3 万；关注人数 5200 余人，用户画像广泛涵盖了在校师生、毕业校友、学生家长和社会人士。

二是学习习近平新时代中国特色社会主义思想、推进《高校共青团改革实施方案》落实、开展党史学习教育走实走深。广大青年紧密围绕在党领导的团组织下，接受有温度、有深度的思想引领，有效践行了立德树人的根本任务。

三是助推了南开经济一流学科的发展建设。紧密结合了南开经济学科的特色，增强了南开经济学科的品牌力量与价值内涵，切实提升了学科的品牌力、影响力和竞争力。

四是构建起完备的宣传机制和反馈体系，使得各项育人活动的开展和反馈实现即时触达和数字量化，推动思想引领由单向灌输向双向互动、由抽象说教向形象感化、由"一时一地"向"随时随地"转变。

五是探索出了一条可学习、可复制的有效工作经验。由该模式产生的相关课题研究已通过南开大学大学生思想政治教育专项结项、南开大学第六届精品项目结项、南开大学关工委专题调研结项等，相关经验做法在不同场景下得到有效验证及优先推广。

撰稿人：颜季凌、刘书渊

1,4：以经济学科"经邦济世，智圆行方"的育人理念制作的徽章盲盒
2,3：以著名经济学家为原型设计制作的趣味钥匙扣

图 1-17　经济学院新媒体中心设计制作徽章盲盒、趣味钥匙扣等文化周边产品广受师生喜爱

做好青年身边人，打造网络新阵地

——南开大学商学院"师说心语"网络育人栏目

一、背景要求

"青年一代有理想、有本领、有担当，国家就有前途，民族就有希望。"青年处于拔节孕穗的关键时期，在学习、工作、生活方面往往会遇到各种困难和苦恼，这就需要团组织和团干部精心引导和栽培，在关键处帮助青年走好人生道路，在要紧处引导学生坚定理想信念，把青年一代培养造就成德智体美劳全面发展的社会主义建设者和接班人。

同时，新时代青年是在互联网环境下成长的一代，冗杂的互联网信息会对青年的思想和行为产生不同向度的影响。在新时代做好青年思想工作要充分结合青年特点，不断加强互联网阵地建设，认识网络传播规律，运用网言网语，提高共青团工作的亲和力和针对性，做青年的知心人、热心人和引路人，打造服务青年成长成才的网络育人品牌。

二、工作目标

南开大学商学院"师说心语"网络育人栏目由专兼职团干部、专业教师和校友导师等多方面育人主体共同参与打造。不同身份的"师者"从青年的思想结点、校园文化热点、社会舆论焦点中提炼主题，在青年拔节孕穗期聚焦用力，运用工作感悟、时事评论、学习心得、生活随笔等多种灵活体例，将"师者"的思想精华、教育理念、人生阅历和专业知识凝练成"网络千字文"，定期发表在"南开商青年"微信公众平台的"师说心语"专栏。同时，"师说心语"网络育人栏目贯通线上线下，融合宣讲、纸媒、线下交流等多种传播方式，全方位覆盖青年群体，对青年展开真诚沟通和积极引导，凝聚服务青年成长的"生力军"，编写培养青年成才的"工具书"，打造青年思想工作的"新阵地"。

三、思路举措

自 2016 年 6 月开始，商学院专兼职团干部开始撰写"网络千字文"，在"南开商青年"微信公众平台推出网络育人专栏，逐步摸索建立专属的青年网络教育阵地。

（一）做青年的知心人，凝聚服务青年成长的"生力军"

"师说心语"网络育人栏目由专兼职团干部、专业教师和校友导师等多方面育人主体共同参与运行，通过网文的方式主动走近青年、倾听青年，做青年的知心人，凝聚了一批服务青年成长的有生力量。

做青年的知心人，要增加育人主体，下大力气建设网络队伍。"师说心语"网络育人栏目最初由 7 名专职团干部参与撰写，随着工作的不断深入，学院团委意识到服务学生成长不仅需要团干部发挥作用，更需要联动专业教师、校友导师等多方面育人主体共同参与。目前"师说心语"网络育人栏目已有 15 位专职团干部主笔，30 位专业教师、校友参与撰写，并持续带动更多有生力量加入网络育人队伍，不断提高针对性和亲和力，构建协同育人的新局面。

做青年的知心人，要创新工作方式，俯下身子听青年真心话。"师说心语"网络育人栏目要想写出新意，写到青年心里，关键在于对青年有充分的了解，这就要求"师者"在写作的过程中，要经常到青年中去，同青年零距离接触、面对面交流，了解他们的思想动态、价值取向、行为方式、生活方式，成为青年愿意讲真话、交真心、诉真情的知心朋友。同时，不同的"师者"有不同的成长经历和育人视角，可以为不同的青年成长提供所需的资源和财富，全方位服务青年成长成才全过程，将网络文章的主题不断延展，从而实现青年思想工作的创新发展。

（二）做青年的热心人，编写培养青年成才的"工具书"

"师说心语"网络育人栏目的核心是通过"网言网语"撰写青年喜爱、解决青年需求、回应青年关切的文章，做青年的热心人，编写可供青年随手翻阅的"工具书"，让青年感受到关爱就在身边、关怀就在眼前。

做青年的热心人，要充分了解青年所思所想，解决青年所需所盼。"师说心语"网络育人栏目围绕共青团改革目标，充分结合青年大调研成果，围绕调研显示的青年在学业发展、大学生活、心理健康、求职就业、创新创业、婚恋交友等方面的操心事、烦心事撰写文章，内容包括《学生干部怎么当》《浅谈无领导小组面试》《大学宿舍生活中的相处之道》《如何快乐地度过研究生的科研生活》等，充分回应青年关切，及时反馈青年需求，形成全方位服务青年成才的网络"工具书"。

做青年的热心人，要充分了解青年爱看什么，增强针对性和可读性。"师说心语"网络育人栏目在文字中充分把握青年思想活跃、思维敏捷、观念新颖、兴趣广泛的特点，使作品巧譬善喻、寓教于乐，把精深的思想讲得深入浅出，把宏大的理论讲得有滋有味。在新冠肺炎疫情期间，为了让师生停课不停学，在线上搭建良好的沟通渠道，"师说心语"开辟抗"疫"专栏，邀请专业教师分享"线上教学通关记"，为青年提供在家学习的建议，帮助青年成长成才。在"史上最难就业季"，团干部撰写《像"练武功"一样找工作》，用青年喜闻乐见的话语传授求职技巧，真正让复杂的道理简单化，让枯燥的思想更有趣。

（三）做青年的领路人，打造青年思想工作的"新阵地"

经过连续 5 年的深耕细作，"师说心语"网络育人栏目逐步拓展传播媒介，融合宣讲、纸媒、线下交流等多种传播方式，适应新时代媒体融合背景下青年思想工作的发展要求，逐步扩大"师说心语"的传播面、受众量和有效性，打造坚定青年理想信念的"主阵地"。

做青年的领路人，扣好第一粒扣子，弘扬南开爱国奋斗精神。"爱国主义是中华民族的民族心、民族魂。南开大学具有光荣的爱国主义传统，这是南开的魂。""师说心语"网络育人栏目根植南开爱国奋斗精神，打通网上网下，在新生入学、学生毕业、校庆日、重要历史事件纪念日等关键节点积极发声，打造了《西南联大，无问西东》《南开体育精神养成》《体会"南开三宝"做形神兼备的南开人》《"探班"军营，怀揣拳拳报国心》等系列精品内容，教育引导青年正确认识世界，全面了解国情，把握时代大势。同时，专职团干部提炼总结网文成果，面向学院党团班开展系列爱国奋斗精神主题宣讲近百场，将项目培育经验和成果讲述给更多青年，将线上宣传与线下宣讲有机结合。

做青年的领路人，打通最后一公里，培养青年成为时代新人。在媒体融合成为趋势的背景下，要不断推动拓展青年思想工作的成果转化，在打通融媒体传播最后一公里上下功夫。"师说心语"网络育人栏目用好宣讲、纸媒、线下交流等传播手段，将工作成果与各兄弟院校团干部分享，开展线下交流会 6 场，分享栏目培育过程，学习先进工作经验，全方位提高脚力、眼力、脑力、笔力和宣讲能力，让成果惠及更多的专兼职团干部，构建起"师说心语"青年思想工作"新阵地"，提供培养时代新人的网络育人解决方案。

四、主要成效

"师说心语"网络育人栏目自 2016 年 6 月创立以来，已在"南开商青年"微信公众平台发表网文 201 篇，共计 25 万字，累计阅读量 8 万余次，受到《中国科学报》《中国日报网》的报道，实现了"师说心语"品牌化发展，为更多的共青团干部提供了可复制、可推广、可应用的工作方案。

打造了一部可供借鉴的青年思想工作手册。2018 年 12 月《师说心语》

由南开大学出版社正式出版发行、"时代楷模""全国师德标兵""全国高校辅导员年度人物"荣誉获得者、大连海事大学教授曲建武为《师说心语》撰写序言,寄语商学院团干部们,不断耕耘,在青年工作这片肥沃的土壤上开辟出属于自己的一片天地。本书作为南开大学学生思想政治教育工作丛书的一部分,包含了南开故事、社团活动、生涯规划、心理指导、人际沟通等话题,具有普遍的参考价值。

夯实一个用心用情的网络共青团品牌。 习近平总书记指出:"要运用新媒体新技术使工作活起来,推动思想政治工作传统优势同信息技术高度融合,增强时代感和吸引力。"从网络栏目的创建到成为一个青年思想工作模式,从撰写文章到解答培养什么人、怎样培养人和为谁培养人的根本问题,"师说心语"网络育人栏目在坚持和坚守中不忘初心,根据青年关注的热点话题及时引导、持续发声、推出精品,逐渐成长为青年真正热爱的网络共青团品牌。

撰稿人:曹莲娜

图 1-18　2018 年 12 月,《师说心语》正式出版

"爱乐模式"助推社团改革，引领服务激发社团活力

一、背景要求

　　学生社团是贯彻党的教育方针、落实立德树人根本任务、推进素质教育、繁荣校园文化的重要抓手，在校园文化创建、学生成长发展、服务中心大局中发挥着独特作用。社团作为共青团改革的重要组成部分，其稳定、繁荣、发展关系到共青团改革大局。强化政治功能、提升思想引领、激发建设活力、发挥服务作用等都是社团改革的应有之义。新时代，南开大学围绕深入学习贯彻习近平新时代中国特色社会主义思想，特别是习近平总书记关于高校思政工作和青年工作的重要论述，切实加强学生社团建设管理，充分发挥学生社团育人功能，支持学生社团健康有序发展，施行了一系列改革推进措施，在学校总体部署下，南开大学爱乐音乐协会结合自身创建宗旨和新时代发展需要，进行了一系列深化改革的探索。

二、工作目标

　　南开大学爱乐音乐协会秉承"思想立身，文化立行"的宗旨，深耕社团业务提升、强化文艺创作实践，以红色歌曲创演作为培养青年理想信念、厚植爱国情怀的重要载体，传承革命文化和社会主义先进文化，弘扬文化自信。通过提升社团成员艺术素养和原创音乐能力，实现在文艺实践中引领青年思想，在创作服务中贡献青春力量。社团成立5年来，在党委领导

重视和团委指导关怀下，积极发挥指导教师思想引领和业务指导作用，大力发挥社团学生骨干组织凝聚和创新实践的作用，逐步形成"**讲学——训练——原创——展演**"的"**爱乐美育体系**"，构筑"**兴趣激发——专业教育——精品产出——全媒体浸润——社会实践**"的文化输出机制，以及"**同讲、共创、同演、同研**"的师生互动方式。在满足社团发展需求、扩大服务领域的基础上，衍生南开大学文化素质公共选修课程"流行音乐赏析与实践"，打造"红歌快闪""红歌实践""工科生美育课堂""社区智慧课堂"等品牌活动提升社团管理质量，激发社团活力，深化思想引领。

三、思路举措

（一）突出文化支撑，以先进思想指导社团建设发展

指导思想是社团建团之根本，是社团发展之灵魂，也是社团产生强大凝聚力的基础。只有在先进的思想文化指导下，社团才能健康有序地发展。南开大学爱乐音乐协会成立于2016年，适逢共青团深化改革初始之年，在社团发起人和指导教师的商讨下，"思想立身，文化立行"被确立为社团核心理念，在建团之初为社团注入思想政治性和文化先进性，让其成为社团精神文化基因，更好地凝聚、连接志同道合的音乐爱好者。

（二）打造爱乐品牌，以红色声乐作品展现时代风貌

作为文艺类社团，社团成员的音乐素养和文化输出能力代表着社团整体实力和发展高度。面对很多只是单纯喜欢音乐的零基础的成员，以及音乐社团同质化明显的趋势，爱乐协会如何挖掘独特性和特色化，走出适合自己的发展道路，是非常值得探索和尝试的。

1. 专业共识强合力，"红歌"文化促引领

作为文艺类社团，共同的音乐爱好是社团凝聚力的关键，只有强化社

团的内动力，才能有效提升社团管理质量。社团业务指导单位选派政治素养高且具有音乐基础的专职团干部担任指导教师，定期为社团授课，帮助社员提高业务能力，同时发挥团干部引领青年作用，以"工科生美育课堂""音乐党课""流行音乐赏析与实践"课程等多种形式激发社员对红歌传承、传唱的兴趣和实践。与此同时，社团借助"知音"共识，吸纳了具有一定音乐素养水平的学生作为骨干，开设"视唱练耳乐理基础""音乐编曲与制作""吉他弹唱"等社团内部学习分享课，提高社员获得感。

2. 创新形式激活力，"红歌快闪"沁人心

自 2017 年起连续开展的"红歌快闪"主题团日已成为社团品牌，受到社团成员积极响应和广大在校师生的持续喜爱。"红歌快闪"精选《我的祖国》《中国军魂》《人民军队忠于党》《我和我的祖国》等红色歌曲，通过"原创编曲、串烧快闪、现场奏唱"的新颖形式，用当代学生喜闻乐见的大众流行音乐表现形式合奏串烧。创作角度上突出原创、改编，通过音乐创作进一步推动红色歌曲的创新发展，让红色歌曲永葆生命力。演出形式上突出沉浸式、群众性，以出其不意的"快闪"形式在学校人流密集的开阔场地进行，吸引了众多师生驻足观看，观众也可直接加入现场演唱，提高参与度和获得感。

3. 融媒体宣发强推广，红歌唱响"微"时代

社团开设微博、抖音、微信群等，通过短视频、微推送等传播社团作品，在融媒体集群效应下，及时开展线上线下互动模式构建及文化推广，扩大社团影响力和思想文化传播力。开设"声动中国"专栏，定期推送爱国主义歌曲创作与艺术鉴赏，挖掘历史、探索创作背后的感人故事等，营造育人氛围，实现浸润式美育陶冶的效果。

（三）注重文化输出，在服务社会中服务青年成长成才

在五年的发展积淀中，社团发展主动融入中心大局，关注重大时事热点，以创编、展演为形式，发挥社团服务大局作用，用音乐积极发出青年之声、展现青年作为。

1. 积极发声，勇担时代使命

2017 年第十三届全运会在天津举办，社团创作音乐《青春相逢中国

梦》，在全运会火炬传递舞台激情参演，讴歌祖国盛世并表达南开青年学子的激动心情。2020年全民抗击新冠肺炎疫情期间，社团师生反复推敲、熬夜赶工，只用7天的时间，"隔空"演唱战"疫"歌曲《同呼吸》，云接力完成MV录制，向奋战在"抗疫"一线的英雄们致敬，表达南开人祝福祖国，勇于担当的精神风貌。作为南开大学代表性"战疫"歌曲，歌曲创作完成后，在校内外网络平台上引起广泛关注和影响。新华社、学习强国、共青团中央、天津电视台、津云等平台均报导和转载《同呼吸》MV。原版音乐已在QQ音乐、网易云音乐公开发表，全网浏览量已突破100万。

图1-19　爱乐师生原创战疫歌曲《同呼吸》MV

2. 深耕细作，助力城区发展

社团积极发挥服务社会的作用，在社区文艺慰问、新时代文明实践站建设、红色基地实践等方面积极发挥青年力量。2019年1月，习近平总书记视察南开大学、视察天津市朝阳里社区。社团在2月受邀来到朝阳里社区，以原创歌曲唱奏参与社区新春慰问，以优秀文化服务社区居民。2020年，天津市在创建文明城市中，为进一步响应党中央号召，建立"新时代文明实践站"，社团到津南区双新街参与老年大学的指导授课并编排合唱曲目。2021年为庆祝建党百年，社团师生组成"红歌新唱"师生同行社会实践队，赴蓟州区革命烈士陵园开展纪念采风活动，并拍摄录制红色歌曲《追寻》MV，在当地开展了"音乐党史课"和社区红歌展演，受到广泛好评。

图 1-20　爱乐社团"红歌新唱"庆祝中国共产党成立 100 周年暑期社会实践队

3. 服务校园，争做文化先锋

社团积极参与校园文化活动，连续 3 年受邀参与校级"慰问校园劳动者"音乐会；疫情期间举办"南开新说唱"线上比赛；承办"南开大学文化讲坛"，助力高雅艺术进校园。社团还是南开众多青年乐队的集结地和组织者，致力于为爱好音乐的青年搭建交流和培训提升的平台，打造南开音乐先锋。

（四）助推课程思政，回归第一课堂拓展育人影响力

为进一步提升大学生鉴赏创作新时代红色歌曲的专业性，在第一课堂深化思想引领，社团指导教师邀请社团骨干成员参与"流行音乐赏析与实践"公选课的助教工作，共同备课、授课及日常答疑辅导，实现师生"四同"、教学相长。课程不仅教习流行唱法、词曲创作等基础理论及创作演唱，提升青年文化素养；更以音乐为媒介，介绍中国红色歌曲、主旋律歌曲的发展历程、宣传动员作用及其在中国群众音乐中的重要地位，引导青年正

确鉴赏新时代的优秀红色歌曲、主旋律歌曲，提升青年文化自信。

四、改革成效

入主流，上大舞台。 爱乐协会成立 5 年来，连续 3 年荣获南开大学十佳社团、十佳社团团支部，原创音乐作品曾登上第 33 届全运会舞台及新华社、学习强国、团中央媒体平台，作品受关注度超百万，代表学校多次参演省级大型演出，包括全运会火炬传递、团市委主办的"'庆祝新中国成立 70 周年'主题音乐节"，中共河北省委宣传部主办的庆祝中国共产党成立 100 周年主题红歌 MV 录制，天津市轨道交通集团庆祝中国共产党成立 100 周年主题文艺演出等，在社会及南开文艺青年群体中具有一定知名度和影响力。社团事迹《金曲传唱强国梦，红歌创演展豪情》入选《2020 年天津市爱国主义教育优秀案例集》。

做强文化品牌，重要时间积极发声。 经过多年实践，爱乐产生的品牌文化活动包括"红歌快闪""音乐党史课""慰问校园劳动者晚会""南开新说唱"等，助力校园文化繁荣。与此同时，社团在重要时间节点，积极发表《青春相逢中国梦》《星空》《同呼吸》《天南路北》《追寻》《青春之我》等原创歌曲，展现南开青年力量，发挥高校社团服务国家、社会和青年的作用，弘扬正能量。

联动一二课堂，积极实践有活力。 依托社团文化实践，研发课程"流行音乐赏析与实践"，课程实践作业与社团活动密切联动，选课同学可参与红歌新唱社会实践，互为补充，助力青年全面成长成才。

优秀学子不断涌现，典型示范传承好。 社团成员全面发展，在学业和就业方面涌现出较多优秀典型。社团多人次获奖学金，毕业后赴清华、北大、中科院以及海外知名高校深造、服务于国家重点行业的学生人数逐年攀升。

撰稿人：潘麒羽

文学艺术育品格,"南开之光"传薪火

一、背景要求

2020 年,共青团中央、中共教育部党组关于印发《深化学校共青团改革的若干措施》的通知发布,为落实深化共青团改革等文件精神,南开大学文学院团委以习近平总书记关于青年工作的重要论述为指导,聚焦新时代加强和改进党的群团工作,创新组织动员方式,开展"南开之光"文学艺术节系列活动。艺术节注重学生的思政教育与"公能"品格锤炼,将思政建设融入到活动中去,推动了立德树人根本任务的走深、走实、走新。

文学艺术作为陶冶活泼敏锐之性灵,培养高尚纯洁之人格的重要手段,对学生的思想品格培养至关重要。为更好的培养时代新人,文学院打造了"南开之光"文学艺术节系列活动。"南开之光"文学艺术节自 2000 年底开始举办,每年一届,拥有丰富的活动经验,也取得了一系列重要成果,丰富了南开校园文化生活,营造了浓厚的美育文化氛围,引导学生坚定文化自信。

二、工作目标

(一)搭建才华展示舞台

"南开之光"文学艺术节活动内容在发展中不断丰富,为文学院各专业学生发挥学术专长、施展个人才华搭设了绝佳的舞台，代表性活动包括：学术论文写作比赛、文学艺术创作比赛、书法比赛等十几项比赛。各项比赛均由学院各系主任、教研室主任等一大批优秀的学者担任评委和指导教师，为"南开之光"文学艺术节提供了有力的学术支撑和保障，使其成为文学院学生心目中地位最重的文化活动。

（二）聚焦学生思想引领

"南开之光"文学艺术节注重对学生的思想引领与"公能"品格锤炼，将共青团改革、培养时代新人的精神融入到活动中，与时俱进，不断创新，如为迎接建党百年开展的以"初心未改迎华诞，翰墨光影绘锦绣"为主题的摄影书画比赛。"南开之光"文学艺术节将品格教育、通识教育与专业教育结合起来，使学生在专业学习与应用中，体会到个人价值与社会责任。

三、思路举措

（一）活动思路

1. 立足学院传统，创新文化内涵

"南开之光"文学艺术节在 20 余年的发展历程中，立足学院传统优势特色，不断创新活动载体、丰富活动内涵，在传承中挖掘文艺资源，提升文艺影响。经过不断传承创新，现在的代表性活动包括学术论文写作比赛、创作比赛、"汉唐风韵"诗词背诵比赛、书法比赛、图书策划比赛、新闻时评比赛等十几项丰富的内容。

2. 紧扣时代脉搏，引领价值导向

为更好地达到思想教育的目的，"南开之光"文学艺术节的活动主题与时俱进，从多视角、多维度紧扣时代脉搏、引领价值导向。如 2012 年为纪念雷锋同志逝世五十周年，书法比赛的题目范围为"奉献"和"雷锋精神"；

2020 年，为弘扬伟大抗疫精神，组织了以"在'抗疫'的日子里"为主题的话剧创作比赛，并开展了以"'疫'去盼春归"和"'疫'线微光"为主题的摄影比赛；2021 年，恰逢庆祝建党 100 周年，为回顾党一百年来的奋斗历史，讴歌党一百年来的伟大成就，"南开之光"文学艺术节开展了"初心未改迎华诞 翰墨光影绘锦绣"庆祝建党 100 周年主题书画、摄影作品创作比赛，以艺术创作为媒介，引导青年学子提升艺术操守、坚定理想信念、激发创新创造活力，以历史厚重与青春力量升华个人思想修养、坚定文化自信。

3. 优化活动流程，提升活动实效

为调动学生参与比赛的积极性，扩大活动影响，"南开之光"文学艺术节不断优化活动流程，通过深化活动宣传、丰富活动样态、提升专业水平、扩大活动激励等多种形式，为"南开之光"文学艺术节的不断发展提供有力支撑和保障，为后续活动开展起到示范性引领作用。

（二）活动重难点

1. 主题设计多元平衡

文章合为时而著，歌诗合为事而作。"南开之光"文学艺术节始终坚持主题设置与时代密切结合，与思想教育紧密相关。而如何做到文学性、学术性和思想教育性的平衡，则是主题设置中的重难点。学院的做法是具体问题具体分析，不同赛道不同主题。论文创作比赛通常不设主题，让学生充分发挥自己的学术创作水平，书法创作、小说创作等比赛则通常与时代结合，达到思想教育的目的。通过主题的设置达到文学性、学术性和思想教育性的平衡。

2. 多措并举调动学生积极性

活动要想达到提高学生文学素养，加强思想教育的目的，需要学生的广泛参与。如何调动学生参与积极性也是活动顺利开展的主要问题之一。"南开之光"文学艺术节通常面向南开大学全体学生，采取线上宣传的方式，通过奖品奖励机制和教师点评机制等吸引学生参与，扩大活动影响力，达到活动目的。

四、改革成效

（一）搭建风采展示平台，文学才子薪火相传

"南开之光"文学艺术节从开设至今，始终立足于学生的学术培养与发展，不仅给学生提供了展示自身学术水平、创作水平的机会，还使大批优秀的富有才华的学子得以涌现，最重要的是给予了他们在文学艺术道路上继续进取的信心和鞭策。很多当年在校参赛的学生现在都已走上重要的工作岗位，有不少人选择留在母校任教，将自己的学术所得传播给后继学子。"南开之光"文学艺术节为南开的教育事业以及各行业源源不断地培养并输送了大批优秀的文学类、艺术类人才，这是该项活动影响最为深远、最有成效的一项宝贵成果。

（二）加强思想品格教育，塑造浓厚学术氛围

"南开之光"文学艺术节为学院营造了浓郁的学术氛围，是对第一课堂的有力带动和有效补充。该活动紧密联系两个课堂，既有深度，涉及专业学术理论的探讨，又有广度，能吸引全校广大师生广泛参与，影响深远。在课堂的互动中，潜移默化地锤炼学生"为人"和"治学"的高尚品格，引导学生在学术竞争中坚守诚信、开拓创新；在交流合作中相互借鉴、取长补短。"南开之光"文学艺术节在营造学术氛围、加强学风建设上卓有成效地探索和尝试，是该项活动一项立意深远的成果。

思想教育活动要抢抓契机，以贴近学生生活和时代特点的内容形式为载体。艺术节自开设以来，不断适应时代发展和学生关注热点，推出了一系列反映时代特色、充满活力的学术活动，始终占领最前沿、最具时代特色的文化阵地，为校园文化贡献了众多丰富多彩、引领时代的活动，这是该项活动的又一重要贡献和成果。

撰稿人：宋燕、李昱

文学艺术育品格,"南开之光"传薪火 77

图 1-21 闭幕式颁奖典礼

图 1-22 书法比赛现场

纪念爱国运动校园接力跑，"一二·九"精神闪光新时代

一、项目背景

南开大学具有光荣的爱国主义传统，化学学院自学科创建以来始终围绕中心、服务大局，瞄准国家战略发展方向，致力于"为国家经济繁荣、学术进展做出更大贡献"。

2021 年恰逢中国共产党成立 100 周年，也是南开大学化学学科创建 100 周年，南开化学的发展和成长一直以来都遵循党的领导，力争解决有关国家发展需求的问题。化学师生始终满怀爱国主义情怀，心系国家大事大势，在每年重大事件、重要节点，在各方面各领域主动发声。

"一二·九"抗日救亡运动是中国共产党领导的一次大规模学生爱国运动。自 2005 年起，化学学院团委坚持在每年举办"一二·九"爱国运动校园长跑活动，开展纪念活动，发出南开声音。至 2021 年活动已连续开展 16 年，即使在疫情期间，也从未间断。活动旨在深入挖掘新时代"一二·九"爱国运动的教育价值，充分发扬"立德树人思想引领，强健体魄体育育人"的教育理念，丰富爱国主义教育内容，创新思政教育形式，鼓舞南开青年以坚定的信仰、昂扬的姿态、崇高的使命感继续砥砺前行。

二、工作目标

结合习近平总书记视察南开大学重要讲话精神,进一步学习贯彻落实习近平总书记的重要指示,"一二·九"爱国运动校园接力跑活动旨在通过每年一次、常年坚持的纪念活动,宣示南开师生们牢记历史、不忘过去、热爱和平、开创未来的坚定立场。通过挖掘"一二·九"爱国运动在新时代的教育价值,传承、发扬、增强南开青年学生的爱国主义情怀和社会责任感,鼓舞南开青年将爱国情怀外化于行,内化于心,以坚定的信仰、昂扬的姿态、崇高的使命感迎庆我党百年华诞,实现创新发展以强国,让"一二·九"精神在新时代继续闪光。

三、思路举措

(一)强健体魄外化于行,传承精神内化于心

党的十八大以来,以习近平同志为核心的党中央高度重视体育工作的发展,充分强调了体育在提高人民健康水平、满足人民群众对美好生活向往、促进人和经济社会全面发展上的重要意义。南开大学一直都有重视体育的传统,早在建校之初,张伯苓老校长就提出公能五项训练方针,首要一条就是重视体育,南开学子在各大型比赛中向来勇往直前。

化学学院一直以来也非常重视对学生的体育教育,常年举办各项体育赛事,促进体育类社团如龙舟队等的发展壮大,鼓励师生参加各级各类体育竞赛。化学学院团委纪念"一二·九"爱国运动校园接力跑活动选择以接力跑为主体形式,辅以火炬传递、定点讲解、集体签名和主题展览等活动形式开展落实。正如习近平总书记指出的,要加快建设体育强国,就要弘扬中华体育精神,弘扬体育道德风尚。化学学院力争通过将体育教育与

纪念爱国运动的学生活动相结合的形式，向青年学子传递体育强国的理念，传承"一二·九"爱国主义精神。充分体现了发展体育事业不仅是实现中国梦的重要内容，还能为中华民族伟大复兴提供凝心聚气的强大精神力量。

（二）积极适应时代需求，主动创新活动形式

16 年来，"一二·九"校园接力长跑纪念活动已经成为化学学院品牌活动之一。随着时代的迅速发展进步，学生活动形式日益丰富，加之近两年疫情形势严峻，对学生活动形式也有影响，化学学院积极适应时代需求，主动创新活动形式。为充分调动青年学生的爱国热情、提升活动参与度，扩大活动的影响范围与辐射面，增强活动教育效果，学院不断丰富纪念"一二·九"爱国运动校园接力跑的活动形式。

近年来，活动选择以接力跑为主体形式，辅以火炬传递、定点讲解、集体签名和主题展览等活动形式开展落实。今年还首次通过线上、线下相结合的形式开展活动。线上利用好新媒体平台，发布纪念"一二·九"运动系列文章，开展"党史答题点亮'一二·九'火炬"线上活动，激励青年学子主动传承"一二·九"运动的爱国精神，传承强国之志。线下开办主题展，举办路演活动进行宣传。主题展中选拔、培训学生讲解员面向全校青年学子宣讲"一二·九"爱国主义精神；路演宣传中通过宣传册、易拉宝等形式广泛宣传和介绍"一二·九"运动的历史与现实意义，举办互动留言和终点总结活动，培养学生爱国情怀和社会责任感。

四、主要成效

目前，"一二·九"爱国运动校园接力跑活动已经成为每年一度全校关注的"一二·九"爱国运动的品牌纪念性活动。总结 16 年来活动达成的主要成效，主要有以下三方面。

一是成功探索了青年学生纪念重大爱国运动的活动形式。以"一二·九"纪念活动为切口，举一反三，高校青年的爱国主义教育可做的文

章还很多。中国共产党走过的百年奋斗历程中蕴含着无尽的精神财富，有无数红色精神和资源值得挖掘与学习。那么一个能够持续做了 16 年的纪念活动，无疑是对青年学生纪念重大爱国运动的成功探索，并且这个活动广受师生好评，影响逐年扩大，活动收效喜人。

二是有效尝试了将思政与体育相结合的长效育人模式。近年来，思政课程和课程思政都是高校育人的重中之重，如何通过第二课堂加强对学生的思政教育，是全体高校思政工作者不断探索的共同课题。而将体育强国的理念贯穿入一个爱国运动的纪念活动，坚定学生理想信念，是对培养德智体美劳全面发展的社会主义建设者和接班人的育人模式的有效尝试。

三是切实加强了以党史学习教育潜移默化育人的效果。党史学习教育是在很长一段历史时期内对青年进行思政教育的重要内容。采取线上、线下相结合的党史答题接力长跑打卡的活动形式，有效夯实了学生的党史知识基础，创新性地优化了活动质量，提升了活动参与率，潜移默化地加强了党史学习教育的效度，充分调动了青年学生的爱国热情，坚定了学生的理想信念，使学生以昂扬的姿态传承"一二·九"爱国主义精神，勇担时代重任。

伴随铿锵嘹亮的国歌声，熊熊燃烧的火炬在一届届南开人的手中传递，薪火不灭；爱国主义精神在一代代南开人心中传承，历久弥坚。化学学院团委将坚持纪念"一二·九"这一伟大历史事件，用火炬的圣光点燃当代南开青年心中的爱国心、爱国情。

撰稿人：周冰玉、杨奇、国家兴、李雨鑫

图 1-23 开跑前,校党委常务副书记杨克欣向 5 位火炬手授火炬

图 1-24 虽然天气寒冷,但同学们热情高涨

组织动员篇

第二篇章　强基固本　凝心聚力

中央党的群团工作会议以来，南开共青团以习近平新时代中国特色社会主义思想为指导，全面贯彻习近平总书记关于青年工作的重要思想和视察南开大学重要讲话精神，紧紧围绕立德树人根本任务，在推动三全育人、五育融合的大思政格局中，树立大抓基层的鲜明导向，坚持政治建团、思想立团、固本兴团、改革强团、从严治团，着力扩大团的组织覆盖，创新运行机制，夯实基层基础，不断提升团的组织力，确保共青团牢牢扎根在南开青年之中，为做好新时代党的青年群众工作和服务学校新百年发展建设提供坚强有力的组织保证。

以"达标创优"行动为牵引，夯实基层组织建设，团的组织体系更加完善。 不同层级团组织功能明确、设置合理、运行规范、服务有效；不同类型的基层团组织实现对全校青年的全覆盖和多重覆盖；团支部充分发挥基层堡垒作用，"三会两制一课"规范落实，团的组织覆盖和工作覆盖不断延伸。

以"青年先锋"行动为牵引，强化团员教育管理，团员先进性更加彰显。 严格执行团员发展制度，团员入团动机端正，政治觉悟明显提高。严格规范团员教育管理，青年团员对于团员身份的自我认同度明显提高，荣誉感明显提升，先锋模范作用更加突显。

以"青年之友"行动为牵引，从严从实推进团干部队伍建设，团干部奋斗精神更加坚定。 团干部作风明显转变，自我奋斗精神更加坚定，密切联系青年机制不断深化，做好青年群众工作的能力水平不断提升。团干部任职培训、任期培训实现全覆盖，团干部队伍能力素养整体提升。

党执政的青年群众基础更加巩固。 各级团组织主动融入党建工作格局，党联系青年的桥梁和纽带作用发挥明显，引领凝聚青年、组织动员青年、联系服务青年的职能有效落实，广大青年对习近平新时代中国特色社会主义思想的理性认同、实践认同、情感认同更加坚定，党执政的青年群众基础更加巩固。

本篇章聚焦组织动员，遴选 15 篇案例，充分展现南开共青团在党建统领下的班团一体化建设、夯实基层组织建设、保持和增强团员先进性、强化团干部队伍建设等从严治团、提升团的组织力等方面的发展思路、真招实招和改革成效。

加强党建统领，深入推进班团一体化建设

一、背景要求

为深入学习贯彻习近平新时代中国特色社会主义思想，扎实落实中共中央、国务院《关于加强和改进新形势下高校思想政治工作的意见》和全国高校思想政治工作会议精神，积极适应青年学生新特点、高校思想政治工作新要求、推进从严治党治团新形势，以夯实基层组织建设助推各项工作，高质量构建"五育融合"全面培养体系，团结带领广大青年学生努力成长为德才兼备、全面发展的中国特色社会主义事业的合格建设者和可靠接班人，结合现行文件要求与工作实践，学校团委在学校党委指导下开展调查研判，研究制定了《关于进一步加强党建统领 深入推进班团一体化建设的指导意见》，并结合实际，积极探索落实，有步骤地推进党建统领下的班团一体化建设工作。

二、工作目标

深入贯彻落实习近平总书记关于青年工作的重要思想和视察南开大学重要讲话精神，贯彻《中国共产党普通高等学校基层组织工作条例》《中共中央关于加强和改进党的群团工作的意见》和中央党的群团工作会议精神，切实加强党对共青团工作的全面领导，深入推进共青团改革，进一步推动各项改革措施落地见效。强调以"坚持党建统领，立德树人；系统思维，

协同发展；实事求是，分层分类"为工作原则。统筹推进党建、团建、班建组织体系建设一体化，重点完成团支部、班级在组织建制一体化、组织运行一体化、作用发挥一体化及评议评优一体化中的建设任务。

三、思路举措

（一）统筹推进党建、团建、班建组织体系建设一体化

将团建工作纳入学校党建工作一并部署、同步考核。各基层党组织要紧紧围绕学校改革发展稳定大局和立德树人根本任务，强化整体意识和责任意识，依托党建质量提升"对标争先"培育行动计划的推进实施，深化党支部指导班级团支部建设机制，以带基层组织建设为基础，以带班团干部队伍建设为关键，充分发挥以样板党支部为代表的优秀基层党支部的示范带动作用，明确带建方式、对象、责任人，鼓励选派优秀学生党员担任班级团支部书记或党员联系人，开展定点指导联系，将"党建带团建、班建"工作情况作为党支部年度工作考核汇报的重要内容，并纳入评优体系。

（二）推进组织建制一体化

规范班团组织设置，班级团支部的设置原则上依托学院专业（系所）的班级设置进行设立；研究生班级团支部的设立也可结合学生党支部的纵向设置原则对应设立。鼓励团支部书记兼任班长，团支部委员会委员、班级委员会委员根据职责对应的原则可兼任；完善"网上共青团"建设，更新校园"团组织建设系统"相关模块，在系统录入中实现班级团支部建制与班级建制的相互对应，为班级团支部与班委会的一体化运行奠定基础。强调班级团支部委员会应认真履行引领凝聚青年、组织动员青年、联系服务青年的职责，在同级党组织的领导及上级团委的指导下，强化"一切工作到支部"理念，广泛深入联系青年、真心实意服务青年，切实发挥党联

系青年的桥梁纽带作用。

（三）推进组织运行一体化

统筹一体运行。每月定期召开团支部委员会会议、团支委班委联席会议，逐步形成以团支部为主导、班委会为主要执行机构，职责明晰、协调运行的一体化工作机制。明确会议需研究团支部、班级的发展建设、教育引领、主题活动、奖惩资助等重要事项，并定期将团费收缴、班费使用等团务班务情况，面向对应范围公开公示。

同期换届选举。每年9月各学院班级团支部委员会、班级委员会按要求召开团员大会、班级大会完成换届选举工作，严格落实按期换届制度。换届前，班级团支部支委会、班级委员会应一同充分梳理本届委员会的工作情况，总结经验、查摆不足并对下一届委员会提出建设性意见。

协力联系服务。在第二十八次学生代表大会、第三十九次研究生代表大会筹备中，明确优先推荐班级团支部委员、班级委员会委员担任大会代表和工作人员，广泛深入联系青年、真心实意服务青年，切实发挥党联系青年的桥梁纽带作用，从骨干力量配备上保障团学组织形成合力。

（四）推进作用发挥一体化

突出思想政治教育，探索组织生活新模式。把班团的组织生活与学业科研、体育锻炼、美育陶铸、劳动实践、志愿服务、社会参与有机融合，充分挖掘学科特点和育人目标，创新规范开展"三会两制一课"和班级建设，探索组织生活新模式，提升班团活动的时代性、先进性和育人功能，使班级团支部成为推动"五育融合"融合的组织保障，并将团员青年参与服务社会的表现作为"第二课堂成绩单"、"公能"素质评估、团内评优、推优入党、发展团员的重要参考依据。

进一步规范"推优"工作程序。把推优入党作为履行政治功能的重要抓手，制定《南开大学共青团推优入党工作指引》，协调党支部安排支部成员对"推优"大会进行全程监督指导，充分征求团员青年和班级委员会意见，有效推动完善党、团、班组织联合培养教育的工作机制。

教育培养统筹设计。依托南开大学团校（黄埔团校），统一面向新任班级团支部书记、班级班长开展班团骨干培训。在日常学习教育中，团委与学工部门统筹协调，引导团支部与班级融合开展"请党放心，强国有我""民族团结我践行"等班团支部实践活动，提升班团活动的时代性、先进性和育人功能。

（五）推进评议评优一体化

以"达标创优"行动为牵引，推动并优化各级各类班级团支部与先进班集体荣誉评选的融合共通。学校层面，优化完善以"五四评优"为主的校院两级共青团荣誉体系和以"周恩来班"为主的班级荣誉体系，明确周恩来班级评选与团支部评星定级挂钩；将班级建设如体质测试成绩、青年满意度等情况纳入班级团支部五四评优二级指标。班团支部层面，在同期换届过程中，团支部书记、班长应分别代表班级团支部委员会、班级委员会进行工作述职，由全体团员、班级成员进行民主评议，评议结果作为团支部委员会、班级委员会开展履职考核、评奖评优的主要参考依据。

四、改革成效

经过一个学期的探索实践，各学院遵循教育规律、思想政治工作规律和学生成长规律，创新理念思路、内容形式、方式手段，已完成68个本科党支部带建523个班团组织的结对工作，逐步探索针对性改革措施，取得一定成效。

物理科学学院改革硕士生党团班组织建设，打破年级的横向限制，依托专业与课题组纵向划分。同时，将硕士3个年级划分为3个党小组、团小组，在纵向支部建设中体现横向年级，横纵双向，推动班团组织建设一体化。外国语学院推动本硕党支部学生党员担任"班级团支部辅导员"，探索党建带团建、班建。旅游与服务学院积极探索党建引领下的思政教育模式，引导党支部与团支部、班级开展红色"1+1"共建，实现思政教育全覆盖。统计与数据科学学院探索建立教工党支部、学生党支部、班团支部交叉融合的师生共育模式，在交流互动中实现思想引领、学业指导、困难帮扶等多元化育人目标，实现育人引领到支部、到班级。

在"大思政"和"三全育人"格局中，进一步加强党建统领，紧密围绕中心大局，牢牢把握功能定位，全面履行职责使命，切实发挥政治功能，不断增强引领凝聚、组织动员、联系服务团员青年的能力，着力提升基层组织活力和育人成效。着力以夯实基层组织建设助推各项工作，努力通过组织育人体系的优化打通学生思想政治工作最后一公里。

撰稿人：刘维爽、刘天阳

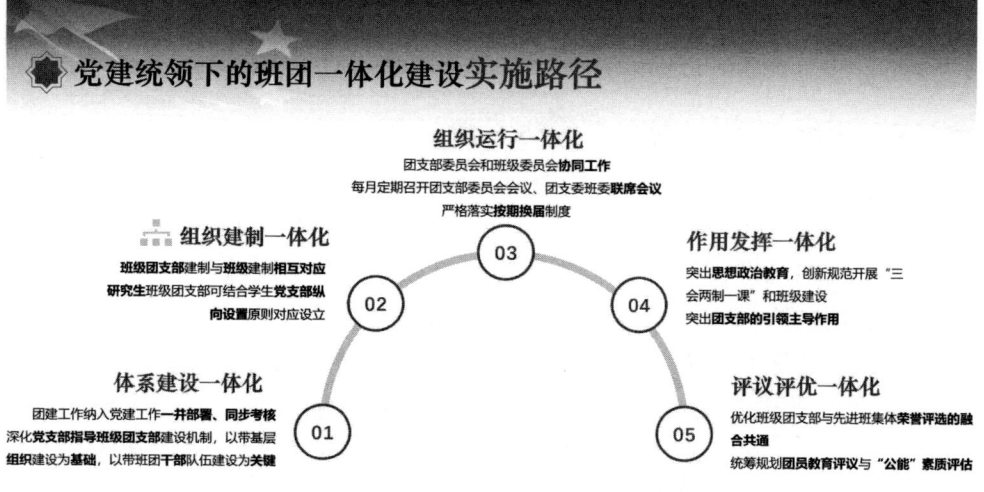

图 2-1　党建统领下的班团一体化建设实施路径

以"达标创优"行动为牵引,夯实基层团组织建设

一、背景要求

为深入学习贯彻习近平新时代中国特色社会主义思想和党的十九大精神,落实团中央、团市委关于深化共青团改革要求及《南开大学共青团关于加强新时代团的基层建设 着力提升团的组织力的行动方案》,树立大抓基层的鲜明导向,推动改革举措落地见效,使团的组织力得到明显提升,实施基层团组织"达标创优"行动。

"达标创优"行动以习近平新时代中国特色社会主义思想为指导,全面贯彻习近平总书记关于青年工作的重要思想和视察南开大学重要讲话精神。落实全面从严治团要求,突出大抓基层导向,建强基层、夯实基础,通过整治软弱涣散组织、创新发展特色组织、培育表彰示范组织,形成基层团组织规范运行、对标定级的常态化机制。以"达标创优"为目标持续加强团的基层组织建设,以夯实组织建设助推团的各项工作,不断增强团的政治性、先进性、群众性,为做好新时代党的青年群众工作和服务学校新百年发展建设提供坚强的组织保证。

二、工作目标

强化政治建设,坚持党建统领。政治性是共青团的本质属性,必须把旗帜鲜明讲政治作为团的最强号令。破解团的基层薄弱难题要坚持党的领

导，主动融入党建工作格局，坚决克服"等、靠、要"思想，激发自我奋斗精神，切实提高大抓基层的思想自觉与行动自觉。

突出问题导向，狠抓整改落实。找准基层建设的突出问题和薄弱环节，把握深层原因和工作机理。围绕团的根本任务、政治责任、工作主线开展工作，提出务实举措，明确目标任务，夯实领导责任，狠抓工作推动，将改革向纵深推进，让成果向基层延伸。

提升团建质量，服务青年成长。密切联系青年、竭诚服务青年是共青团工作的本职所系与必然要求。深入研究和把握团的基层建设规律与当代青年成长的新特点，提升青年群众工作的方法能力，为服务青年成长成才提供坚实的组织基础。

三、思路举措

（一）清单式明晰支部建设具体目标

1. 支部班子好。班子齐整，按期换届，按程序选举。支部委员特别是支部书记要信念坚定、心系青年、能力突出、作风严实。支委会示范表率作用好，凝聚力战斗力强，班子分工协作，运转有序。建立支部班子密切联系服务青年机制，广泛深入联系青年、真心实意服务青年，团员青年对班子评价好。进一步完善支委会与班委会协同工作机制，倡导学生党员担任团支部书记，逐步全面推动团支部书记兼任班长。

2. 团员教育管理好。团员底数清晰，信息完整准确；发展团员程序规范严格，团员档案完备；"学社衔接"扎实推进，团费收缴等基础团务工作规范开展。深入实施"青年大学习"行动，经常开展理论学习、仪式教育、团日团课等活动。以志愿服务、社会实践、创新创业为切入点引导团员多角度彰显先锋模范作用。建立激发团员先进性的荣誉激励机制，积极选树宣传典型；对不合格团员及时进行教育引导、给予团内纪律处分。

3. 制度落实好。尊崇团章、贯彻团章，严格执行《中国共产主义青年团支部工作条例（试行）》，落实"三会两制一课"，团内组织生活严肃认真、规范开展。团支部在班规班纪、章程条例等的制定、执行、落实环节的监督把关作用发挥充分。按要求常态化规范使用"智慧团建"系统及南开大学团组织建设系统，及时录入更新团内信息。

4. 活动开展好。以组织需要、团员欢迎、青年满意为原则，结合学科发展及人才培养目标，围绕理论宣讲、网络文明、"青年大调研"、志愿服务、社会实践、就业创业、学业帮扶、学风建设、心理疏导、人际交往、综合能力提升训练等领域，形成至少1项经常性品牌工作，定期融合开展主题团日、主题班会、文化体育等班团活动，工作有思路、有举措、有特色，各项工作团员参与率高。

5. 作用发挥好。服务中心大局成效明显，推动全员成为注册志愿者并以团支部为单位成立志愿服务队，结合实际以团小组或联合团小组为单位成立志愿服务小组，经常性开展志愿服务，逐步形成"一支部一品"志愿服务特色项目。主动弘扬正能量，积极参与建设清朗网络空间。严格落实"推优入党"制度。突出团支部在班级同学思政学习、志愿服务、社会实践等工作中的引领主导作用，共青团员评奖评优、推荐举荐等须经支委会通过，团员大会决定。以"青年大调研"为抓手切实联系服务青年，扎实做好团内激励关怀帮扶工作。团员青年对团组织评价较高。

（二）系统化设计达标创优行动路径

1. 达标定级。各基层团组织应结合"达标创优"行动总体原则与"五好"团支部建设要求，将"达标"建设与评星定级贯穿支部工作始终。每学年普遍开展一次集中评定，支部对照"达标"考核指标逐项自查"体检"并自评定级，巩固优秀项目，提高合格项目，整顿不合格项目；分团委结合团支部书记述职评议工作和支部民主评议结果，在支部自查的基础上进行全面检查并复核星级，督促支部加强自我整改，补齐短板弱项；校团委核定批准定级结果。对照检查结果整理整顿软弱涣散团支部，有5个及以上不合格项目的支部需列为重点整顿对象，找准问题原因，制定整改措施，限期整改到位。"达标"建设合格后方可进入"创优"建设阶段。

2. 特色创优。在持续高质量"达标"建设的基础上，鼓励各支部结合发展思路及学科专业特点拓展工作载体，推动"创优"建设。一是探索创新团的组织生活和基础团务管理新方式，保障内容、创新形式，适应团员青年的思想和行为特点，做到既严肃认真，又生动活泼，使团员青年便于参加、乐于参加；二是结合学校培育"公能"兼济人才的育人理念和学科培养目标，顺应支部成员发展需求，明确支部特色化建设方向、目标及实施载体，制定兼具可行性与发展性的建设方案。各分团委应加强过程性指导与监督，及时调整建设方向进程，鼓励多样化发展，交流推广建设成果，切实提升团支部活力、凝聚力与战斗力，强化团组织引领服务团员青年实效。

3. 选树评优。 学校团委每年对"创优"建设成效进行评估，并对各基层团支部班子建设、团员教育管理、制度落实、活动开展、作用发挥等方面成果进行统一评定，择优选树培育"五四红旗团支部（标兵）"，优先推荐获得校级荣誉的团支部参与天津市"五四红旗团支部"评选。坚持边创优边推广，通过召开动员会、观摩会、宣传展示典型案例等方式，总结提炼团建重点任务落实的好经验、好举措，示范引领、辐射带动，巩固拓展基层团建工作成果，推动团建质量全面提升。结合大类招生改革实际，本科一年级团支部以强化规范建设为主，不参与校级"五四评优"团支部项目评比。

四、改革成效

严活并举，基层组织基础更加牢固。 以优秀党员作为团建辅导员加强对基层团支部工作的分类指导，加强对团支部的日常监督与动态管理，定期对照线上系统随机抽查督导，调整星级。考核指标的可操作性强，数据统计科学细致，同时坚持目标导向，充分考虑工作实际，鼓励基层结合实际大胆探索，释放基层活力创造力。

统筹兼顾，长效推进效果更加显著。 将开展"达标创优"行动与推动已有制度的执行、形成新的成果经验结合起来，与落实各项改革举措、全面从严治团、全团抓思想政治引领、"青年大调研"等重点工作结合起来，充分利用建党 100 周年、建团 100 周年等重大契机，与推动基层团组织常态化制度化开展团员教育、抓牢建强团干部队伍统一部署、统筹推进，形成了长效机制。

撰稿人：杨璨

以"青年之友"行动为牵引，强化团干部队伍培养建设

一、背景要求

党的十八大以来，以习近平同志为核心的党中央举旗定向，对包括团干部在内的新时期干部教育培训工作进行了全面系统的谋划部署。深入学习贯彻习近平新时代中国特色社会主义思想和党的十九大精神，贯彻落实习近平总书记关于青年工作的重要思想和习近平总书记视察南开大学重要讲话精神，持续推动南开共青团改革取得新成效，切实提升南开共青团引领凝聚青年、组织动员青年、联系服务青年的能力水平，不断巩固和扩大党执政的青年群众基础，有力服务于"两个一百年"奋斗目标实现和南开"双一流"建设，锻造一支忠诚干净担当的高素质专业化团干部队伍，根据《中国共产主义青年团章程》和有关团内规章制度，对标习近平总书记对团干部提出的各项要求，结合团干部培养教育工作实际，探索实施以"青年之友"行动为牵引，强化团干部队伍培养建设的工作方案。

二、工作目标

（一）坚持政治性导向

旗帜鲜明地树立政治性锻造教育培训导向，突出共青团政治性的第一

属性，坚决做到"强三性、去四化"，大力提升团干部先进性，使全体南开共青团干部切实增强"四个意识"，自觉在政治立场、政治方向、政治原则、政治道路上同以习近平同志为核心的党中央保持高度一致，坚决担负起政治责任，源源不断为党输送新鲜血液和政治骨干。

（二）坚持一体化推进

要加强顶层设计，构建南开共青团干部教育培训工作一体化工作体系。一是要坚持教育培训层级的一体化实施。坚持以校级团干部教育培训为龙头，统筹基层分团委（团总支）的干部教育培训工作，构建校院两级南开共青团干部队伍教育培训体系。二是要坚持教育培训对象的一体化统筹。统筹推进专职教师团干部、团属或团指导下的学生干部两个类别的教育培训，实现南开共青团干部教育培训全覆盖。三是要坚持教育培训过程的一体化推进。实现团干部教育培训课程设计、阵地建设、实际培养、监督考核、约束激励、出口管理等各环节内容的统筹推进，力争在培训过程中发现、培养一批特别优秀的南开共青团干部。

（三）坚持制度化建设

要严格对照全面从严治党的标准、要求、做法，大力推进全面从严治团，切实实现南开共青团干部队伍的革命性锻造，务实推进南开共青团干部教育培训工作体系化、制度化、规范化。要以团章为基本依据，参照党内规章制度，围绕南开共青团干部队伍建设的目标要求，建立健全制度机制，并从岗前培训、过程督导、跟踪培养三方面形成完整的考核评价制度，基本形成涵盖团的建设及工作主要领域的规章制度体系框架，不断提高团组织工作的科学化、规范化水平。

三、思路举措

（一）完善专职团干部教育培训体系

1. 灵活培训方式

将教师团干部培训纳入全国高校辅导员培训基地（南开大学）总体规划统筹设计，切实加强团干部教育培训力度。采取集中培训与轮训相结合的形式，推动构建四位一体综合培养体系；建设团干"理论+"师资库，逐步推动轮岗调训、挂职；加强教师团干部多岗位锻炼。

2. 丰富培训内容

加强政治理论学习，强化团干理论素养。 将理论武装摆在突出位置，把学懂弄通做实习近平新时代中国特色社会主义思想作为首要任务，强化"政治理论是安身立命的看家本领"的认识。着眼于建设高素质专业化团干部队伍，切实加强团干部教育培训力度，使基层团干部的政治理论素养、群众工作能力、团的业务水平等得到有效提升；促进理论学习常态化、制度化。以读原著、学原文、悟原理、共交流为主要方式，实现对重要讲话和决策部署学习的常态化制度化。

培养理论学讲能力，发挥先锋带头作用。 共青团干部不仅要学习理论、弄懂理论，还要能通过切身学习理论的经历，发挥带头作用，带领团员、影响团员。努力推动专职团干部就个人擅长领域（社会实践、志愿服务、创新创业等）与思想理论知识相结合，赋予理论知识更具象的实体生命力，为理论知识的传播提供更广阔的平台，让理论与其他共青团所属领域工作进行深度融合。原则上专职团干部每学期两次上讲台、讲团课，提升面向青年宣讲党的创新理论的能力，致力形成"学理论——做宣讲——深入学理论——更好做宣讲"的良性循环。

掌握青年工作方法，更好联系服务青年。 依托朋辈力量助推团干部自身建设和成长。要通过形式多元、内容多彩的沙龙、下午茶等活动，邀请青年岗位能手、青年文明号代表等业务技能突出的先进典型面向专职团干部传经验、授方法，多维度提升团干部基础业务工作能力。

3. 健全考核激励约束机制

建立述职考评制度，规范分团委（团总支）书记年度述职考核，建立述职考核结果通报同级党委机制，建立考核结果与评优表彰、干部任用等工作相结合的激励约束机制。严格落实团干部协管制度，压实上级团组织的教育管理监督责任，强化对管理失职行为的问责力度。要突出重视教育培训的考核激励约束工作，将教育培训结业评价融入干部评价体系，力争在教育培训过程中发现一批特别讲政治、特别有才干、特别能吃苦的专职团干部，建立干部人才储备库。

（二）团学骨干培养"雁阵计划"

1. 落实培养目标

落实立德树人根本任务，践行为党育人的光荣使命，切实提升南开大学共青团团属或团指导下的各级团组织和学生组织主要学生骨干的政治修为、理论素养、实践能力、业务技能，明确学生骨干的工作职责、工作要求，进一步加强我校团的学生骨干队伍建设，从而发挥团学骨干的先锋模范及带头示范作用，以点带面增强团员先进性，培养担当民族复兴大任的青年马克思主义者和时代新人。

2. 明晰工作主线

南开大学团学骨干培养"雁阵计划"为校共青团系统团学骨干培养的整体方案，分为"头雁培养""翼雁培育""新雁培训"三部分，分别以青年马克思主义者培养工程、南开大学团校（黄埔团校）、院级团校为实施主体和平台，面向青年马克思主义者工程学员、校院两级学生骨干后备力量、新生年级团学骨干开展专项培训。其中，"头雁培养"依托学校团委组织部和青年理论研究中心每年开展一次选拔培育工作。"翼雁培育"设立春季后备骨干培训班与秋季骨干岗前培训营两个部分。春季后备骨干培训班面向校级团学组织中有留任意向的学生骨干开展针对性培训，秋季骨干岗前培训营面向校级团属和团指导的团组织和学生组织主要学生骨干和院级推荐人选开展集中培训。"新雁培训"于秋季组织实施，主要面向新任基层团支部书记开展理论培训和基础团务实训。

四、改革成效

（一）强化团干部纪律作风建设

严明政治纪律和政治规矩，加强思想引导，坚持政治上从严；破除四风，对能力不强、作风不硬的干部予以处理调整，倡导事业为重、敢于批评的风气，自觉接受青年师生监督；强化组织纪律，严格遵守制度程序，避免教育培训的随意性和自由化问题。

（二）完善密切联系青年机制

以"青年大调研"为抓手，夯实团干部密切联系青年机制，深入基层转作风、走近青年交朋友，不断提升直接做青年群众工作的能力；建立完善学生党员担任基层团干部直接为党做青年工作的制度，不断增强党性修养；建立青年评议制度，深入调查团干部与青年的联系情况，以组织力、引领力、服务力与青年满意度为测评项目，建立评议结果与评优表彰、干部任用等工作相结合的激励约束机制；设计完善覆盖工作全方位全过程的青年评议指标体系，切实锻炼团干部重倾听关切青年诉求，办实事助力青年成长。

（三）推动团干部队伍建设发展

依托全国高校辅导员培训基地（南开大学）制定教师团干部培训总体规划，结合实际，对照重点要求，建立完善的南开大学共青团干部选拔、培养、任用、考核的制度体系，落实具有南开特色的团学骨干培养"雁阵体系"建设，既突出重点，又以点带面，全面推动校院两级团校建设发展，全面提升团干部队伍建设实效。依托众多新媒体平台为青年团干队伍建设营造良好的舆论氛围，积极推动青年团干队伍建设发展。

撰稿人：刘维爽

把旗定向、厚植情怀、三全育人、示范担当

——南开大学深入实施青年马克思主义者培养工程经验

一、背景要求

党的十八大以来，习近平总书记高度重视在青年群体中开展马克思主义教育，提出要加强对青年的政治引领，在广大青年中加强和改进理论武装工作，引导广大青年运用马克思主义立场、观点、方法观察分析问题。自2007年团中央启动实施"青年马克思主义者培养工程"（简称"青马工程"）以来，有效地推动了马克思主义理论在青年中的学习和传播，为党培养了一批信念坚定、能力突出、素质优良、作风过硬的青年政治骨干，在加强青年政治骨干培养实践探索上取得了积极成效。

为深入学习贯彻习近平新时代中国特色社会主义思想和党的十九大精神，认真贯彻落实习近平总书记关于青年工作的思想，落实《中长期青年发展规划（2016－2025）》，共青团中央、教育部、民政部、农业农村部、国资委等部门联合研究制定印发了《关于深入实施青年马克思主义者培养工程的意见》，要求继续提高政治站位，强化责任担当，始终坚持马克思主义在意识形态领域的指导地位，不断巩固和扩大党执政的青年群众基础，不断强化"青马工程"为党育人的政治功能。

二、工作目标

南开大学团委在学校党委的领导下，始终坚持以习近平新时代中国特色社会主义思想和党的十九大精神为指导，认真贯彻落实习近平总书记关于青年工作的重要思想和视察南开大学重要讲话精神，牢牢把握立德树人根本任务，切实发挥"青马工程"为党育人的政治功能，为党培育和输送青年政治骨干。突出青年马克思主义者培养的特殊要求，教育引导青马学员弘扬南开大学优良的爱国奋斗传统，善于运用马克思主义立场、观点、方法观察分析问题，在中国特色社会主义实践、群众工作实践、各类重大事件和急难险重任务中，深入了解世情国情党情、站稳立场、坚定信念、锻炼能力、敢于担当，努力成长为具有坚定马克思主义信仰、"公能"兼备、全面发展的社会主义合格建设者和可靠接班人，将小我融入大我，用青春奋斗和无私奉献在祖国广袤的基层大地上建功立业。

三、思路举措

（一）把旗定向，强化党的领导

提高站位，统筹指导。 始终从确保党的事业薪火相传、兴旺发达的战略高度出发，坚持"党管青年""党管人才"的原则，学校党委自2016年起将"青马工程"列入学校党建年度工作要点和学校年度工作要点，作为全面贯彻党的教育方针、落实立德树人根本任务、推进构建"三全育人"大思政格局的重要工程。校党委书记杨庆山同志和班子成员分别参加"青马工程"的开班和结业仪式、定期与青马学员举行座谈并做专题辅导报告。

图 2-2　学校党委书记杨庆山同志为我校"青马工程"第十四期培训班学员讲授党史学习教育专题党课

夯实责任，齐抓共管。建立学校党委领导下的，由党委组织部、学工部、研工部、人事处、校团委、马克思主义学院等部门为成员的"青马工程"工作联席会议制度。强化共青团的政治功能和责任担当，由学校团委依托团中央"青年马克思主义者培养工程"研究培训基地，具体负责学校"青马工程"的组织实施，每年定期向学校党委书面报告工作进展情况。

（二）厚植情怀，赓续爱国传统

学习领会总书记重要讲话精神，厚植爱国主义情怀。习近平总书记视察南开大学时指出："爱国主义是中华民族的民族心、民族魂。南开大学具有光荣的爱国主义传统，这是南开的魂。"将习近平总书记 2019 年来校视察重要讲话精神、总书记给我校八名入伍大学生的回信和勉励语等作为独特教材，反复学习，多次重温；赴河北、陕西、福建、江西等 20 余个省市开展坚定中国信仰、扎根中国大地、服务中国战略、讲好中国故事等四个板块的社会实践，不断坚定学员将小我融入大我，矢志报国奋斗的决心和信心。

深挖爱国传统，汲取成长养分。将南开大学百年来深厚的爱国主义传统融入"青马工程"育人实践中。组织学员参观"爱国奋斗 公能日新"南开百年校史主题展和学校八里台校区爱国主义教育基地，从南开百年发展历程中感悟爱国传统、勇担时代使命；以南开杰出校友周恩来同志为楷模，赴天津市周恩来邓颖超纪念馆、江苏淮安等地（馆）开展"传承总理精神、牢记公能使命"红色实践教学活动等，引导学员在南开浓厚的"爱国土壤"中浸润成长。

（三）三全育人，做好理论"小灶"

整合培养力量，发挥资源优势。 依托综合性大学的学科优势和首批全国重点马克思主义学院的发展契机，选聘马克思主义理论、哲学、历史学、政治经济学等学科的专家学者担任理论导师，指导学员每周开展时事分析、每月开展理论经典名著导读，形成师生"同学、同研、同讲、同行"的"四同"育人模式；立足"三全育人"格局，整合校内外思政资源支持"青马工程"建设，坚持理论联系实际"五个一"，即每名学员至少参加一项实践调研、进行一次理论宣讲、开展一次志愿服务、参与一次田间劳动、撰写一篇学术论文，使理论学习不断向深里走、实里走。

突出理想信念教育，构建科学培养体系。 探索"专家授课+导师指导+朋辈共研+自我研习"的四维理论学习体系，构建涵盖习近平新时代中国特色社会主义思想学习研究、马克思主义理论原著研读、中国特色社会主义理论体系教育、"四史"教育、社会主义核心价值观教育、南开精神教育等7个板块的理论授课体系；把马克思主义经典理论学习作为必修课，将习近平新时代中国特色社会主义思想作为主修课，及时就党的创新理论、重大政策等进行专题辅导，做到原原本本学、联系实际学、持续跟进学。

（四）示范担当，补足实践"粗粮"

强化实践锻炼，磨砺意志品质。 组织学员赴国家级贫困县甘肃省庄浪县投身扶贫一线，开展建功基层实践锻炼，与驻村帮扶工作队同吃、同住、同劳动，通过入户走访、下地劳动、采访扶贫干部、帮销农产品，使"青马"学员深刻领会党的精准扶贫战略、掌握群众工作方法，摆脱"书生气"、多吃"基层苦";积极拓宽校外实践基地,组织学员分批前往天津市南开区、津南区街道社区、公众服务窗口开展挂职锻炼,在"社会大课堂"中锻炼本领、增长才干,积累服务群众和政治工作的经验。

图 2-3　"青马工程"培训班学员赴甘肃庄浪开展以基层政务实训、田间地头劳作等为主要内容的暑期社会实践

践行使命担当,发挥示范作用。将学员全员纳入"网络文明志愿者"队伍,在网络上主动发声亮剑;组建"青马领学团",通过线上平台领读领学《共产党宣言》,前往基层党团支部、街道社区开展"中国共产党人精神谱系""弘扬伟大革命精神,培育艰苦奋斗作风"等以党史为主要内容的"四史"主题宣讲,做好党的科学理论和伟大精神的"广播员";新冠疫情暴发后,学员自发成立"返乡战疫"青年先锋队,通过到社区(村)报到、参与"致敬逆行者"公益家教志愿服务等方式,积极投身疫情防控和服务保障工作,争当疫情防控的"战斗员""宣传员""保障员";在临时党团支部的组织下,"青马"学员也在防汛救灾、重要大会会议、文明城市创建、交通安全宣讲等期间,积极参与到各类志愿服务和社会工作中,用实际行动践行着"青马人"的初心和使命。

四、改革成效

通过持续深化"青马工程"改革，结合当代青年思想特点和需求，创新优化体制机制，南开大学形成了以培养马克思主义的笃定信仰者、积极传播者、坚定践行者为目标，以学生党团干部和理论研究骨干为主要对象，突出理想信念教育和政治工作本领提升，强化到基层一线、困难一线、矛盾一线磨炼青年意志、锤炼青年品格的导向，以理论学习、实践锻炼、基层挂职、调查研究、作用发挥、跟踪培养等为主要内容的"青马工程"培养体系，培养体系更加立体全面，培养模式更为规范完备，加强青年政治引领的功能效应也愈发凸显。

截至目前，南开大学"青年马克思主义者培养工程"培训班已开办14期，培养学员960余名，近200人通过选调生选拔、公务员考试、大学生村官、"三支一扶"、西部计划、返乡创业等方式扎根基层，助力脱贫攻坚和乡村振兴，在推进国家治理体系和治理能力现代化的进程中奉献青春力量。

撰稿人：刘天阳

党建带班团,"五力"促协同

一、案例背景

共青团是党的助手和后备军,是党联系青年的桥梁和纽带。在中共中央、国务院颁布的《关于加强和改进新形势下高校思想政治工作的意见》和中共中央办公厅印发的《共青团中央改革方案》的要求和指导下,南开大学制定印发了《关于进一步加强党建统领 深入推进班团一体化建设的指导意见》。

生命科学学院(以下简称"生科院")高度重视党团班协同建设,积极贯彻落实上级指示精神,适应共青团改革新要求和推进从严治党治团新形势,从精准研判高校实验学科青年学生实际情况出发,切实解决在实践中出现的一系列党团班建设不协调、不一致的问题,将党建带团建制度落实落地,深入推进党团班协同建设,团结带领广大青年学生努力成长为德才兼备、全面发展的中国特色社会主义事业的合格建设者和可靠接班人。

二、工作目标

我们党高度重视高校学生思想政治工作,引领大学生增强"四个意识"、坚定"四个自信"、做到"两个维护",树立共产主义远大理想和中国特色社会主义共同理想,是高校党团班组织的共同任务。

生科院团委始终认真履行引领凝聚青年、组织动员青年、联系服务青年的职责，强化"一切工作到支部"理念，主动适应青年学生高质量发展需求，践行高校"三全育人""五育融合"育人理念，主动将党团班协同建设融入"大思政"格局中，发挥政治功能，提升基层组织活力，增加育人成果。从发挥党组织政治领导力、组织覆盖力、社会号召力、发展推动力、群众凝聚力五个方面，促进党团班在思想建设、组织建设、队伍建设、阵地建设、作用发挥等方面的协同发展。

三、思路举措

（一）发挥党组织政治领导力，促进党团班思想建设协同

生科院本科生党支部创新构建红色小分队育人模式，将所覆盖的班级团支部入党申请人、积极分子分成若干小分队和小组，支部党员担任小队长，积极分子担任小组长，公能朋辈导师担任小分队跟队指导教师。

小分队已运行7年，通过不断创新、改进，形成了日常活动月总结报送机制、小分队共建交流机制、小分队活动宣传机制、公能朋辈导师跟队指导机制、小分队期末评比考核机制，加深了党员和团员的交流，对培养优秀的共产党员和共青团员起到了重要作用，充分发挥了党组织的政治领导力，促进了党组织和班团组织在思想建设上的协同。

（二）发挥党组织组织覆盖力，促进党团班组织建设协同

推进党团班组织建制一体化，是党建引领下班团一体化建设的基础。生命科学作为基础实验学科，研究生以实验室为单位分布，生科院根据本硕博不同阶段学生的特点，按照年级、专业横向设置硕士生党支部，按照实验室地理位置，纵向设置博士生党支部，横纵结合设置本科生党支部，增强了党支部凝聚力，在党建引领学生科研创新方面取得重要成果。

在生科院党委的统筹安排下，以校区、培养阶段、实验室位置等三个

层次为考虑因素，重新设置学生党支部和班团支部，实现了班级团支部的设置与学生党支部的设置完全对应，并制定了《南开大学生命科学学院"实验室建团"计划实施方案》，在实验室建立团小组。以上举措，克服了学生"一院三区"分布、延期毕业生人数多等困难，最终，形成了党支部指导班级团支部建设机制，促进了党团班组织建设协同。

（三）发挥党组织社会号召力，促进党团班队伍建设协同

在深化党支部指导班级团支部建设机制方面，带班团干部队伍建设是关键。发挥基层党组织社会号召力，在组织、宣传、凝聚、服务群众方面，最大限度地把群众组织起来，最广泛、最有效地动员一切力量。生科院团委精心选派优秀学生党员担任班级团支部书记，班长担任团支部副书记，党员的先锋模范作用在班级团支部的工作中充分体现，切实发挥了党联系青年的桥梁纽带作用，将团员青年紧密地团结在党的周围，研究生班级团支部焕发了生机与活力，这项举措有力推动了党建带团建，增强了团支部工作的主动性，有利于培养、发展优秀的青年加入党组织。

强化专业教师、党政管理干部育人意识，落实三全育人要求，邀请由专业教师组成的班导师队伍加入本科生党支部，担任书记、委员；由专业教师党支部、行政教工党支部党员担任学生入党积极分子培养联系人；选聘教学副院长兼任生科院团委副书记深入参与共青团工作，为学生讲授团课。以上举措，均发挥了党建引领作用，让教师党员在理想信念教育、道德素养提升、优良学风培育、生涯发展规划等方面给予学生引导和帮助。

（四）发挥党组织发展推动力，促进党团班阵地建设协同

生科院推出班团建设"1+1"计划，推动班团组织发挥思想政治教育功能，在阵地建设方面夯实班团一体化建设，激发党建带团建高质量发展动力。

一个班级团支部+一位党员教师，让导师有机会更加深入、全面地了解学生，关注学生的思想状况、心理状态和成长情况，有助于导师了解共青团工作，增进工作协同，并能以自己的理论修养和理想目标，影响带动团

员青年积极向党组织靠拢，从而树立崇高的理想与远大的目标。

一个班级团支部+一个党支部，有利于扭转团支部开展群团组织推优时，形式大于内容的情况。党团支部开展共建活动，可将党建和团建有机衔接，共建的基础就是前面提到的将党支部、团支部的设置完全对应起来。这样增进了党员和团员、团员和团员之间的了解，对同学的思想状况、现实表现都有一个较为直观、准确的认识和评价，在群团组织推优中真正将优秀的入党申请人推出来，让理想信念坚定的同学有更大机会入党，同时使团支部工作更加务实，在共青团"强三性去四化"方面起到推动作用。

一个本院班级团支部+一个外院班级团支部，积极推动学院间开展班级团支部共建，有利于丰富活动形式和内容，提升活动的新颖度和吸引力，加强不同专业学生间的交流和沟通，拓宽眼界、视野，有助于科学研究、就业创业思路的碰撞，有助于认识和了解外部世界，同时可以拓展学生干部的工作思路，锻炼沟通协调和组织能力，互相学习，补齐短板，呈现班级团支部工作的新面貌。

（五）发挥党组织群众凝聚力，促进党团班作用发挥协同

生科院团委推出"1+2+1+n"大调研模式，制定了1个制度《学生会权益部门联系班级团支部工作责任制度》，每月召开2个会议：学生干部述职会、学生代表联席会，面向学生代表述职、征求意见。团委出品"海河青听"青年大调研问题反馈清单、权益快报、月报等，常态化反馈问题解决进度。

在学生党总支和生科院团委的统筹安排下，充分发动师生党员的凝聚引领作用。如根据青年大调研工作反馈，生科院本科生挂科率逐年攀升，一部分学生出现学业困难，于是学院团委号召青年教工团支部教师和公能朋辈导师每人对接2—3名学业困难学生，从专业知识、学习方法、心理状态等方面进行帮扶。半年时间，一个年级挂科人数从25人减少到18人，每人挂科数量从3—5门减少到1—2门，效果显著。

在党组织的引领下，班级团支部广泛深入联系青年、真心实意服务青年的作用发挥得更实、更好！

四、改革成效

在生科院党委的指导下，团委撰写的工作论文《新时期高校研究生团建工作的思考》被编入大型文献史册《党的基层建设与思想政治工作成果汇编》一书，该书被评选为全国优秀理论成果一等奖，并由国家一级出版社中共中央党校出版社出版发行。在此，将生科院党团班协同建设工作中可推广应用的经验总结如下。

（一）党建统领下的班团一体化工作已平稳运行

经过多年的研究、探索和实践，生科院的党建统领下的班团一体化工作已平稳运行，党团支部共建活动已成为工作常态。在党建的引领下，生科院青年学生取得诸多卓越的成绩，如两次夺取中国国际"互联网+"大学生创新创业大赛全国金奖、国际遗传工程机器大赛(iGEM)金奖等。

（二）党建统领下的班团一体化工作已形成系统建设格局

生科院党团班协同发展工作以系统性思维做顶层设计，充分发挥党组织政治领导力、组织覆盖力、影响号召力、发展推动力、群众凝聚力，注重集体和个体的作用发挥，在党团班组织设置方法、活动开展形式、青年学生管理培养等方面均形成系统模式。

（三）"四个坚持"保障党班团建设协同

1. 坚持党建统领下的班团一体化原则

共青团工作必须始终坚持党的统一领导，党旗所指就是团旗所向。自觉坚持党的领导是加强基层组织建设的根本保证，把牢为党育人、为国育才的根本任务。

2. 坚持党团班"一盘棋"下的顶层设计

坚持党团班"一盘棋",共同谋划、共同实施、相互协同、相互促进,始终围绕中心、服务大局。

3. 坚持充分研判下的精准施策

要紧密围绕共青团的根本任务、政治责任和工作主线,充分研判工作对象的组织建设问题、个人成长困惑问题等,结合实际情况开展工作,科学合理设置组织机构,针对性解决成长问题,才能够吸引青年、团结青年、引领青年。

4. 坚持将"三全育人"理念融入党团班协同建设格局

要把专兼职团干部、研究生导师、学生骨干和团员青年都调动起来,尤其要重视导师在党团班建设工作中的作用,调动导师参与党团班协同建设工作的积极性可起到事半功倍的效果。

撰稿人:由佳、王一涵、李鹏琳、禹秋成

图 2-5 党团支部共建

用好"点线面"结合工作法，提升团的组织力

——以理工大类学生为例

一、背景要求

纵观新中国成立以来共青团开展青年思想政治建设的过程，大致经历了从"思想政治工作"到"思想政治教育"，再到"思想政治引领"的三个阶段，呈现出不同的时代特征。进入新时代，面对国内外复杂多变的新形势，党和国家更加关注和重视团员青年的思想政治教育。材料科学与工程学院团委通过"点线面"结合工作法持续深化主题教育、推动青年理论学习宣讲，全面提升团的引领力、组织力和服务力，特别是在做好理工类学生的组织动员方面形成了共青团工作的新局面。

二、工作目标

习近平总书记指出：共青团必须在大局中思考、在大局中行动。当前，国际国内两个大局的深刻变化，为新时代高校共青团工作标定了新方位、提出了新要求。材料学院团委始终坚持党建引领下的团建，及时对标对表，做好青年学生的组织动员工作。通过"点线面"相结合的工作方法，充分尊重理工类学生的学科特点和发展规律，有效融入学院党委工作和学科发

展的大局。一是融入发展新格局——突出材料学科"双一流"学科优势，将团建融入学院学科建设；二是对标改革新要求——破除思维定式，对标对表《关于深化学校共青团改革的若干措施》等文件新要求，有效改革、完善团学组织架构体系；三是适应防疫新常态——筑牢青春战"疫"防线，引导广大青年志愿者快速历练成长；四是聚焦青年新特点——积极创新工作理念方式，推动"网上共青团"建设，解决学生实际困难，助力学生成长成才。

三、思路举措

（一）以"点"入手，展现共青团的引领力

1. 找准学科特色这一"结合点"，把政治引领的工作做实

这个结合点就是学院的学科特色，要通过团组织的工作让青年团员，特别是理工类学生感受到党的思想引领工作就在身边。学院团委在组织动员上始终立足学院特点与特色，充分发挥"双一流"学科优势，积极带动广大青年教师和青年团员主动对接国家战略需求。学院师生日常专注于科研工作，团组织的政治引领教育活动就从会议室搬到实验室；广大青年更加关注国家科研领域的发展，团组织的重点学习篇目就围绕习近平总书记相关领域重要讲话展开，邀请专业教师和青年团员同学同研；在日常的团干部学习和团课活动中，学院团委会更加侧重组织开展脱贫攻坚、创新实践等活动，努力把日常学院青年关注的国家技术领域的"卡脖子"清单变为重点工作清单和学生奋斗清单，助力新发展格局构建。

图 2-6　材料科学与工程学院团委开展"传承科学家精神 树立科研报国理想"宣讲比赛

2. 把握学生骨干这一"关键点",把组织动员的工作做细

这个关键点就是人,主要是青年团员骨干。而面对理工科学生学业科研压力大的实际情况,学院团委珍视这部分青年参与团学工作的"初心",对其寄予高度重视和肯定,在工作中更加倾注心血给予手把手地指导,给予时间统筹、平衡学业方法上的帮助。学院团委对标对表《关于深化学校共青团改革的若干措施》等文件新要求,在巩固原有改革成果基础上,着力破除思维定势和体制机制藩篱,改进政治教育机制、实践教育机制、组织运行机制,推动改革往深里走、往实处行。清新各级学生组织的会风和工作作风,让真心人成为带头人;鲜明团学骨干选人导向,做好思想动员工作,让读书人成为带头人;用心栽培有意愿服务学生的青年团学骨干,输送其参与学校各类培训和大型活动、鼓励其参与院际交流、扩展视野、开阔思路,让这部分团员青年既有实事求是的科研能力,又能逐步融入党团建设的话语体系,让实干人成为带头人,不断努力形成"堂堂正正做人、认认真真做事、用心用情服务"的团学骨干选人用人导向。

3. 树立基层团支部这一"示范点",把价值引领的工作做活

这个示范点是团支部。根据党建统领下的班团一体化建设要求,学院打破以往按硕士类别划分的硕士研究生班团建制,对应学院党支部按硕士方向划分的标准,重新划分为硕士催化班团支部、硕士能材班团支部、硕士光电磁和碳纳米班级团支部。不断完善以党支部带团支部,班团一体协同工作机制,引导和鼓励党支部、团支部、班委会三者之间建立起整体性协同互动机制,并在提交入党申请书、推优入党等关键环节发挥一体化管理作用,把关党员培养质量,克服重发展、轻管理的弊端,不断提升各级组织凝聚力。

图 2-7 材料科学与工程学院团委定期开展党团班集中共学

(二)把"线"连紧,展现共青团的组织力

1. 三全育人不断线,将学生与教师紧密连接

学院团委持续推进"同学、同研、同讲、同行"师生"四同"实践育人模式,扎实开展学生思想政治教育,助力学生全面发展。在师生同学方

面，依托党团支部"三会一课"，鼓励教师支部与学生支部结对共学，充分发挥学院领导班子、班导师和专业导师的育人职能；在师生同研方面，联合各个实验室共同开展安全教育、实验技能比拼，并聘请专业教师担任学院学科论坛的创新导师指导实践；在师生同讲方面，邀请专业教师、行政教师深入支部讲团课，充分挖掘每一位青年教师的科研资源，为青年团员讲好他们的青春故事；在师生同行方面，学院多年来坚持以劳动教育和社会实践为抓手，明确将教师融入学生劳动活动和实践队伍情况纳入工作量考核范围，予以肯定。

2. 教育管理不断线，将日常教育与年终考核紧密连接

思想工作绝非一朝一夕之功，需要日复一日或定期习惯性的学习思维养成。学院坚持每半月组织一次班团骨干业务沙龙，每次活动邀请3—5名团学骨干讲述个人工作开展情况，并对其他骨干提出的工作难题予以论证和解答，这是班团骨干的"读书会"和"组会"。各位团干部不仅要真的做出成绩还要有所思考，不断突破各类工作难题，学出情感、学出自信、学出力量。

学院坚持每月制定团支部月度学习任务、发放学习参考资料，各个团支部围绕学院的月度工作统一完成学习，同时每月指定2—3个团支部作为示范支部，学院对其本月的学习活动予以监督、考评和宣传，并形成本月的"学习月报"。这种方式让各个支部的日常学习既有本可依、步调一致，又有榜样可学、形成示范。多年来，学院团委坚持完善团学骨干年终考评制度，团员参与打分评定，团学骨干围绕本学期开展的工作主动接受同学们的监督，以评促建，不断推动学院团学工作走向深入。

3. 权益保障不断线，将学生关注的热点、难点与学院工作的重点紧密连接

材料学院团委有效结合并充分发挥院学生会、研究生会对青年学生的亲和性，构建权益问题专项负责制度，积极承担联系服务青年工作协调作用，力争缩短传达链路，提高权益问题的反馈效率。学院学生会和研究生会每名主要成员对接一个团支部，学院团委制定对接工作要求和对接目录表，学生骨干需要每两周完成一次学生需求的征集和反馈工作。这样逐步形成了支部和学院学生会、研究生会的问需组织构建，打通服务学生的"最后一公里"，其中学生反映集中的热点、痛点问题还将进入学院党委会讨论。

（三）全"面"融合，展现共青团的服务力

一是推动学习平台建设，资源整合，有效拓宽青年服务领域的覆盖度。 在学院党委的领导下，学院团委积极与学院学生党支部、教工党支部、学院工会等保持紧密沟通，带领各级团学组织共同研判，把每一场思想引领教育活动的内容设计好、形式丰富好、教育对象定位好、时间把控好，不浪费每一次学习的机会，确保每一场教育活动的质量和效果，使学院团员青年能够逐步在团学活动中感受到学习获得感，有效提高了活动参与的覆盖面。**二是推动宣传平台建设，多级联动，做强正面宣传和拓宽传播矩阵。** 学院团委运用好学院官网、学院公众号等多种宣传途径，运用好"青年大学习""学习强国"等学习工具，线上线下同发力，做好共青团工作的正面宣传和引导。

四、改革成效

近年来，材料科学与工程学院团委始终把共青团组织动员工作摆在重要位置，根据学院学科特色、具体情况和青年人的成长特质有针对性地开展工作、更新思路和方法，力争做到因时而进、因势而新。"青年在哪里，团组织就建在哪里；青年有什么需求，团组织就要开展有针对性的工作，努力使团组织成为联系和服务青年的坚强堡垒。"由于青年成长是动态的，因此，学院团委始终围绕理工类青年成长中的问题和需要，做好学院组织动员工作。

学院团委先后荣获南开大学"青年大学习"示范单位、2020年南开大学"大学生社会实践项目最佳组织奖"、2021年学院"新材团校"获评校级优秀团校。

撰稿人：晏京

医学院党团班一体化建设效能的初步探索

一、背景要求

（一）党团班一体化的新时代背景要求

习近平总书记指出，团的建设是党的建设的一部分，抓党建就要抓团建。根据《中共中央关于加强和改进党的群团工作的意见》、中央党的群团工作会议精神、《高校共青团改革实施方案》等要求，应切实加强党对共青团工作的全面领导，积极适应共青团深化改革新形势、高等教育综合改革新发展和青年学生新特点，团结带领广大青年学生按照党的要求努力成长为中国特色社会主义事业的合格建设者和可靠接班人。

（二）医学院党团班一体化建设的现实需要

由于学科特点，医学院学生党员、团员分散在两校区以及 10 余处教学实习地，一定程度上制约了党建团建工作的顺利开展和支部作用的良好传承与发挥。加之医学院学生每周在临床一线、实验室的时间平均达到 70 小时，时间精力有限，班级团支部建设面临较大挑战。

二、工作目标

（一）制度层面

建立和完善党支部指导联系班级团支部制度，明确责任主体，横向设置的党支部直接指导班级团支部，纵向设置的党支部通过设立党员联系人进行对接，实现党团班一体化在医学院学生层面的全覆盖。

（二）功能层面

一方面，充分发挥党支部对班级团支部工作的思想引领和工作指导作用，凝聚和引领班级团支部的建设与发展，在各个领域带领广大青年团员听党话、跟党走；另一方面，充盈团支部作为党员发展培养的后备力量，发挥基层党组织的先进性、组织力、战斗力，吸引更多团员骨干积极向党组织靠拢，形成党团班一体化建设的良性循环效能。

三、思路举措

（一）重难点问题

1. 学生分散，党、团支部设置在形式上并未"一体化"

因教学培养要求，医学院党（团）员分散3省市10余地，考虑到工作便利性和成效性，医学院于2019年起在党支部设置方面进行了创新性改革。对于本科生，大五年级因党员人数初具一定规模且位于教学医院进行实习，以年级为单位设立横向党支部，其余年级以校区为划分依据，成立

"纵向"党支部；对于研究生，位于 A 医院异地联合培养的"5+3 一体化"临床医学班、博士临床班均以年级为单位横向设立党支部，其余研究生依托于天津市内教学医院和两校区实验室成立纵向设置的硕博研究生党支部。

但考虑到班团工作开展的现实性和必要性，医学院本科、研究生团支部设置均依托于班级。在此背景下，党支部对接联系班级团支部存在无法一体贯通（纵横交错）的情况，制度设立方面需要既便利工作开展又能实现目标功能的方案。

2. 本科生党支部对接团支部过多，本科党员发展工作压力大

医学院 B 校区本科生党支部对接大三、大四年级的临床、口腔医学专业全部班级团支部，J 校区本科生党支部对接大一、大二年级所有班级团支部以及高年级智能医学工程本科生班级团支部，对党支部联系团支部的方式和成效都提出了较高的要求。此外，本科生青年团员处于价值观养成的关键阶段，在本科生党员数量少、党员发展培养工作压力本身就重的情况下，本科生党团班一体化建设必须有良好的对接制度和实施方案。

3. 医学生规培、科研任务重，党团班相关工作推进难度大

与其他专业不同，大多医学生本科阶段理论、实践类课程繁多，研究生阶段规培、科研任务量巨大，课外用于党支部、班级团支部建设的时间被大量压缩，党支部、班级团支部骨干在均衡自身学习工作的过程中本就分身乏术，在推进党团班建设工作过程中困难较大。

（二）解决思路

1. 因地制宜，制度灵活化，纵横支部对接以点带面

按照党支部设置特点，**对于横向设置的党支部，直接按照年级对应。**大五年级学生党支部指导对接本年级班级团支部，A 医院专硕班级团支部分别由所在年级学生党支部对接联系，博士各班级团支部由所在年级博士临床党支部对应。通过横向对接，将党支部力量贯通式传递到班级团支部，最大效能地发挥引领指导作用。

对于纵向设置的党支部，以地理位置便利性和功能实现最大化为原则。J 校区所在班级团支部由 J 校区本科生党支部、第六学生党支部（位于

J 校区的研究生党支部）对应，B 校区所在大三、大四年级本科生班级团支部由 B 校区本科生党支部对应，临床专硕班级团支部由第五学生党支部对应，口腔专硕班级团支部由第三党支部对应，基础硕士班研一、研二、研三班级分别由第一学生党支部、第二学生党支部、第四学生党支部对应。该设置为党支部及班级团支部搭建指导交流脉络，利用地理位置便利优势，在党团班一体化的实践中，产生本硕博覆盖面广带来的思维碰撞可能性以及高、低年级经验传授的传承性等。

2. 因事而化，作用发挥灵活化，角色分层找定位

第一步，辅导员牵头指导。 医学院各学生党支部均有指导教师（B 校区本科生党支部、J 校区本科生党支部书记均由辅导员担任），各班级团支部也有对应的年级辅导员。在党团班一体化建设中，以辅导员为纽带，牵头指导，筑牢制度建设的根基。

第二步，团支部的党员同志争当领头雁。 对于纵向设置的党支部及其涉及到的横向班级团支部，由党支部委派该团支部的优秀党员作为党员联系人，发挥引领、指导、监督班级团支部职能。在党员发展培养过程中，深入班级团支部了解同学思想及日常行动，高效保证发展党员工作的顺利开展。

第三步，优秀团学骨干积蓄储备力量。 对于本科生，党员人数较少，不能覆盖到各个团支部，可以设立团支部书记或其他优秀的团学骨干作为联系人，主动向对接党支部请教汇报班级团支部工作，在此过程中同时重点培养团学骨干积极向党组织靠拢。

（三）品牌特色和亮点举措

1. 党团班学习重要思想一体化，争做班团发展排头兵

针对党支部人数少而所对接团支部数量多的现实问题，结合发展党员实际需求，医学院鼓励党支部成员走向团支部，将最新时事政策及党的基础知识传递到每一位团员。

新冠肺炎疫情期间，学生党支部和团支部共办党团共建活动，借助视频或语音会议将线下宣讲转为线上党（团）课。以 2014 级学生党支部为例，由支部党员对接人带领，全体团员积极参与理论学习和热烈讨论，力争实

现党建带团建的预期效果。以"党支部书记-党支委-支部党员-团支部-团员"学习链为工作纲领,从支部书记讲党课起强调以质量而非数量为重,将重要思想、重要讲话精神入脑入心,真正实现"学习"的真正价值,争做班团发展的排头兵。

2. 发挥专业技能,服务人民健康,担当医者使命,让党旗团旗飘扬在临床一线

医学院学生党员、团员很多在医院进行专业实习与住院医师规范化培训。临床一线工作事无巨细,每日工作时长平均超过 10 个小时,同时还要兼顾临床课程及基础课题研究,学习及工作压力较大。基于此,医学院部分学生党支部设立党(团)员先锋模范岗,支部所有党员及优秀团员在实习及规培期间均佩戴党(团)徽,引领党员、团员对患者热心服务,对同学热心帮助,积极参与科室临床科研工作,努力钻研,动手实践,部分党(团)员的突出表现收到患者的感谢来信或锦旗。

新冠肺炎疫情期间,医学院学生党员、团员虽无法返院参与临床工作,但在社区防疫一线,积极响应党支部号召,主动参与社区志愿防疫工作;同时,党支部在线上汇总有关新冠疫情权威科普及专业知识,并经学院宣传平台进行推送,为疫情防控贡献支部力量。

四、改革成效

(一)可推广经验

1. 设置党支部对接联系人促进党团班一体化建设

对于一个党支部需要对接多个团支部的情况,由优秀的党员骨干或团学骨干担任对接联系人,发挥党支部对班级团支部引领指导的桥梁纽带作用和党员发展培养的后备储蓄功能,实现一举两得的预期效果。

2. 党团班一体化建设不能背离学生专业开展

党团班一体化建设要充分考虑因专业问题可能带来的困难,尽可能通过革新工作方法或改变工作形式规避或化解问题。同时，应充分挖掘专业在党团班一体化建设中提供的新可能、新举措、新成效，让专业特色在党旗、团旗下尽显亮点。

（二）示范引领价值

党团班一体化建设"先锋岗"树立了一面旗帜。医学院党团班一体化建设源于本科生联合党支部在现实工作困境下的初步探索，因工作效果良好，作用发挥达到预期，逐渐推广到医学院其他学生党支部。医学院在党团班一体化建设过程中积累的经验具有可推广性，在学院层面起到了良好的榜样示范作用，也让大家看到了党团班一体化建设的可能性和积极作用。

（三）相关报道

医学院举行"党团共建，抗疫先行"网络主题党日活动，报道链接 http://news.nankai.edu.cn/dcxy/system/2020/03/03/030037940.shtml.

撰稿人：王雅辉

图 2-8 社区防疫志愿服务

图 2-9 医学院 2014 级党支部成员在解放军总医院参加新冠急诊手术

"三全"改革，落实基层团委改革

一、背景要求

为贯彻落实习近平新时代中国特色社会主义思想和习近平总书记来校视察重要讲话精神，聚焦新时代加强和改进党的群团工作，深化共青团改革文件精神，扎实推进基层团组织改革，旅游与服务学院团委在学院党委、学校团委统筹指导下，着眼自身运行中存在的具体问题，进一步推进"三全"改革，落实强化基层团组织的引领力、组织力、服务力和大局贡献度。

二、工作目标

旅游与服务学院团委始终坚持强"三性"、去"四化"的改革目标，扎实推进"三全"改革工作。全面推进党团班一体化建设，以党建为引领，构建"党建+"大思政格局，推进党史学习教育不断深化；坚持一体推进、强化系统思维，着眼问题导向，立足学生需求，精准对接施策，解决实际问题，全面推进党团班一体化建设的探索与实践。全维优化旅游与服务学院团学组织工作架构体系，打造共青团建设中心、学生事务与权益中心、融媒体宣传中心、创新创业中心、学生发展中心等5个中心，不断提升团组织的政治性、先进性、群众性。全效提升团员骨干素养能力，深化理论素养，进一步发挥新媒体思想宣传阵地的作用，提升团学骨干新媒体宣传能力，加强政治理论培养，加强实践能力锻炼，将理论与实践相结合，在做中学、在学中做,在知行合一中更好地服务同学。

三、思路举措

(一)全面推进党团班一体化建设,突出党建引领

深入开展党史学习教育,推进党支部与班级团支部开展"红色 1+1"共建,思政教育全覆盖。开展"中国共产党人精神谱系"党史学习教育主题活动,组织 5 个学生党支部分别与各年级 5 个班级团支部开展共建学习,划分近 40 余个由"党员+团员"组成的学习小组,梳理新一批共产党人精神,形成 10 万余字文字材料,制作 48 块展板,电子展示图样 75 个,并成功举办"中国共产党人精神谱系——旅游与服务学院师生党史学习教育成果展"。

围绕"学党史 悟思想"一个主题,立足专业特色,党支部、团支部和班级各有侧重、分层分类开展主题教育系列活动。党支部扛起先锋旗帜,研究生党支部诵读红色家书,本科生党支部与天津师范大学新闻传播学院联合录制党史视频;团支部强化政治引领,以"线上+线下""体验+实践"等方式培育品牌特色,赴平津战役纪念馆开展红色文化主题教育活动,赴海河教育园区湿地公园进行党史学习素质拓展活动;班级立足学生需求,开展"文创献礼党的百年"主题活动,参观周恩来邓颖超纪念馆、中共北方局旧址纪念馆等革命纪念馆,开展爱国奋斗校园行等活动。

充分发挥教师党员的教育引领作用,辅导员担任学生党支部书记、选配教师党员担任班导师、党委书记带队参与主题社会实践;加强朋辈引领机制,优秀学生党员联系班级、团支部。选拔优秀的学生党员作为"公能朋辈导师",到班级宣讲、进宿舍谈心;加强群众监督,党支部、团支部、班级向同学们公布建设目标、建设内容及实现路径,建立与群众沟通的常态化通道,虚心听取其意见建议;广泛参与社会服务,党员带领班团成员进行志愿服务、理论宣讲,切实发挥服务群众、引领群众的现实作用。

图 2-10　旅游与服务学院师生党史学习教育成果展

（二）全维优化团学组织工作架构体系，找准工作定位

旅游与服务学院团委积极引领各团学组织充分发挥职能作用，将"引领青年、组织青年、服务青年"的职责使命作为团学组织的基本职能。

设立学生事务与权益中心，统筹负责团学组织的事务性工作、建章立制与学生权益维护，依托"海河青听""青年大调研"等平台，为学生解难题、办实事；设立共青团建设中心，加强全体团员、团学骨干的教育培养，定期召开团支书联席会，不断加强基层团支部组织建设，大力开展学院社会实践与志愿服务工作；设立融媒体宣传中心，统筹负责学院团委各项宣传工作，打造温暖旅院形象，助力团员青年全面发展；设立创新创业中心和学生发展中心，聚焦主责主业，针对学生的学术科研、课余生活、就业创业等需求，及时有效开展学术论坛、求职沙龙、体育周、美育节等相关活动，丰富校园文化生活，全面提升学生求职竞争力。

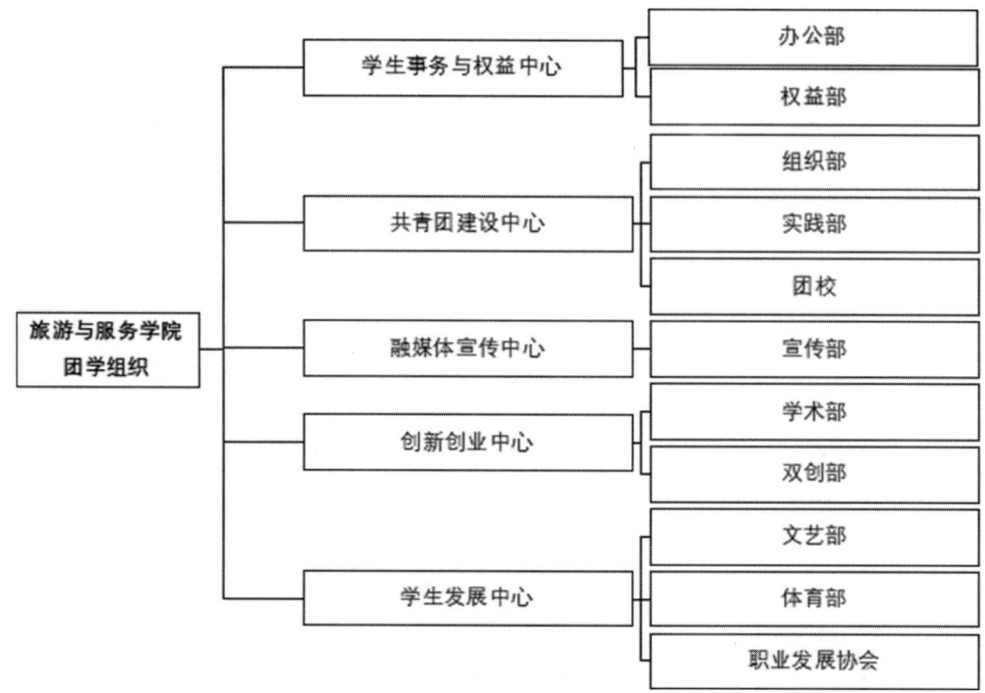

图 2-11　旅游与服务学院团学组织框架

（三）全效提升团员骨干素养能力，发挥朋辈榜样

为切实贯彻落实新形势下推进从严治团的相关精神，进一步发挥共青团作为党的助手和后备军的积极作用，学院团委根据校团委文件要求和团校培养目标，开展涵盖理论学习、实践能力培养、专题调研三大版块的主题团课。在学习中深化政治理论素养，在实践中提升综合素质。

对新任团学骨干进行党、团知识系统培训和理想信念教育培训，组建学习讨论组，对时事政治进行学习讨论，提高政治理论素养。通过线上线下讲座、主题团日活动、团小组活动、话剧及演讲等活动形式，多措并举，扎实推进学生骨干理论学习教育，不断提高我院学生骨干的思想政治站位、增强政治理论素养。组建"红色之旅"宣讲团，开展红色教育，已进行 9 次宣讲活动，覆盖范围包括校内、社区、中学、红色博物馆等，受众群体从青少年到中老年均有涉及，影响超过 1000 人次。

四、改革成效

旅游与服务学院团委结合实际情况和学科特色，在路径、载体和方法上出真招实招，以全面推进党团班一体化建设着力加强基层团组织和班集体建设，以全维优化团学组织工作架构体系着力推进组织实施体系化，以全效提升团员骨干素养着力为团学组织提供新生力量，最终实现学院团组织与青年"距离更近""服务更实""作用更强"的改革目标。

改革措施实施以来深受全院师生关注，全院师生广泛参与其中，积极发挥主观能动性，营造良好的氛围，为共青团改革取得实效提供了强有力的支持。通过项目化、扁平化、制度化的工作机制，畅通沟通渠道、提升工作效率，各项工作有序开展，不仅"有意义"而且"有意思"，努力建设成为青年学生想得起、找得到、靠得住的基层团组织。

撰稿人：王钊、杨晓晶、李怡青

"青心向党，固本强基"组织力提升计划

一、背景要求

2018年，共青团中央、教育部制定的《关于加强和改进新形势下高校共青团思想政治工作的意见》等文件中，提到以班团组织为载体，研究高校党团与班级一体化建设的创新机制，以党建为引领，以团建为基础，开展班团一体化建设，发挥党团和班级育人合力培养社会主义合格建设者和可靠接班人。2021年，南开大学发布了《关于进一步加强党建统领 深入推进班团一体化的指导意见》相关通知，强调了各学院要具体开展好党建统领下的班团一体化建设工作。根据要求，外国语学院团委为深入规范班团组织设置，培育班团骨干队伍，加强党联系青年的桥梁纽带作用，推出"青心向党，固本强基"组织力提升计划，力图全方位、多举措夯实团支部建设基础、提升团支部工作活力，切实发挥组织化育人实效。

二、工作目标

基于大类招生新形势和班团一体化建设新要求，学院各级团干部深入青年，深入了解基层团组织建设的难点与痛点。

经过多方面征询意见，调研各年级团支部工作开展情况，发现当前组织化开展活动、提升团组织活力方面存在一定的短板。一是组织工作细碎繁杂，团干部精力被事务性工作牵引；二是班团骨干总体团组织工作能力

水平参差不齐，理论知识、实务能力亟待加强；三是班团骨干工作热情不高、动力不足，需要提高工作热情、加大创优考核力度；四是团支部活动创新性不足，团员积极性需要进一步调动提高。

为应对上述问题，学院团委探索以党建为统领，实施班团一体化组织力提升计划。

三、思路举措

以问题为导向，学院团委有针对性地制定《"青心向党，固本强基"组织力提升计划》，以深化共青团改革为契机，加强团支部的生机与活力。

（一）深层次引领，强化班团骨干实务能力

以学促建。 开学伊始，学院团委即面向新生团员编撰下发《外国语学院共青团员口袋书》，用更便携的方式传达班团骨干应知应会知识，同时对"三会两制一课"、五四评优、推优入党等重点实务工作进行具体讲解。举办多场团员团干工作培训，集中对网上共青团智慧团建系统和南开大学团组织建设系统的使用操作进行指导。

以导促建。 推出学生党员进团支部指导计划，为每一个团支部配备优秀党员进行工作指导，要求党员每学期固定参与团支部活动，从思想上、理论上全面提升团支部工作水平，深刻践行党旗所指就是团旗所向。

以评促建。 制定《班团骨干考核创优方案》，实现班团骨干考核一体化，以考核促发展。每学期末根据班长团支书的述职报告及工作成绩由学院考核评优小组提出等级意见[①]，考核结果将作为下一年度团内评优推荐依据。评价等级为不合格的班团干部将收到学院团委开具的一次警示；连续获得两学期警示的班团干部不予开具工作证明并在换届期进行改选。

---

① 根据考评情况，前 20%为优秀，20%－80%为合格，最后 10%－20%为警示、不合格。

（二）全链条推进，举办特色支部建设活动

依托学院"青马育青苗"党团队一体化活力工程，建立各学段、全链条培养模式，依托共建基地，形成"一支部一立项，一支部一实践，一支部一共建，一支部一宣讲，一支部一特色，一支部一考核"的"六个一"支部活动脉络。系统化的支部活动让组织力提升更有抓手、更有力度，有助于进一步推进大思政格局构建、服务学科高质量发展。

一立项。各支部以团小组为单位，选择理论知识专题进行立项，立项通过后各团小组定期召开理论学习会，对相关理论知识进行修习，最终形成有逻辑、有思想、有内容的理论专项报告。

一实践。各支部根据自身情况以团小组、联合团小组为单位选择目的地开展实践活动。实践活动形式及目的地由各支部自行选择，包括外国语学院共建基地、五育融合实践基地的一系列合作单位以及其他各类具有实践意义的目的地和活动，形成有价值、有意义的实践成果。

一共建。各支部对接共建单位中小学开展特色共建活动或其他自行联系的共建单位。（可依托支部实践活动，也可以采取线上共建的形式。）

一宣讲。各支部前往共建单位开展南开校史、公能精神、外语思政等具有南开特色和外院特色的宣讲活动。（可依托支部实践活动，也可以采取线上共建的形式。）

一特色（微团剧）。微团剧是沉浸式的理论学习创新形式，选取党史、共青团史、南开校史等真实历史片段进行改编，沉浸式融入历史事件中，团员在自编自导自演中进行学思践悟，以小切口剖析大"价值"。活动以团支部为单位展开，自主进行编剧、选角、排练，形成10分钟左右的微团剧，拍摄视频成片制作为微团剧合集，并进行公开展演和评比。优秀微团剧可获得共建单位中小学展演以及登上外院戏剧节舞台的机会。

图 2-12 微团剧剧照

一考核。 外国语学院支部考核包括班团骨干考核创优体系、五四评优系列活动、团校考评，覆盖班级团支部、团小组、班团干部、支部团员在内的全部考核对象。在打牢支部工作基础的前提下，形成各支部自己的特色。

（三）各方面联动，全心全意服务广大青年

为进一步加强支部凝聚力和创造力，学院要求班团骨干努力做政治上、思想上、能力上、担当上、作风上强的新时代团干部，同时要为青年办好一系列实事。

在学院的大力推动下，各年级班团骨干合力促发展，积极与团员青年交流互动，线上线下多种渠道广泛征集团员青年对于团组织工作的意见建

议并积极回复，回应青年实际需求；邀请班导师与青年面对面，助力青年学习生活研讨；启动"心理健康周"活动，协同各级心护员积极搭建沟通交流平台；在全校免费开设小语种、新起点通识教育，发挥专业优势，促进一二课堂有效联动，与教务处合作形成多个小语种通识课程，惠及全校同学。

（四）多角度创新，推动团校团课改革创新

外国语学院"知音知语"团校在班团骨干培养一体化的基础上，推陈出新、去粗取精，优化自主选课形式，探索"团小组+"学习新模式。

团校课程类型丰富、数量众多，包括了理论知识学习类、核心素养培养类、志愿服务实践类多种类别；收录A类必修团课6门，B类班级选修团课2门，C类培训类选修团课6门，D类活动类选修团课8门，E类志愿服务类选修团课6门。采用"团小组+理论"平台培养团员意识，提升青年理论水平；"团小组+实践"平台锻炼团员能力和素质，促进青年脚踏实地服务社会。团校团课学习成果纳入大学生入团、团支部推优等重要考核育人环节，深入践行五育融合，努力培养全面发展的青年后备军，切实发挥共青团为党育人、为国育才的作用。

四、改革成效

该计划实施以来，有效夯实了基层组织建设，激发了基层团组织活力。一是组织化工作水平得到很大提高，2021年学院智慧团建系统毕业生学社衔接率达到100%。二是团员思想认识得到很大提高，近百支实践队伍献礼建党100周年，让外院学生风采展现在祖国大地上。三是基层班团支部组织力大幅提升，在为青年举办多种多样活动的同时，深刻把握青年的思想动态和运动方向，将党建统领下的班团一体化工作落细落地落实。

撰稿人：王寅

架构"党小组-团支部-团小组"党班团一体化建设模式

一、背景要求

2015年1月8日《中共中央关于加强和改进党的群团工作的意见》正式出台，意见中指出："党的群团工作是党治国理政的一项经常性、基础性工作，是党组织动员广大人民群众为完成党的中心任务而奋斗的重要法宝。"同时，意见中也对如何开展好党的群团工作提出了指导性的意见和建议。2021年8月，我校《关于进一步加强党建统领 深入推进班团一体化建设的指导意见》也正式发布，意见中明确要求"切实加强党对共青团工作的全面领导，深入推进共青团改革，进一步推动各项改革措施落地见效"。基于此，结合"三全育人"工作的深入开展，我院团委积极探讨，摸索构建党建引领下的"党小组-团支部-团小组"党班团一体化工作模式。

二、工作目标

整体提升班团组织建设质量，在各项工作的开展中发挥党员的先锋模范作用，力图通过榜样引领，逐步提升基层团组织的引领力、组织力、服务力和贡献度，不断强化基层团组织的战斗堡垒作用，凝聚更广大团员青年坚定不移跟党走。

1. 政治引领更有力。 在班团支部中持续强化思想政治引领作用，教育引导广大青年坚定理想信念，坚定不移听党话、跟党走。

2. 组织建设更有力。通过模式的构建，深入推动班团支部的一体化建设，形成坚强有力的组织建设体系，真正发挥好班团支部在引导青年、组织青年、服务青年方面的战斗堡垒作用。

图 2-13　学院召开党班团一体化协同推进座谈会，找准工作发力点

3. 服务青年更有力。通过将党支部党员分组对接各班团支部、团小组的方式，全面了解学生成长发展需求和困惑。同时，打破年级划分，采用党支部党员跨年级对接班团支部的工作模式，即除博士生外，全体高年级党员对接低年级班团支部，以便能够为学生提供更加多元化、便利性的学业帮扶和生活帮扶，切实让党班团走入学生心坎中。

三、思路举措

（一）具体思路

1. 分组对接，种好责任田。统计与数据科学学院成立于 2018 年，学院第一届本科生为 2018 级学生，共 35 人，体量较小，加之目前该年级学生中没有正式党员，因此学院整体没有本科生的正式党员，本科生党支部由各年级辅导员担任支部书记，无支部委员。但由于学院近两年发展速度较快，学生体量成倍增长，截止目前，学院共有本科生 342 人，学生入党意愿较为积极，递交入党申请书人员较多，入党申请人、入党积极分子队伍庞大，占全院本科生总数的 1/3。因此该部分学生的教育培养管理工作难度较大。针对这一问题，学院团委将党小组成员与团小组一一对应，做好分组对接，划好责任田、建好责任制；明确每一名党员对应的团小组情况，讲明工作目的、讲清工作内容；做好业务培训，扎实开展好入党申请人、入党积极分子的教育培养工作；突出共青团的政治功能，让这批同学能够最大程度地发挥先锋作用，从申请入党之初就时时刻刻保持思想和行动的先进性，走好服务青年之路。

2. 榜样引领，组织建设更有力。学院本科生课业压力比较大，大部分学生每月都有 1—2 门专业课的月考，在时间和个人精力的分配上较为紧张，致使部分同学参与班团活动的积极性不高、热情不大，团支部书记、团支部委员开展活动的难度较高。针对这一现象，发挥好入党申请人、入党积极分子的引领作用，在团员青年中亮明自身身份，带领自身所在的团小组积极投身班团支部的建设中，积极谋划，探索班团组织生活新形式，增强班团支部活动的吸引力、组织的凝聚力，在思想引领、学业帮扶、成长服务等方面彰显团员力量。

（二）具体举措

1. 全面梳理各类基础数据，做到底数清晰。理清现有基层班团支部数量、各班团支部中团小组数量、党支部中党小组数量、班团支部中入党申请人和入党积极分子数量、现有本硕博各党支部党员数量等，为后续开展细致化工作奠定坚实基础。

2. 召开基层班团支部工作交流座谈会，为基层班团支部把脉问诊，找准党班团一体化建设的突破点。组织本硕博班团支部委员召开工作交流座谈会，了解学生在开展班团支部建设过程中的难点问题。很多支部委员提出的困难比较聚焦：一是同学们课业压力大，参与活动的积极性不高，班团支部凝聚力不强，班团委员工作压力大；二是部分班团组织负责人开展工作思路不清晰、创新力不足，希望得到高年级同学指导。针对以上情况，学院团委结合党班团一体化建设要求，初步形成"党小组-团支部-团小组"的工作模式，将高年级党员下沉到低年级班团支部中，指导活动开展，同时利用"班团活动我来办"的方式，指导团小组参与到班团支部的建设当中，提升组织活力。

3. 党小组深入团小组——"入党申请人、入党积极分子教育培养我来做"。为了切实开展好本科生入党申请人和入党积极分子的教育培养工作，学院团委将保留团籍的本科生党员分成若干党小组，分组对接本科生基层团小组，从接收入党申请书到档案建立，从群团组织推优工作指导到各项材料准备，从教育引领到学业帮扶，切实用心帮助学院解决好入党申请人、入党积极分子的教育培养工作，形成从团支部培养到党支部吸纳的无缝式教育连接，让大批量学生的教育培养和材料管理工作不再难。

4. 党小组深入团支部——"团员成长引领我来做"。充分发挥保留团籍党员的引领作用，按照学院团委的统一要求，党小组成员每学期至少参加2次班团支部活动，在团支部中亮明党员身份。参与的班团支部活动内容可围绕学业帮扶、思想引领、成长规划等方面根据各班团支部需求开展，畅通高低年级学生交流渠道，搭建起朋辈间无障碍、自由互通的交流平台，发挥好班团支部在思想引领、学业指导、生涯规划、素质提升等各方面的重要作用，全面服务青年成长成才，让朋辈帮扶、互助成长不再难。

5. 团小组深入团支部活动开展——"团日活动我来做"。以团小组为基本单位，组织各团小组中的入党申请人、入党积极分子在党小组、团支部的指导下，带领各团小组投入到班团支部建设中，策划、组织、开展主题团日活动，让"班团支部活动我来办"成为各基层团支部常态化的工作开展模式。最大程度发挥入党申请人、入党积极分子的先锋模范作用，转变大部分同学在活动中的角色，从"被动参与者"变为"主动策划者"，力图以此逐步让班团支部的活动丰富起来，作用发挥出来，效果显现出来，尽力提升学生参与活动的积极性，让团日活动的举办和参与不再难。

图 2-14 团日活动我来做——团小组牵头组织策划支部活动

四、主要成效

1. 服务青年更有效。经过一段时间的运行，广大青年发现问题、有了疑惑越来越愿意去找班团支部中的党员学姐、学长寻求帮助，从成绩如何提高、哪门选修课有意思到如何平衡学生工作和课程学业、如何参与双创竞赛等等，班团组织在服务青年工作的开展上更加有效。

2. 支部活力更强劲。在群策群力的作用发挥下，在更多团员加入班团支部建设的情况下，主题团日的活动形式越来越丰富，活动内容越来越多样。班团支部的组织力、引领力、服务力不断提升，同学们参与活动的热情度不断提高。

3. 团员先进性更彰显。在团小组和班团支部的互动过程中，入党申请人和入党积极分子两支队伍的建设更加有力，团支部对其的培养流程更加规范，培养质量有所提高。在他们的示范引领下，班团支部整体的团员先进性得到显著增强。

撰稿人：高春燕、王晓雅

创设团支部辅导员，推进党建带团建

一、背景要求

为深入贯彻落实习近平总书记关于青年工作的重要思想和视察南开大学重要讲话精神，贯彻《中国共产党普通高等学校基层组织工作条例》《中共中央关于加强和改进党的群团工作的意见》和中央党的群团工作会议精神，坚持党建统领，健全完善工作体制机制，以系统性思维增强顶层设计融合，促进深化党建统领下共青团改革、班团一体化举措在机制取向上相互协同、在落实实施中相互促进、在改革成效上相得益彰，共同朝着中心大局工作和服务青年成长成才聚焦发力。

二、工作目标

为推动党建引领下的班团一体化建设迈上新台阶，外国语学院开展"团支部辅导员帮扶计划"。计划由本硕博学生党员和专职团干部担任"团支部辅导员"的"定点帮扶"、由学生党员组成朋辈帮扶先锋岗进行答疑解惑的"菜单帮扶"两个板块组成，正在逐步形成一整套规范和行之有效的"层层覆盖，全面帮扶"的教育和管理方法，即以辅导员和朋辈党员为轴心，以团支部委员和团员青年为半径，依托党建质量提升"对标争先"培育行动计划的推进实施，深化党支部指导班级团支部建设机制。以带基层组织建设为基础，以带班团干部队伍建设为关键，充分发挥学生党员和优秀团员的先进性，通过定点支部一对一帮扶和模块答疑菜单帮扶，切实提高团员青年的政治站位和思想觉悟，及时解决广大青年的问题和需要，给予团员青年最及时的帮助和反馈,稳步提升党支部的辐射性和班团支部的影响力，构筑"党团共建"发展模式。

三、思路举措

（一）党员定点进入班团支部，常态化党团班联系机制

为全面推进党团班一体化建设，充分发挥学生党员对班团支部的思想引领作用，提升班团建设的规范性、先进性，外国语学院整合师生党员资源，将专职团干部、本硕博学生党员全部纳入党团班联系机制中，党员一对一进入一个班团支部，担任"团支部辅导员"。通过协助落实班团建设工作，指导参与"三会一课"等，了解群众思想信念状况，帮助解决学业、生活、情绪等方面问题，实现爱国主义教育、理想信念教育和专业教育的全方位帮扶开展。

由5位专职团干部、27名本科生党员、28名硕博研究生党员共同负责联系2018级本科生11个团支部、2019级本科生12个团支部、2020级本科生16个团支部、2021级本科生专项（专业普通班和FAS项目班）合并共12个团支部，合计51个本科生团支部。每位同志联系不少于1个班级团支部。本学期在"团支部辅导员"制度下，外国语学院团支部开展了一系列特色支部活动，支部辅导员在所联系支部开讲团课，开展党史学习教育、十九届六中全会精神宣讲、时事政治解读。在团支部辅导员指导下，2021级翻译二班团支部团员以团小组为单位，通过影视作品配音的形式，学习伟大建党精神；2021级日语项目班团支部通过演出微团剧重现五四风采；2020级葡萄牙语专业班团支部通过新华网葡文版了解时事，将理论学习与专业知识相结合；2021级德语专业班团支部和项目班团支部通过高考题引入辛亥革命等理论知识……党员通过定期参加所辅导的团支部日常建

设，包括支部大会、支部委员会、团小组会、理论学习、主题团日等，推动思政元素入脑入心的同时，充分挖掘学科特点和育人目标，创新规范开展"三会两制一课"和班级建设，探索组织生活新模式，提升班团活动的时代性、先进性和育人功能，引导学生志存高远、脚踏实地、勤于求知、勇于实践，成长为中国特色社会主义的合格建设者和可靠接班人。

为积极调动学生党员和专职团干部工作热情，切实发挥支部辅导员工作职责，学院建立"团支部辅导员"考核机制。在参与所指导的班团支部活动后，团支部辅导员需与团支书主动进行沟通交流，围绕支部建设及活动内容提出建议、交换思路，并及时填写《团支部辅导员活动纪实表》，连同讲团课视频素材于活动结束后一周内提交至指定邮箱。后续学院将根据中期督导结果和综合考评跟踪每位支部辅导员工作，邀请党员教师、公务员、选调生等为评委进行指导并打分，各团支部辅导员成绩将作为党员民主评议的重要参考项，评选5名"优秀党员讲师"，激发党员指导班团工作热情，提升指导班团一体化运行机制完善的工作能力。

（二）示范岗实行菜单式帮扶，长效化沟通服务机制

为建立党团组织间的信息传导通道，将班团的组织生活与学业科研、体育锻炼、美育陶铸、劳动实践、志愿服务、社会参与有机融合，学院依托学生党员设立长期有效的"朋辈帮扶"集体示范岗，开展模块化帮扶答疑服务。通过答疑解惑，快速准确掌握青年思想动态，寓思想引领于服务成长之中，主动适应新时代青年德智体美劳全面发展需求，提升服务意识、服务能力，扎实做好激励关怀帮扶工作，增强青年学生对党团组织的认同感获得感归属感。

为切实发挥学生党员优势，将答疑效果最大化，满足有困惑学生的个性化需求，学院扎实做好前期调研工作，将参与先锋岗的党员进行特色优势、时间空闲、毕业去向等可行性设计调查，结合团员、群众青年的意向反馈，围绕"引领""交流""帮扶"等关键词进行模块分类设计。"朋辈帮扶"集体示范岗共分为"学业指导（学业困难解决、学习方法分享、专业证书考取等）""学生工作（活动策划、办公技能等）""社会实践（立项研究、实践经验、后续作用发挥等）""发展规划（职业生涯咨询、升学材料

准备、企业实习经验等)"四大模块,各模块由经验丰富的学生党员为有疑惑的同学进行针对性答疑。"朋辈帮扶"集体示范岗以月为单位为党员排班,月初公示于各年级、班团支部微信群中。值班党员于每周工作日固定时间(12:30—13:30),通过线上预约,以视频交流手段和线下面对面谈话相结合的形式开展工作,秉持"亮标准,亮身份,亮承诺"的工作模式,佩戴党徽,制作承诺牌,签署承诺书,并在党员活动室展示板展示。

为提升服务质量,学院在咨询室设置了咨询后的问卷调研,对党员"服务态度""咨询实用性""是否解决问题"三方面进行打分,每方面满分5分。本学期共接受了9次学生咨询,涉及学业指导、发展规划、社会实践、学生工作多个方面,每位提供帮助的值班党员均得到了满分15分的回馈。党员根据答疑解惑过程中的信息形成舆情参阅报告,定期对意识形态工作和责任落实情况进行分析研判,切实做好团员青年的思想引领工作。

(三)紧抓新时代青年特点,精细化青年工作引领机制

针对外语专业团学青年有着更加开放、更加具有国际视野的特点,结合目前在校学生大多为"00后"的现实情况,在引导其坚持真理,抓好方向的同时,必须重点加强团员青年的理想信念教育。

切实将工作内容"细化",坚持"常态管理",把工作深入到每一个细微环节,做到对工作内容精细设计,对工作过程精细操作。"细化"是一种精益求精的工作方法,需要脚踏实地狠抓落实的工作作风。同时做到"常态管理"工作过程中避免盲目追求短期效益,要有始有终、善始善终,一把尺子量到底,一个标准干到底。对于正处在探索期的帮扶活动、监督机制,部分细节欠缺,流程上存在不足,需及时总结每一次活动课程的经验教训,为之后的活动提供经验和借鉴。作为团员青年的"引路人",党员同志必须不断提高自身理论素养,更加注重自身的言行举止,严于律己。学院团委努力形成了"个人述职、他人评议、组织考核"机制,从工作态度、活动记录到理论指导实践成效,对全体支部辅导员进行全方位、常态化巡查巡听巡考,切实引导团员青年树立文化自信和文化底气,在国际比较中坚持中国发展。

四、改革成效

"团支部辅导员朋辈帮扶计划"坚持党建引领班团建设，是促进党建引领下的班团一体化建设工作迈上新台阶的重要举措。"专职团干部——学生党员——班长、团支书"联系机制的建立，推动了党员全方面指导团支部委员会、班级委员会建设工作，将班级与团支部的工作目标、管理机制、工作职能等各方面结合起来，形成以团支部为主导，班委会为主要执行机构的一体化工作机制；进一步明确班级团支部组织设置和工作职责，解决团支部工作虚化、弱化、淡化、边缘化等问题，促进"班团一体化"建设更加规范、紧密、有效，使共青团组织始终保持政治性、先进性、群众性，为学校共青团改革攻坚提供坚实的基层组织保障。

创新探索固定帮扶与菜单式帮扶耦合发展，将带班党员作为学生日常思想政治教育和管理队伍的重要补充，发挥其在班团组织建设、思想引领、学风建设等各方面的指导作用，真正做到以党员带动先进青年，充分发挥党组织对青年学生的政治领导和思想教育。在有效锻炼学生党员实际工作能力的同时，让党员的事迹引领、思想力量不局限于党支部内部，充分扩散到广大群众中去，将榜样力量扩大化，为广大团员青年树立自觉的实践典范，积极引导团员青年在学习专业知识的基础上，全方位提高政治站位和个人能力，领悟属于新时代青年的价值追求和时代使命，开创党支部和班团支部双赢发展的局面，助力培养一代又一代拥护中国共产党领导和我国社会主义制度、立志为中国特色社会主义奋斗终身的有用人才。

撰稿人：王媛

依托仪法团校，打造法学青年骨干培养孵化器

一、背景要求

政治属性是共青团的第一属性，共青团要把培养社会主义建设者和接班人作为根本任务。团校是团员及团员骨干的重要培养载体，要充分发挥育人作用。同时，在依法治国背景下，法学学科更承担着培育"矢志德法兼修、胸怀家国天下"的法治人才的使命。

法学院团校取名为"仪法"①团校，旨在通过规范化、多样化的团学活动，提高团员的政治文化素养和思想觉悟，引导团员增强对党和国家的热爱，担当新时代建设社会主义现代化强国的重要使命。

二、工作目标

团校作为培育青年团员及团员骨干的重要组织，要把党的先进理论和习近平总书记关于青年及青年工作重要论述作为学习的主要内容，同时也要带领、引领青年团员及青年骨干增本领、长才干、勇担当，成为新时代团员青年和青年骨干成长的孵化器。

"仪法"团校作为南开大学法学院青年团员、团学骨干的教育和培训中心，是法学院共青团切实发挥政治职能，为党和国家培养具有南开"公能"品格、"法学"特点的青年人才的基础阵地，是以理论与实践相结合的形式、

---

① 苏轼《王振大理少卿》："夫法出于仪，本于仁，在于义。"

对法学院团员青年进行培养教育的重要基地，在团学工作和队伍建设中发挥着不可替代的作用。

本案例以南开大学法学院"仪法"团校为例，简述如何通过体制机制设置、课程体系优化、学科学业结合，让团校学员们能够牢固树立"四个意识"，坚定"四个自信"，勇于追梦，敢于追梦，培养奋斗新时代的、德法兼修的青年骨干。

三、思路举措

（一）以专家领学，提升团校学习的深入性。

在团校开展工作的过程中，首先要解决学习层次不够高的问题，提升学员学习的深入性。因此，团校在开展培训的过程中，邀请不同领域的专家进行导学、领学，让学习更具高度，更有深度。

"了解未来能让我们知道往哪里去，了解历史能够让我们知道从哪里来。"团校邀请学校党委宣传部副部长、马克思主义学院副教授肖光文开展有关"中共一大和红船精神"的主题讲座，让同学们一起了解、回顾中国共产党第一次全体大会克服种种困难，最终成功召开的伟大历史。团校学员们在肖光文老师的讲授下，进一步感受红船精神的力量。

"红色精神源于党的伟大历史，更应贯穿于未来的每个时点。"团校邀请马克思主义学院"明星"教师孙海东讲授"树立正确党史观，赓续红色精神血脉"理论学习讲座，在孙海东老师带领下，回顾中国共产党的历史事实，感悟伟大的红色精神，从而引导团员在学习与生活中，传播红色精神文化，赓续红色精神血脉。

"学党史与我们每个人息息相关，要结合学历史，看历史，创造更多属于新时代青年的历史。"团校邀请法学院李晓兵老师讲授"党领导下的宪法发展史"主题团课，讲述在中国共产党的领导下，宪法发展的历史，引导青年学生感受"作为国家根本大法的宪法的发展、完善的过程"，深刻认识在宪法的发展进程中,党的历史定位和党领导的必要性。

【理论引领】新时代青年首先要增强政治性,团校要发挥理论引领的首要作用,通过专家领学,把好思想政治理论学习的总方向。

(二)以骨干导学,提高团员学习的主动性。

在校内及学院内,学生学习的媒介和场合众多,如何成为学生愿意主动去参与、去投入的平台,是团校在开展工作中遇到的又一难题。因此,"仪法"团校以团支书为抓手,开展团支书"学习班",进行理论学习、经验分享,进而以点带面,带动全体团员的学习积极性。

为让理论学习入脑、入心、随行,"仪法"团校在大一年级新生中集中开展"学习四史践初心,奋进百年勇担当"主题团课活动,落实团干部上讲台,要求团支部书记带头讲团课,培养团员骨干的理论能力和水平。2020级法学一班团支书孙晓晗向团支部讲授"学习贯彻党的十九届五中全会精神"主题团课,带领团支部学生学习党的十九届五中全会精神,不忘初心,勇担使命;2020级法学二班团支书孙扬笑以党的十九届五中全会中"关于未来发展的九个信号"为题,与团支部同学们分享我国未来要突破解决的社会问题,并引导团员依托国家未来发展需求和大势进行职业生涯规划;2020级法学三班团支书蔡巧煜以"国家荣誉——中国女排精神展"为主题,发出"传扬中国女排精神,创造法学新荣耀"的倡议。

【实践引导】团校要充分发挥在实践中对青年的引导作用,讲团课是将理论知识融合为自身内在素质的重要方式,让团员骨干能够理解到位、讲得出来。

(三)结合调研自学,让理论学习有效落地。

通过专家领学与骨干导学,团校成员在理论方面已经得到了一定的积累和提升。那么,如何让学员们将所学所思与实践相结合,是团校思考的又一问题。以此问题为导向,学院"仪法"团校于2020年11月、12月间,组织全体新生团员开展"学习四史践初心,铭记使命勇担当"主题调研,鼓励团员同学采用文献研究、实地调研等方式深入基层、开展调查研究。

"运筹瞻五载，盛世绝群伦——十三五规划"调研组，调研十三五规划的内容，并聚焦我国在乡村振兴和脱贫攻坚方面取得的成就，引导青年团员关注、关心国之大者；"勇抗疫铸民族魂，细防控展大国担当"调研组，以疫情防控的阶段性成果为调研主题，讲述在疫情期间为社会作出巨大贡献的广大医护人员、志愿者和院士们的感人事迹，引导青年学生做出自己的抗疫贡献；"一元复始，万象更新——南开建校101周年"主题调研，以"我是爱南开的"开篇，从南开的自然景物、特色建筑、周恩来总理像、"爱国三问"以及历史等多个方面来展示南开101年的新变化，引导青年团员爱国、爱校、爱家；"抗战胜利75周年"主题调研，讲述了14年抗战的重大战役、抗战体现的精神和抗战涌现出的民族英雄、革命先烈，从中总结了抗战在当时的历史意义以及对当今社会的启示等。

【调研引路】团校倡导"调研才有发言权""实践出真知"，鼓励团员青年在调研中感受专业知识、勇担青年使命。

（四）知行合一，以团校助推团员成长。

共青团的工作不仅要停留在"学"上，更要延伸到"做"中，让团校成为团员学习的平台、引领团员进步成长的孵化器。

法学院"仪法"团校为每一位学员建立个人学习成长档案，记录团校成员在一年的培养周期中所学的课程、参与程度、作业完成情况及学习态度等。

团校邀请志愿服务先进单位、宣传策划部门、优秀团学骨干等进行经验分享，为团员青年分享学习、生活、科研、实践、志愿服务等方面的优秀做法和先进示范，引导青年团员不断增强先进性。学习结束后，团校组织学员自评、小组鉴定，并组织学院团委骨干联席会议征求意见，参考其考勤考核、作业完成、自评他评的情况，形成学员鉴定表。

以2020级学生为例，经历一年期"仪法"团校的学习培养，44人获得奖学金，三分之一以上成员担当校院两级学生骨干。

【成长引航】团校要成长为团员骨干培养的孵化器，要让每个团员经过团校的学习与培养后，切实提升综合能力、充分发挥榜样引领作用。

四、改革成效

"仪法"团校作为学院、学校进行团员及团员骨干教育和培养的重要平台，充分发挥理论引领、实践引导、调研引路、成长引航的重要作用。

专家领学与团员自学相结合。在团校开展培训的过程中，专家领学能够确定学习的标准和大方向，团员自学能够实现入脑入心，将专家领学与团员自学相结合，有效实现学习有高度、成果有效度的重要目标。

党团理论与专业理论相结合。团校在开展对"四史"，尤其是党史的学习过程中，不脱离专业背景和范围，巧妙地融入学科背景、新时代对法学学科人才的需求背景等，让学生感受到学能够有所用、学能够有所成。学院自2020年成立民法典宣讲团，2017年成立法治精神宣讲团，所有宣讲团成员均经过团校的教育与培养，充分将专业与党团工作相融合、相促进。

个人成长与国家发展相结合。在团校的培养与教育过程中，团员不仅能够实现个人的成长与进步，也能够感受到个人与国家共奋进的荣誉感，能够在个人发展过程中，不断与国家发展和需要相结合，更好地实现个人与国家发展一脉相承。以2021届毕业生为例，法学院12%的学生赴"一带一路"相关地区就业，10%的学生到"长江经济带"相关地区就业，4%的学生赴粤港澳大湾区就业，4%的学生赴西部地区就业，20%的学生到国家重点行业及领域就业。

撰稿人：周翠翠、于婷、李尚华、余通

图 2-15 调研汇报展示

图 2-16 团校成员汇报

讲好团校五堂课，打造青年培育有力阵地

一、背景要求

为深入贯彻习近平新时代中国特色社会主义思想，贯彻落实习近平总书记关于青年工作的重要思想，加强和改进党的群团工作，深化共青团改革，培育公能品格，践行青年担当，建立团员教育管理和青年培养的有力平台，南开大学人工智能学院自成立以来，紧跟时代要求、紧抓发展契机、紧贴青年实际，以团校为阵地，立足思想引领、党团共建、产学交流、青年主创、知行合一，积极探索青年培养的长效机制。

二、工作目标

以团校为阵地，探索青年培养体系，打造"专职团干一堂课、党团共促一堂课、产学交流一堂课、青年共创一堂课、知行合一一堂课"五个"一"培养体系。专职团干部主动承担理论学习、研究和宣讲，将自身学习和引领青年结合起来。党团纵向贯通，联动培养，建立一支信仰坚定的党的助手和后备军队伍。推进校企交流，深度了解前沿，团校团课宣讲产业生态和解析生涯发展；力推青年主创，立足党史团史，自主选题、交流、排演，展演文化经典，还原峥嵘历史，体悟革命精神；倡导知行合一，通过素质拓展、参访参观、科普宣讲，真正融知识于实践。

三、思路举措

（一）专职团干一堂课，走到青年当中去

自我再熔炼，引领新青年。团干部加强自身的研究和学习，才能更好地引领、凝聚和服务青年。研究真问题、解决真需求，就要做青年诉求的知心人，做青年问题的破题人。从第二届人工智能学院团校开始，专职团干部走上团校讲台，已成为团校学习的必修课。集中研究问题，梳理知识备课，走上讲台畅谈问题、交流问题、回应问题，直接、真诚、有力地叩击青年学生的心声。

聚焦新热点，思考大问题。聚焦"抗疫"精神、爱国主义、国际形势，密切联系时事，立足价值引领，把热点变成青年想听愿听好听的知识点，把时事变成青年应学应知应会的新鲜事。用热点带动热情，以示范摆脱说教，团校学习才能直观，才能有感，才能共鸣。

走到课堂上，就在青年中。专职团干部讲授一堂课，是加强队伍建设的自修课，更是进行青年引领和培育的实践课。

（二）党团共促一堂课，青年同向且同行

党团结对子，菜单一体化。党建带团建是《高校共青团改革实施方案》的重要内容，也是党团建设一体化运行的必然要求。党团员学习讨论结对子、想点子、学本子，强化党员作用发挥，注重朋辈纵向引领，形成帮带梯度培养，促进党团同向同行。立足党校团校联动培养，一体化制订培训菜单、学习课程和实践内容，团校学员列席党校专题学习和培训，党校学员督导团校建设和团员研习。

贯通式培养，全流程考核。通过党团校贯通培养，形成从发展团员到发展党员的全流程监控和培育，对青年进行全要素、全链条和全时段支撑。在过程考核中，实施支部考评、专题考试、谈话考核三位一体的综合考察

制度，全面把关，从严劣汰，保证青年发展培养的质量。

党团齐用力，合成一股绳。 在推进党建引领下的班团一体化建设的同时，借助团校平台，进行贯通培养、资源整合和全程考核，逐步打造青年培养的有力阵地。

（三）产学交流一堂课，青听世界弄潮音

产业进课堂，名师做解析。 坐得冷板凳，也须了解国情世情。特别是站在人工智能的尖端，更应该走进企业、行业和产业，深度认知人工智能的应用场景和发展趋势。团课不唯象牙塔，在开展理论学习的同时还要走进产业前沿里。团校邀请美的资深人力总监林春秋、硬科技科创教父李泽湘、华为数字转型首席战略官车海平、华为人工智能解决方案架构师张翔，讲解创新发展、前沿应用和生涯发展。联合企业，推出"企窗号"，融合线上平台，宣介优质企业，加深互动认知。

图 2-17　国家级虚拟仿真实验室现场体验

青年到现场，学在体验里。站稳时代发展最前线，就要书斋之外看世界，就要紧贴时代谋发展。我们走进麒麟、飞腾、深之蓝、易华录等企业，了解技术应用、前端科技和国家战略。聚焦学科特点，以团校打造校企交流和产学融合的大平台，让青年了解国家发展大战略，了解产业发展最前沿。在产学交流的场景里，团校青年体悟国家发展成就，增强民族自信，坚定党的领导，通过亲听亲见亲感受，让团员感受时代使命和青年担当。

企业进校讲，青年现场观。通过团校的切实互动，为青年打开一扇窗、搭建一座桥、打造一段路，让青年学子有深度认知、树远大理想、做最优选择。

（四）青年共创一堂课，熔铸初心和使命

自主去创造，感受激荡历史。青年最富朝气和活力，让青年做创造的主体，才能发挥最大能量和热情。力推青年主创，立足党史团史，自主选题、自主交流、自主排演，展演文化经典，还原峥嵘历史，体悟革命精神。围绕百年党史、百年团史、百年校史，青年们做视频、排话剧、诵心声，演绎张伯苓矢志教育的心路历程，演绎杨石先的科研攻关，演绎抗战经典《放下你的鞭子》，齐诵李大钊、陈独秀《钟声》《新青年》。

自主去研修，讲好中国故事。青年最有想法，就应当自主研究学习，解析国家发展，讲述真情故事。围聚在团校的青年，聚焦不同发展主题，关注国家发展大事，内容上可以自主发挥、自由创作、自我成长，形式上可以用交流和学习、用唱诵和展演、用宣言和视频，宣讲理论、发表主张、讲好故事，用青年的真情灌注，用青年的视角呈现，用青年的呐喊放大，用青年的勇气担当。

团校是培育青年的大阵地，也是青年自育的练兵场，着力突出青年主创，就能激发青年朝气蓬勃的有生力量。

（五）知行合一一堂课，绝知此事要躬行

在场景里实践，在躬行中学习。"知中国，服务中国"，这是南开的爱国传统；"爱中华，复兴中华"，这是青年的时代使命。认知当在实践里检

验，倡导知行合一，通过素质拓展、参访参观、科普宣讲，真正融知识于实践。通过走进社区、走进企业、走进教育基地，走进田间、走进厂区，走进实验室里，把学校的所学和团校的所得置于真正的社会场景中论证检验。

学科服务需求，知识深植土地。 整合学院资源，服务团校青年，通过线上科普分享、社区技术帮扶、实地参访调研，打通团校与实践的通路。团校力图实现多路径的实践体验，持续推进团校学员研习课题、组队实践；把团校的实践做广，青年的行动做大，利用团校互动短平快的优势，在直接的交流中，在集中的培训中，快速孵化出实践的课题。

用团校的平台，做大实践的文章，而用实践行动的大文章，团聚青年，必将生根发芽，绽放青春生机。

四、改革成效

自学院成立三年来，人工智能学院团校从"新"团校发展成连续两年获评校级"团课教育实施优秀单位"的好团校。团校有效探索"专职团干一堂课、党团共促一堂课、产学交流一堂课、青年共创一堂课、知行合一一堂课"五个"一"培养体系，形成党团联动、产学融合、知行合一的发展机制，成为有力、有戏、有效、有益、有特色的青年成长平台。

撰稿人：郑月阳

学用结合强理论，菜单选课助发展

一、背景要求

以习近平总书记关于青年工作的重要思想为遵循，在"大思政"和"三全育人"格局中，外国语学院团委把握团校功能定位，履行团校职责使命，发挥团校在立德树人根本任务中的作用，推动外国语学院知音知语团校推陈出新、去粗取精，切实发挥团校在高校学生"第二课堂"中思想政治教育、实践能力培养、家国情怀厚植的作用。

2021年6月，外国语学院"青马育青苗"党团队一体化活力工程正式启动，"五育融合"实践基地签约成立，14所中小学与外国语学院建立了大中小学外语课程思政一体化合作关系。为配合党团队相衔接的育人工作链条，利用五育融合实践基地活动平台，形成各学段五育融合发展的全链条培养，结合《中国共产主义青年团团员教育管理工作条例（试行）》相关要求，外国语学院知音知语团校进一步完善课程设计，优化活动开展机制，全面助力青年成长成才。

二、工作目标

落实立德树人根本任务，服务"大思政"和"三全育人"格局，秉承为党育人为国育才的理念，践行"五育融合"的思路，从德智体美劳五大方面培养全面发展的青年后备军。

加强团员的政治教育、理想信念教育、爱国主义教育、道德品行教育、法治教育、团员仪式教育、素质技能教育等。重点突出思想政治教育，将团校团课与学业专业进步、实践能力培养、社会服务贡献相结合，让团校学员真正学有所得、学有所用，提高政治性、锤炼先进性、扩大群众性。

依托团校选课学分机制和结业考核机制完善"第二课堂成绩单"制度，发挥团校对学员素质评估与政治人才举荐的功能，为党、为团输送新鲜血液，培养青年政治骨干；同时，筛选出思想理论水平和实践能力不过关的学员，对其进行重修再培养，使思想引领覆盖面扩大。

三、思路举措

（一）加强思想政治引领，把准意识形态领域"主方向"

当代大学生对党的历史知识和理论思想有了一定的积累，思想上要求进步，行动上渴望实践。鼓励团校学员以团小组为单位，以国内国际形势环境为背景，依托团校团课、支部建设、基层实践三个平台，坚定理想信念、锤炼意志锐气、砥砺言行品格、增强使命担当，把稳意识形态的方向，以昂扬向上的斗志和艰苦奋斗的担当投入到学习和工作之中。

团校思想引领类课程设计充分结合"青年大学习"学习资源，将其作为团校学员的必修课，鼓励外院青年通过主动学习来提升自身理论水平、思维层次；让"微团课"学习实现团校学员全覆盖、新生团员全覆盖。

（二）明确清单式选课模式，抓住第二课堂育人"主阵地"

团校坚持每学年开学前，依据青年学生新特点、时代新要求，以及上一届学员学习反馈，修订编纂团校选课手册，通过下拉式清单，形成5类28门课程选课单。团校课程以不同类别、形式清晰地呈现在学员面前，学员得以了解团校的学习进度和内容，从而根据自身需求合理安排选课；同时，团校也能通过学员修得学分量化学员培养效果，进行未结业、结业、优秀的区分。

团校选课手册包含 A、B、C、D、E 5 类 28 门课程，总计 100 学分。团校学员自行选择团课，完成课程要求后修得相应学分。其中，A 类所有课全部同学必选；B 类课以班级为单位参加，每班选派人数依照具体活动要求而定；C 类课需至少选取 4 门进行学习；D 类课需至少选取 4 门进行学习；E 类课为加分奖励。团校学员 A、C、D 类课程至少合计修满 60 学分方可从团校结业，积极参加 B 类、E 类课程的团校学员还将获评优秀学员。

（三）加大考核评定力度，把牢学生干部选任"主渠道"

团校根据团校学分修得情况对全体学员进行考核评定。对修得 60 学分以上的学员颁发结业证书，同时在结业学员中评定 10 名团校优秀学员，全体新生团支部中评定 3 个优秀团支部和 6 个优秀团小组。获得团校结业证书的学员方可有资格参加当年度的推优入党、推优入团、团内评优和学生组织留任。对于未结业学员，则取消其当年相应资格。同时，为保证培养体系的延续性，团校每学年也会为上一年度"留级生"开设重修班，学员根据个人需求自愿参与重修，重修合格后方可具备各类推优和留任资格。

（四）重视理论与实践结合，形成组织化育人"主特色"

学院统筹推进组织育人，落实党建统领下的班团一体化建设。通过细化、完善顶层设计，实现团员培养与新生班级团支部建设，相辅相成，以团校培养体系为依托，助力打造理论功底扎实、实践特色鲜明的团支部。

1. 小切口引入大道理，沉浸式微团剧创新团课形式

微团剧作为沉浸式的理论学习形式，被团校纳入团校课程体系。要求团校学员以团支部为单位展开，团员将在自编自导自演中进行学思践悟，以微小的切入点剖析深刻价值意义，在共创共演中提升支部凝聚力，推进在党建统领下的班团组织体系建设一体化。作为本年度团校必修课程，各支部选取党史、共青团发展历程、南开校史中的历史事件以及其他展现青

年朝气蓬勃精神力量的真实事例进行了剧本创作和演出。

2. 小落点探讨大问题，实践性理论研修提升综合素养

根据新时代共青团深化改革的需求，团校推出专题理论调研活动，包括"新时代高校学生团支部建设研究——以……团支部为例""新时代高校共青团新媒体平台运维机制研究——以基层共青团组织公众号平台运营为例""团校团课在立德树人培育新时代青年团员方面发挥的作用的探讨研究""志愿服务与社会实践在青年成长成才过程中的育人模式探析""大思政格局背景下高校共青团组织力提升的必要性探究"等 10 个选题，以团小组为单位展开调研。本年度共提交了 35 篇专题调研报告，往年调研主题也为团员青年深入理论研究奠定基础。团校学员以专题调研报告为基础，以"助力乡村振兴，讲好中国故事——以蓟州区杨家峪村为试点的思政教育创新性实践"为主题立项参与第二届"百年南开·文化文明"主题活动，结合外语学院特色，以外语思政课为载体巩固文化扶贫成果，持续推进乡村文化振兴。

（五）全面引导五育融合，实现助力青年成长的"主目标"

团校将团校课程与学业专业进步、实践能力培养、社会服务贡献深度结合，培养德智体美劳全面发展的青年后备军。青年大学习、团小组理论调研强化思想引领；国奖论坛、英语演讲比赛培养学习思维，提高专业水平；校级、院级体育赛事强健体魄，深化体育育人；微团剧展演、放映室、宿舍文化节陶冶情操；雷锋岗、地铁站等志愿岗位让学员在奉献中体悟劳动精神……此外，团校还开设了自媒体运营、办公软件操作、语言表达能力提升等技能类课程和防灾急救避险知识、演讲礼仪、生涯规划等实用类培训讲座，全面助力青年成长成才。

四、改革成效

外国语学院知音知语团校在全校范围内首创下拉式清单选课模式和分

类式课程体系，经过多年的探索与实践，已经形成机制完善、行之有效的育人体系。

近年来，知音知语团校不断创新工作思路，距今已开发数十门 C 类选修课，涵盖大学生成长成才的方方面面，进一步加深了一二课堂的融合。今年首创微团剧沉浸式理论学习形式，团校学员自编自导自演 16 部微团剧，提交了 35 篇专题调研报告。团校学员共有 120 余人次前往周邓纪念馆地铁站、瑞丽园脑瘫患儿特教基地进行志愿服务；90 余人次前往南开日新国际学校、南开大学附属小学、风湖里小学开展支教和课后服务。目前，知音知语团校已连续 3 年获评学校优秀团校荣誉称号及团课教育实施示范单位，育人成效显著。

撰稿人：王寅、谢梓辰

以"薪火培训营"为载体,探索群众入团的培养、选拔与发展规范性建设模式

共青团是党的助手和后备军,习近平总书记反复强调,"青年一代有理想、有本领、有担当,国家就有前途,民族就有希望",要求共青团"必须时刻把为党和人民培养人的工作摆在首位、贯穿始终"。共青团必须更加自觉、有效地用科学真理引领青年、用实践成就凝聚青年,引导广大青年坚定不移听党话、跟党走。由此可见,团员的发展质量把关直接关乎到团员和未来党员的质量。为更好地把好源头关,电子信息与光学工程学院(以下简称电光学院)以"薪火培训营"为载体,探索群众入团的培养、选拔与发展规范性建设模式。

一、背景要求

中国共产主义青年团是中国共产党领导的先进青年的群团组织,是广大青年在实践中学习中国特色社会主义和共产主义的学校,是中国共产党的助手和后备军。为深入贯彻落实共青团十八大和十八届二中、三中、四中、五中全会精神,进一步推动《高校共青团改革实施方案》落地见效,打造优质党的助手和后备军,做好共青团群众入团的培养、选拔与发展至关重要。2020年以来,高校开始陆续发展团员,对有意愿的群众学生如何更好地进行培养和选拔成为题中应有之义。电光学院发展团员工作遵循"积极地、有计划地发展团员,向一切先进青年敞开团的大门"的原则,搭建系统化的平台和考核方式,做好积极分子的培养教育和考察工作,坚持入团自愿和经常吸收,成熟一个、发展一个。

二、工作目标

电光学院以"薪火培训营"为载体,探索实施"3+1"培训模式。"3+1"模式集理论教育(理教章)、实践教育(实教章)、综合发展教育(综教章)于一体,配以一套考核积分制,在群众入团考察、培训、选拔三个阶段择优化,确保发展团员的政治性和先进性,让共青团在强大的发展气场中蓬勃成长。

三、思路举措

(一)以"3+1"培训模式筑牢入团积极分子的政治根基

如前所述,"薪火培训营"的内容设计主要由三部分构成,详见下页《南开大学电子信息与光学工程学院入团积极分子考核表》:

1. 培训理教章——"学什么、怎么学"

要培育好入团积极分子,打造一支优秀的团员队伍,理论学习"学什么、怎么学"是关键。理论教育学习要紧跟时事、结合学科专业特色,依托校院团委、学院团校、各党团学组织等,开展大家喜闻乐见的理论学习活动,比如组织学习习近平总书记重要讲话精神、组织学习青年大学习网上主题团课,并辅以适当学习测评。由于时间、地点等客观因素的难以协调性,提倡"线上+线下""学习+测验""督学+自学"相结合的方式进行学习。

2. 培训实教章——"做什么、怎么做"

在组织入团积极分子参加社会实践、劳动教育和志愿服务,加强社会服务引领的过程中,"做什么、怎么做"是重点。依托团学组织、注册志愿者平台、"青年之家""团员先锋岗"等,融入评价奖励机制,产生"第二课堂成绩单",使其成为综合素质评价、团内评优、推优入党的重要参考依据。

3. 培训综教章——"促什么、怎么促"

对于青年团员的综合发展教育,"促什么、怎么促"是保证。依托学业教育、实验室课题研究、校院各学生活动平台等,搭配团员成长青年导师引领负责制、团员"一对一"或"二对一"联系培养责任制、团支书督导制,建立入团积极分子成长档案,促成青年团员思想觉悟提升、入团动机端正。

南开大学电子信息与光学工程学院入团积极分子考核表

姓名: 　年级: 　团支部: 　提交入团申请书时间: 　团校是否结业: □是 □否

项目	内容	权重	具体内容和评分标准	得分
培训之理教章	青年大学习	30	**具体内容**:在对入团积极分子完成培养教育后,以青年大学习完成率为标准考核入团积极分子理论学习积极度。 **评分标准**:青年大学习完成率×30%×100。	
	团课学习	基础项	**具体内容**:每学期开展团课活动,对入团积极分子进行不少于12课时的培养。 **评分标准**:以团校最终结果为考评依据,不通过者无发展团员资格。	
	理论测评	30	**具体内容**:每学年开展五次理论测评活动(包括一次线下测评),以参与情况和得分情况为标准考核入团积极分子的思想政治和理论学习成果。 **评分标准**:每学年理论测评参与情况(满分50分,每少参与一次扣除10分)+线下理论测评成绩(满分100)×50%	
培训之实教章	志愿服务	20	**具体内容**:已注册成为志愿者,每学年志愿时长不少于20小时。 **评分标准**:(该项总分×20%) 志愿时长(小时): >20(100分)　10~20(60分)　<10(30分)	
	组织贡献	10	**具体内容**:积极分子是否参与团学组织及工作表现为标准考核积极分子对参与团活动的积极度 **评分标准**:(该项总分×10%) 参与团学组织(50分) 参与3次及以上团学活动组织策划工作(50分) 参与过1-3次团学活动组织策划工作(30分)	
培训之综教篇	思政考评	10	**具体内容**:每学期开展入团积极分子谈话,从思想政治、日常表现、学习态度、思政课程成绩及表现方面对入团积极分子进行考核并打分。 **评分标准**:(该项总分×10%) 思想政治:(30分) 政治立场正确,坚决拥护共产党的领导。 日常表现:(30分) 积极履行入团积极分子的义务和职责,圆满完成组织交办的任务。 学习态度:(30分) 严格要求自我,态度端正,坚持对共青团理论知识的学习。 思政课程成绩(10分):(尚未有思政课成绩的统一给予6分基础分) 思政课成绩×10%	
总得分:			共青团南开大学电子信息与光学工程学院团委制表,2020年9月	

图2-18 《南开大学电子信息与光学工程学院入团积极分子考核表》

（二）以"2+1"导师制度抓好对入团积极分子的政治引领

随着新时代的发展，青年群体分化加剧，利益诉求日趋多元，为确保薪火传承底色不变，需不断强化组织体系，并加强对入团积极分子全方位的把关引领。为此，电光学院为每位入团积极分子配备"2 位导师+1 位团干部"做好日常思想引领和谈话把关等工作。聘请校内外思政工作教师专家和党团工作优秀学生骨干担任"团员成长青年导师"，通过定期的讲座和宣讲等方式加强对入团积极分子的教育引导，如 2021 年致聘南开大学马克思主义学院副教授刘一博、青年讲师袁航和天津大学思政课教师程斯宇为团员成长青年导师的专家导师，讲授专题讲座 3 场；致聘全国高校百名优秀研究生党员标兵、博士生李佩慧为团员成长青年导师的朋辈导师，专题宣讲 2 次。安排团支部书记为入团积极分子的培养联系人，通过日常谈心谈话、思想汇报等方式对入团积极分子主动关注、积极联系，有效引导其参与到本团支部的团日团课活动中，提前感受团组织的活力与魅力。

（三）以入团、离团仪式做好团员力量的内循环和外吸引

在全面从严治团的背景下，加强共青团员仪式教育，是牢牢把握培养中国特色社会主义事业合格建设者和可靠接班人这个根本任务的有效渠道和途径。超龄团员离团摘下团徽、新接纳团员入团戴上团徽，一代代青年团员传续共鸣，促发共青团鲜活生命力。2021 年 9 月举办的"请党放心，强国有我"入团、离团仪式被列为南开大学示范性主题团日，现场还邀请有入团意愿的群众同学观摩体验，经过仪式洗礼，带动新发展团员的奋进心，引领有入团意愿学生主动向团组织靠拢的决心。电子信息与光学工程学院以入团、离团仪式作为"薪火训练营"的开营和结营仪式，效果明显。

四、主要成效

（一）探索出一套适合理工科学生实际情况的群众入团培养和考核闭环模式。

以"薪火训练营"为载体，"3+1"培养培训模式和"2+1"导师引领模式全程引领，入团离团仪式营造氛围，形成了特色的工作机制：强思想——以全方位的思想引航夯实政治引领，长效化——以多领域的导师拓宽成长路径，延展性——以系统化的资源和平台力促全面提升，可复制——以模式化的内循环确保常态化运作。

（二）申请入团学生明显增多，新发展团员质素过关，团员政治力有效提升。

随着"薪火训练营"的有序推进，学生对此平台认可度越来越高，2020年共9名群众申请入团，2021年共23人申请，数量上提升将近260%。新发展团员参加团日团课活动的积极性和报名参与校级及以上团属阵地建设的热情明显提高。在主动报名微团课大赛和服务青年各类平台以及"抗疫"贡献力量等方面，新发展团员都表现优异，获得师生的一致认可。

（三）团员教育管理成效显著，团员理论学习水平、实践能力、综合发展能力不断提高。

自参与培训以来，学院各支部"青年大学习"学习人数比例不断提升，线上、线下理论测评成绩达优情况显著改善。青年团员志愿者群体不断壮大，相关志愿服务活动项目获得志愿服务项目大赛全国铜奖、天津市金奖等多项荣誉，不断提升广大青年团员服务他人、服务社会的能力。在与青年团员的谈心谈话中，青年团员不断严格要求自我，保持入团初心，坚定不移向团组织、党组织不断靠拢。

撰稿人：刘瑞毅、王薪薪

图 2-19 入团、离团仪式

成长服务篇

第三篇章　青春筑梦　知行合一

自共青团改革工作推进以来，我校各级团组织充分关注团员青年成长成才，在实践中不断丰富和完善团员青年成长相关服务机制，充分发挥社会实践、志愿服务、创新创业等实践育人体系优势，努力谱写南开人新时代"知中国服务中国"的新篇章。同时，为进一步提升育人效果，积极营造健康向上、活跃繁荣的校园文化氛围，各级团组织深入挖掘相关育人资源，开展各类校园文化活动，扎实推进五育融合。各级团组织依托学生会组织改革，努力构建联系服务青年机制，用心、用情、用力为青年办实事。

探索实践育人模式，发挥实践育人优势。组织开展"师生同行"社会实践，引导团员青年积极服务疫情防控工作，广泛建立社会实践和志愿服务基地，深化基地合作。强化创新创业指导，积极搭建平台，助力创新人才培养。让青年走出去，在实践中努力践行"知中国服务中国"的使命，探索实践育人新模式。

聚焦五育融合，丰富思政教育形式。深挖育人资源，聚焦五育融合，以话剧、合唱、文化节等多种美育艺术方式深入开展爱国主义教育。举办系列体育比赛，弘扬南开体育精神，强健青年体魄。努力加强新时代劳动教育，将劳动教育融入实践育人。

推进学生会改革，构建联系服务青年机制。以青年成长成才实际问题为导向推进学生会组织改革，构建联系服务青年机制，构建学生权益服务保障体系。加强部门联动，建立联系服务青年工作机制，主动深入青年、了解青年、问需青年、问计青年，搭建学生与学校沟通桥梁，将服务青年工作落到实处。

本篇章聚焦青年成长服务，遴选 23 篇案例。案例聚焦当前青年成长成才服务工作中出现的新问题、新情况，充分体现出各级团组织对于推进青年成长服务工作的新思路、新方法，展现南开共青团用心用情用力为青年办实事的工作机制、保障体系和改革成效。

搭建南开大学联系服务青年协调工作组，全面深化南开学生会组织改革

一、背景要求

为深入贯彻落实共青团中央、教育部、全国学联关于学生会组织改革的若干文件精神，在校党委的正确领导、上级学联和校团委的悉心指导下，南开大学学生会组织找准组织定位，以问题为导向积极探索改革路径，以全心全意为同学服务为宗旨，积极响应"我为同学做件事"工作号召，创新性地开创了由校团委牵头、各校级职能部门代表及学生会、研究生会组成的**南开大学联系服务青年协调工作组**，争做同学们"想得起""找得到""靠得住"的"学生家园"。

二、工作目标

（一）高举理想信念伟大旗帜，提高大局贡献度

做引领青年的引路人——准确把握党的声音和主张，学生会组织用"学生话语"传递党和学校对同学们的要求和期望，使广大同学投身强国伟业。

（二）推进服务青年主责主业，提高同学满意度

做服务青年的暖心人——深入广大同学汲取智慧，促进建设学校发展"学生智库"，切实做到让广大同学以主人翁身份共同参与学校发展建设。

（三）巩固发挥桥梁纽带作用，提高社会认可度

做感知青年的知心人——通过建立线上线下多层次沟通联系青年的渠道，使每一位青年学生都能找到合适的渠道发表意见建议，从而真正做到听清青年声音，摸准同学心意。

三、思路举措

（一）搭建组织机制平台，了解青年——锻造服务育人"金刚石"

在学校党委的领导与支持下，结合青年大调研相关工作，借助学生会组织深化改革的契机，校团委联络校内多个和学生日常校园生活密切相关的职能部门，于2020年正式建立联系服务青年协调工作机制，并于年底召开联席工作会议，出实招、抓落实、讲实效，强化工作反馈落实和解决成效，真正将服务青年工作落到实处，为更好地引领青年、服务青年提供良好机制保障。2021年度，依托校院两级学生会组织，通过线上线下多个渠道，围绕人才培养、学科发展、科研教学、国际交流和校园服务管理等方面，调研收集并回复意见1300余条，提炼总结出40余份正式提案。校学生会、研究生会不断扎实推进"校-院-班三级联动"机制，常态化推进校院联席会机制，全面收集学生意见，深入调研学生需求，认真研究解决对策，积极引导广大同学从小处留心留意，在大处布局谋篇，为更好地引领

服务青年提供良好机制保障。

（二）落实常态联动工作，问需青年——善用联络沟通"磨刀石"

为深入开展党史学习教育，将"我为群众办实事"落到实处，不断深化我校学生会、研究生会改革，促进和谐校园建设，校团委联动有关职能部门，依托联系服务青年协调工作组常态化工作机制，每月召开一次会议，持续沟通配合，回应学生意见提案，解决青年学生现阶段面临的困难、需求。学生会组织工作人员还依托协调工作机制，通过与校职能部门的一对一联系，通过云上青春平台、学生代表需求意见反馈邮箱、定期发放的需求调研问卷等媒介全面收集学生意见，深入调研学生需求，认真研究解决对策，由学生会、研究生会通过公众平台反馈公示服务问题清单。一年以来，南开大学学生会、研究生会总计制作包含校园生活指南、校园问答汇总、信息渠道汇总等回应诉求类推送50余篇，篇均浏览量1000余次，针对广大同学各方面的困惑提供解答和帮助，相关内容得到多个院系团委及学生媒体转发。学生会联系服务青年工作得到中华全国学联的专题报道，累计阅读浏览量万余次，并得到校内外一致好评。

图 3-1　2021 年服务青年若干实事研讨会

此外，工作组专题研究形成了"2021年服务青年若干实事计划清单"，并面向全校青年师生发布。该清单共包含了 26 件服务青年师生的实事举措，涉及学习科研、就业求职、校园安全、交通饮食、国际交流、后勤保障与服务等青年师生学习、工作和生活的多个方面。在学校联系服务青年协调工作组机制持续推动和定期反馈下，26 件服务青年师生实事已全部完成。

（三）丰富校园文化载体，深入青年——打造活动品牌"试金石"

协调工作组内各职能部门及学生会组织注重服务工作的双向性，体现以人为本理念的同时强化服务管理育人理念，依托校园文化活动载体，开展"服务青年开放日"等活动，拉近职能部门与青年学生的距离。

"求真务实，公能日新"。依托我校"梨园春荟"品牌文化活动，南开师生在校园赏花吟诗、体验中华优秀传统文化魅力的同时，协调工作组还举办了"我为师生办实事"职能部门开放日活动，教务处、保卫处、体育部、团委创新创业指导中心等职能部门，在活动现场集中开展业务咨询、意见征询、特色工作展示等，同时发布南开大学 2021 年服务青年若干实事计划清单，将"我为群众办实事"实践活动引向深入。

"百年圆梦，奋斗最美"。依托我校"致敬南开劳动者"文艺演出活动，校学生会、研究生会成员走进课堂、办公室、宿舍、食堂和校园的诸多角落，用相机记录下了南开劳动者的工作场景，并在活动现场设置照片墙，引来众多师生驻足观看。照片里有教师们集体备课、专业授课的情景，有科研工作者不舍昼夜、科研攻关的画面，有一线教工坚守岗位、为广大师生提供便利服务的瞬间，也有后勤员工们不辞辛苦、保障广大师生学习工作生活的定格……活动现场还设置了"服务青年若干实事计划清单"展览，体育部等单位也将"我为青年办实事"特色服务工作展示带到了现场。

此外，校学生会组织还在劳动节、教师节等时间节点，向学校联系服务青年协调组成员单位发出感谢信，积极推动强化感恩教育，增进学生对学校服务工作的了解与支持，推动三全育人工作走深走实。

图 3-2 2021 年服务青年若干实事计划清单

（四）依托学代研代制度，问计青年——筑牢学生服务"压舱石"

在学校党委的统一部署和团委的具体指导下，南开大学学生会组织协调推进督导基层学生会、研究生会改革，扎实推进"校-院-班三级联动"机制运行，常态化推进校院联席会机制运行，引导各级学生会组织聚焦主责主业，持续密切校院调研联络及提案工作联系，通过校院两级学生会提案大赛开展广泛调研，相关提案也在第一时间反馈至校联系服务青年协调工作组，进一步提高学生"主人翁"意识，鼓励学生为学校发展建设建言献策，汇聚"服务同学、奉献南开"合力，联动院系整合汇总需求、意见反馈途径，在实际工作中探索形成"个性化需求院会受理、普遍性问题校会解决"的工作局面，将服务同学工作做得更细、更实、更广。

作为学生参与学校治理的重要途径，每年例行召开的南开大学学生代表大会、研究生代表大会将联系服务青年优秀单位、联系服务青年优秀学生表彰纳入议程，评选工作由协调工作组统一组织，各校级职能部门申报，并由校学生会组织依据申请情况进行评议，优秀工作素材也集结成册并于两代会现场向全校师生发布。

四、改革成效

自南开大学联系服务青年协调工作组建立以来，南开大学学生会组织找准组织定位，努力做好党联系青年学子的桥梁纽带，依托工作组的各项工作机制，深化改革卓有成效。

2021年全年，南开大学学生会、研究生会及学生代表参与月度召开的南开大学联系服务青年协调工作组联席会，汇报学生会、研究生会联系服务青年专项工作情况，提交5万余字的提案册及同学日常生活常见需求反馈问题清单，得到各职能部门充分肯定及正面回复，开辟学生会、研究生会巩固发挥桥梁纽带作用的新局面。

2021年全年，校院两级学生会、研究生会组织围绕人才培养、学科发展、科研教学、国际交流和校园服务管理等方面，调研收集并回复意见1300余条，提炼总结出40余份正式提案。院校两级学生会组织联合举办了院级"提案大赛"，并于2021年10月举办校级提案大赛，取得较好反响。相关提案在第一时间反馈至联系服务青年协调工作组，涉及到的问题也在逐步协调、落实、解决，为学校发展和青年成才保驾护航。

2021年全年，南开大学学生会、研究生会共计发布2021年服务青年若干实事计划清单26件，以实事服务青年。以月度为单位，南开大学学生会、研究生会通过公众号平台定期反馈公示服务问题清单，形成常态化联系服务清单反馈机制，得到中华全国学联、《中国青年报》、《中国教育报》的专题报道，累计阅读浏览量万余次，服务得到广泛好评。

服务同学之道路无止境，奉献南开之事业无穷期。作为"同学自己的组织"，南开大学学生会组织将持续优化完善联系服务青年工作的机制体制，始终以讲"学生话语"、传"南开声音"为己任，努力成为学校和广大同学之间的桥梁纽带，用心用情用力服务同学成长成才。

撰稿人：杨奇、付昱

聚焦五育融合，助力青年成长成才

——南开大学共青团扎实推进五育融合育人工作

一、背景要求

深入学习贯彻习近平总书记视察南开大学重要讲话精神，全面贯彻落实全国教育大会精神和全国高校思想政治工作会议精神，持续推动《关于加强和改进新形势下高校思想政治工作的意见》和《高校思想政治工作质量提升工程实施纲要》落实落细，进一步把习近平总书记称赞的南开"公能"校训和爱国主义光荣传统发扬光大，进一步把新时代南开特色"公能"素质教育做实做强，贯彻落实《中共南开大学委员会关于全面提升思想政治工作质量构建"三全育人"体系的实施方案》，通过全面统筹办学治校各领域、教育教学各环节、人才培养各方面的育人资源和与育人力量，全面激发课程、科研、实践、文化、网络、心理、管理、服务、资助、组织等"十大育人"平台活力，形成德智体美劳五育融通教育体系，培养公能兼济、德才兼备、爱国奋斗、自觉把小我融入大我、勇于担当民族复兴大任的时代新人。

二、工作目标

紧扣贯彻习近平总书记视察南开大学重要讲话精神，结合落实中央号文件和《高校思想政治工作质量提升工程实施纲要》，聚焦"一个根本"，即牢牢把握立德树人根本任务，扎根中国大地办大学，培育德智体美劳全面发展的社会主义建设者和接班人。夯实"两大基点"，以立足新时代新百年和弘扬南开爱国主义传统为"两大基点"，将"允公允能 日新月异"南开育人模式的核心精神与新时代新理念新思政观有机融合，传承"爱国敬业创新乐群"的优良传统，铸牢南开爱国主义之魂，在新时代弘扬和坚持"知中国服务中国""爱中华复兴中华"。实现"五育融通"，全面强化理念更新、措施创新、实践求新，进一步实现德智体美劳五育有机融合、并举并进，促进每个学生的全面发展与成长成才，更好地适应和满足学生成长诉求、时代发展要求、社会进步需求。

打造文化精品，共建"五育融合"新生态。建立全面的育人体系，充分挖掘学校育人资源，推出更专业、更深刻、更新颖的精品五育融合项目，构建品牌校园文化活动体系，力争提升学生综合素质，促进学生全面发展、健康成长。

整合优势资源，落实"三全育人"改革。努力整合当下育人项目、载体、资源，构建长远育人格局、体系、标准，为办好中国特色社会主义大学、培养德智体美劳全面发展的社会主义建设者和接班人贡献力量。

三、思路举措

以"五育融合"为目标，以"三全育人"为路径推动人才全方面培养。遵循"由点到线，由线到面，由面到体"的原则，以校园文化建设为抓手、举办校园文化活动为举措推动五育并举，在五育并举的基础上深入聚焦五育融合，创新融合路径，进一步推进"三全育人"改革，为青年打造立体的第二课堂，构建全面育人新格局，用心用力用情助力青年成长成才。

（一）推动五育并举，用心打造品牌校园文化活动

改革组织架构，明确各部门职能，提高组织力，打造品牌校园文化活

动，以五育为契机营造百花齐放的校园文化活动，用心推动五育工作与校园文化活动的结合。

德育引领，加强党史学习教育。深入挖掘我校红色资源，推动《杨石先》《郭永怀》《张伯苓》等以南开先贤、英烈人物爱国奋斗故事为主题的原创爱国颂党话剧在校内外展演，弘扬爱国奋斗精神。

智育筑底，打造第二课堂。面向青年举办相关学科学术讲座，培养跨学科复合人才；开展"校长杯"辩论赛，引领学生关注时事、深入思考国家社会问题，理论与实践相结合，灵活运用第一课堂所学知识。

体育支撑，强健青年体魄。举办"新生杯""校长杯"系列体育比赛，增进学生体质健康，弘扬协作精神和集体主义；广泛开展群众性体育运动荧光夜跑，与专业性"校长杯"系列赛事形成互补，构建全面以体育人格局。

美育协同，提升青年审美水平。继续举办历史悠久的"五月的鲜花"合唱比赛和校园十大歌手比赛，进一步发挥歌唱美育作用；计划推出博雅南开美育计划，奏响校园文化主旋律。

劳育综合，弘扬劳动实践精神。积极响应上级相关文件要求，利用五一劳动节契机，开展致敬南开劳动者系列主题活动；开展"金叶节"校园落叶清扫活动，努力探索劳动实践育人的新模式。

（二）聚焦五育融合，用力挖掘融合育人新路径

在五育并举、校园文化活动百花齐放的基础上，整合资源，进一步聚焦五育融合，以一育带动多育，挖掘融合育人新路径，培养德智体美劳全面发展的新时代青年。

"宣讲、话剧、实践"一线三维深化融合育人。以深挖南开校史中的红色文化资源为主线，成立学生宣讲团，深入基层、街道、企业、村庄，通过宣讲讲好百年南开爱国故事；依托爱国颂党话剧推广计划推出一系列优秀红色话剧，通过话剧演好南开先贤英烈人物；成立暑期实践团队，推动"师生四同"相关工作的同时，通过志愿服务的实践输出播撒爱国主义的种子；深入推进德育与话剧演讲美育、劳动实践教育等各项育人工作的融合。

丰富融合育人载体，发扬新媒体平台作用。利用网络新媒体矩阵，关注"校长杯"系列体育赛事历史进程中重大事件，传承南开体育精神。挖

掘"五月的鲜花"合唱比赛、校园十大歌手参赛歌曲背后的红色故事，以视频、图片、文字等多种形式进行线上线下展播，提高覆盖率和接受度，以美育为契机推动思政教育与互联网的有机结合，助力构建"大思政"格局。

推动融合育人常态化，关注育人工作群众性。夯实开展普及度高的群众性荧光夜跑活动，形成我校特色体育项目的同时推动全民健身，每周二、周四定期举办常规荧光夜跑，周六举办融合国庆、校庆等重大纪念日的主题荧光夜跑活动，以体为"炬"引领青春风尚，加强夜跑的常态化开展。未来还将进一步推动爱国颂党话剧常态化展演工作，挖掘更多优质话剧，使融合育人工作提质增效。

（三）贯彻"三全育人"，用情构建全面育人新格局

通过挖掘各类育人资源，举办品牌校园文化活动，用情贯彻"三全育人"改革，保障"德智体美劳"五育融合的实现，充分发挥"全员"力量，认真研究"全程"育人渠道，积极探索"全方位"的育人方法，构建全面育人新格局。

凝心聚力，推进全员育人。举办"梨园春荟"，融合学生社团、学生会、学校相关职能部门，现场组织社团进行社团风采展示，充分挖掘学生社团在党史学习教育和校园文化建设中的作用；组织有关职能部门集中开展业务咨询、意见征询、特色工作展示，搭建青年与学校沟通的桥梁，促进和谐校园建设。

着眼各阶段，打通全过程育人。各类活动贯穿全年，接续开展，全校本硕博学生均可参与，从学生入学到毕业，涵盖学生发展的各阶段。"新生杯"系列体育赛事聚焦本科新生，"校长杯"系列赛事、"五月的鲜花"合唱比赛、校园十大歌手比赛等活动均涵盖各年级段，有利于加强各级青年的沟通和交流，促进共同进步。

充分拓展渠道，打造全方位育人。努力搭建好教育平台，挖掘教育资源，利用"五月的鲜花"合唱比赛开展青年音乐教育主题团课，努力把思想政治教育、专业教育与学生成长成才相融合。随着信息技术的发展，全方位育人的实现载体已经由线下转为线上，努力推动思政教育与互联网的有机结合，重点利用校园新媒体矩阵进行网络思政教育，促进线上线下教

育衔接，提高网络思政教育实效。

四、改革成效

自推动改革以来，在传承已有活动项目的基础上，学校再度创新打造了多项精品校园文化活动："五月的鲜花"合唱比赛、校园十大歌手比赛、"梨园春荟"等品牌美育活动；《杨石先》《张伯苓》《永怀》等青年爱国颂党主题话剧展演20余场；排球、篮球、足球等10个大项"校长杯"体育比赛，每届覆盖5千余人次；"荧光夜跑"师生强身计划，每学期累计参与人数25000余人。各类活动受到南开大学新闻网、南开大学公众号等媒体的报道，线上推送阅读量不断创新高，参与活动人数不断扩大，在全校师生中反响热烈，广受好评。

各类品牌文化活动对我校营造健康向上、活跃繁荣的校园文化氛围发挥了至关重要的作用，极大地丰富学校师生校园文化生活，并在此基础上进一步推进了青年育人工作，助力"三全育人"改革，打造"五育融合"新生态，用心用情用力助力了青年成长成才，为办好中国特色社会主义大学、培养德智体美劳全面发展的社会主义建设者和接班人贡献了力量。

撰稿人：杨奇、邹风博、邹傲凡

图 3-3 "五月的鲜花"合唱比赛

图 3-4 "校长杯"篮球赛

坚持立德树人，培育时代新人

——"师生四同"育人模式创建

一、背景介绍

南开大学秉承"知中国、服务中国"的办学理念，坚持以习近平新时代中国特色社会主义思想为指导，围绕立德树人根本任务，在实践育人中将人才培养、学科建设与服务国家战略紧密融合，力促一二课堂相融合、教师思政与学生思政相贯通，通过"学"四史、马列理论、形势政策课，"研"国家战略、社会所需、实际问题，"讲"政治理论、专业知识、解决方案，"行"祖国大地、感受变化、亲触实情，逐步发展出一套行之有效、具有南开特色的师生"同学、同研、同讲、同行"的实践育人模式格局。

主要解决的问题是以"四同"强化学生思政和教师思政实效。即以"四同"为载体，以爱国主义教育为核心，教育引导师生将爱国情转化为报国志、落实于爱国行之中，在同行中了解祖国发展建设实际，聚焦国家重大发展战略，通过课题立项研究解决实际问题，将知识所学转化为对国家、社会发展的实际贡献，师生思政的实际贡献度和效果得到显著提升。此外，在参与"四同"过程中，教师自身思政素质得到提升的同时，也能丰富思政育人经验，提升思政育人能力。

二、工作目标

（一）完善顶层设计，突出党建引领

进一步加强分党委的统筹协调作用，继续从教师党支部、学生党支部共建"师生四同"党支部着手，以党建引领"师生四同"实践育人项目推进。通过开展具有学科特色的"师生四同"实践项目来深化育人成效，及时总结推广好做法、好经验。

（二）加强部门协同，形成育人合力

校团委持续组织开展"师生同行"实践项目，支持开展社会实践、志愿服务、创新创业和科普等活动，创作原创爱国主义话剧，为青年师生发展赋能。教务处牵头制定"知行合一"服务学习课程建设方案，推动新时代师生共同体构建。教师工作部牵头成立师德专题教育领导小组，制定师德专题教育实施方案。各学院开展理论学习，将师德专题教育与党史学习教育相结合，推动"师生四同"教师思政持续深入。

（三）创新组建"四同"工作室，助推师生同频共振

"师生四同"工作室是高质量"师生四同"实践育人项目选拔培育的主要平台，为实践育人工作的落实落地提供了坚强保障。鼓励各学院组建"师生四同"工作室，提供各类资源支持与各项措施激励，发挥学科优势，统筹各类专项工作，在师生"同行"前深入挖掘"同学、同研、同讲"课题，将师生共同体延伸至第二课堂，并将成果反哺第一课堂，打造实践"金课"，实现教师思政和学生思政的同频共振。

（四）加强工作保障，完善激励引导机制和规范化建设

完善扶持政策，加大经费投入，推动各专业学院全面设立专项资金用于支持"四同"项目，吸纳更多师生参与。确保项目规范化专业化运行，大力选树宣传先进典型，特别是"四同"项目中涌现出的教师先进典型，提升教师参与项目的荣誉感、获得感。

三、思路举措

（一）发挥党建领航作用，部门合力助推"师生四同"

学校党委从南开发展建设的全局高度出发，加强顶层设计，制定"师生四同"相关制度安排，召开党建与思政工作推动会和专题调研座谈会，对"师生四同"实践育人融入学校党建与思政工作作出全局性部署。充分发挥分党委统筹协调作用，层层压实主体责任，整合学院资源，以强有力的党组织建设指导开展"师生四同"实践项目。校团委、教务处、教师工作部各部门与各学院发挥协同作用，合力助推"师生四同"。

（二）"四同"翻转思政课堂，推动思政课程深入改革

南开大学以打造高效课堂为目标，以思政课程建设为龙头，探索"同学"内容建设与"同研"机制建构，系统谋划思政类课程群建设，为"四同模式"下"同学"学什么、"同研"怎么研把关定向。同时以"师生同行"为载体，形成了"课程+社团+实践"融合模式，将师生共同学习、共同研究、共同讲学统一于日常实践性教学和社会实践之中。

其中，马克思主义学院多名思政课教师多年来与学生共赴苏区开展"师生同行"社会实践，将红色资源与思政教育高度融合，积极探索社会实践

与思政课堂的融合机制，实现社会实践与思政课教学的良性互动，为进一步深化思想政治理论课改革创新提供了实践经验。

（三）"四同"深挖课程思政，推动一二课堂融合发展

南开大学坚持学校、学院、基层教学组织，专业教师"四维并进"，扎实推进课程思政建设，扩大"同学"和"同研"覆盖面，助推"大思政"育人格局形成。一方面，力求课课有思政，对接服务国家重大战略和民生需求设置师生"同研"课题，将思政元素有效融入课程实践环节。另一方面，强化人人能思政，在"师生同行"社会实践项目中前置教师课题发布与"师生同研"选题组队，多角度将师生"同学、同研"落到实处，并为"同讲、同行"奠定坚实基础。

其中，生命科学学院阮维斌教授通过开设"植物学试验"等基础课程，充分发挥课堂教学作用，带领学生走进植物的世界，并与学生同行开展实地调研，为农民防治害虫开辟了绿色健康的新途径，建成了全国最大的昆虫病原线虫资源库，在国际上首次实现了虫尸剂规模化生产。外国语学院通过"外文戏剧"课程在10个专业的设立与推进，探究外文戏剧教学与实践双轨结合的有效课程模式，探索一二课堂贯通的外语人才培养新模式。文学院庄浪实践队连续3年在暑期"师生同行"社会实践中赴甘肃省平凉市庄浪县开展实践活动，将"数码编辑""宣传性照片的拍摄与呈现""服务学习：数字媒体和社会"等一系列实验课程的学习任务融入在社会大课堂完成，利用新媒体手段探索服务社会的新途径，逐步形成了围绕社会样本的专业课程思政教学模式。

（四）"四同"提升教师思政，塑造高校新型师生关系

南开大学注重通过"师生四同"实践强化教师思政实效，旨在通过"同学、同研、同讲、同行"全过程实践环节，构建课堂内外、校园内外的师生共同体，塑造高校新型师生关系。在实践中实现师生教学相长，使教师自身思政素质得到提升的同时，也能丰富思政育人经验，提升思政育人能力，真正实现依托"师生四同"实践，教师思政与学生思政的贯通衔接，

促进"三全育人"各环节有机互动。

电子信息与光学工程学院刘波教授及其团队连续多年指导学生开展科创活动，始终将"师生四同"作为"师生共育"的关键"心法"与核心"招式"，面向海洋珊瑚礁盘保护、南海生态平衡等的重大需求，在对接国家重大发展战略的实践中体会当代青年的责任与担当，也在与学生朝夕相处的过程中了解学生的成长短板和思想疑惑，真正做到教学相长，师生团队提交的海试调研报告被三沙市海洋与渔业局采纳。金融学院保险精算教师联合党支部书记陈璐教授和施岚老师带领学生队伍前往天津市长期护理保险市综合服务中心和河东分中心开展调研，在指导学生取得进步的同时，教师身份认同感显著增强，与行业接触更加密切，进一步了解国家重大战略和社会发展所需，为金融服务实体经济、调整专业研究方向和教学带来新的思路。

（五）"四同"坚持成果导向，服务国家战略社会大局

"师生四同"实践育人工作在开展过程中坚持围绕中心、服务大局，把"四同"项目建设同高校"四个服务"办学方向相结合，瞄准国家战略所需、社会民生所需、科技攻关"卡脖子"问题等确立"师生四同"项目选题，使项目成果直接服务于国家社会，提升"四同"项目的大局贡献度，进一步凸显"师生四同"实践育人工作实效。

由5个学院多学科的12人师生团队组成的"起"智时代团队攻克了多项技术难关，积极对接相关企业进行项目推广，得到企业一致认可，并达成了不同程度的产学研合作意向，推动首批起重机自动化改造项目在天津港落地实施，团队荣获第五届中国"互联网+"大学生创新创业大赛金奖。国际教育学院多次组织留学生参与"体验唐三彩制作"等中国优秀传统文化活动，走访新民学社、前海开发中心等地，组织留学生赴甘肃庄浪郑河小学开展微支教活动，引导留学生认识真实、立体、全面的中国，提升国际青年讲好中国故事的主动性和积极性。环境科学与工程学院着眼城乡垃圾处理，研发出混合生活垃圾磁脉冲矿化低温反应装置，其项目"城乡垃圾高效低费就地处置技术及模式创新——为美丽乡村建设赋力"获得第七届中国"互联网+"大学生创新创业大赛"青年红色筑梦之旅"赛道银奖。

"寰宇星通"师生团队面向国家卫星互联网建设，研发出多款宇航级光纤激光放大器并成功应用于某国家级航天工程，为推动我国航天事业发展进步贡献了南开力量。

四、改革成效

南开大学立足"大思政"格局依托"师生四同"实践育人模式，将教学、科研、实践等育人环节统一于高校立德树人的根本任务之中，根据时代特点和教师、学生思想实际与发展需求，改进思想政治工作的方式方法，形成教师思政与学生思政、第一课堂与第二课堂密切协同的育人合力，以爱国主义教育为核心、以"四同"为合力构建了一堂"大思政课"。近年来，学校累计支持近4万余人次学生、1千余人次教师组成8800余支"师生四同"团队分赴全国31个省市自治区开展实践活动，"师生四同"实践育人模式已成为南开大学实施爱国主义教育的生动载体、推动落实"三全育人"的有力抓手，为师生提供了共同受教育、做贡献、长才干的平台，师生思政工作取得实效。

撰稿人：张思一、李文茹

致敬南开先贤，赓续家国情怀

——原创话剧《杨石先》搭建南开育人新平台

一、背景要求

南开校园话剧活动久负盛名，是中国现代话剧艺术的重要源头之一，走出了张彭春、曹禺等一大批杰出的话剧艺术家，在中国话剧史上更有着举足轻重的地位。百年更迭，南开人的话剧活动绵延至今，并随时代不断发展。原创话剧《杨石先》项目启动于2014年，并于2015年进行了首演，2016年推出新版话剧《杨石先》并进行了全市公演，至今已先后在天津、重庆、江苏、澳门和河南等省市巡演20余场，直接观众达万余人次。

话剧《杨石先》描写了新中国化学学科的奠基人、我国农药化学和元素有机化学的开拓者、南开大学前校长杨石先先生跌宕起伏又感人至深的光辉一生。他为了改变旧中国贫穷落后的面貌，先后3次出国求学，又3次毅然回国投身科教事业，在抗战期间坚持育人，为国家储备科技人才；新中国成立后，针对国家需求，建立南开大学元素有机化学研究所，带领南开化学家焚膏继晷、废寝忘食地开展田野调查，克服种种困难、几经波折，集中全力研制了新型农药。话剧《杨石先》刻画了一组"秉公尽能"为祖国科研和教育事业奉献终身的中国科学家群像。

二、主要目标

（一）发扬南开传统，传承爱国基因

百年前，南开师生用排演话剧这一新颖活泼的形式启迪民智、作育英才，引领近代中国教育风气之先；百年来，南开人延续校园话剧艺术熏陶育人的特色，鼓励支持学生自编自演主题话剧剧目，用青年学生的艺术演绎诠释南开人的爱国心、报国情。在2018年全国教育大会上，南开老校长张伯苓当年发出的"爱国三问"再一次成为人们热议的焦点，为什么延续了100多年的南开精神会在21世纪的今天依然受到高度关注和重视？因为它恰恰是社会主义核心价值观的南开表达，深刻体现了南开校训穿越时空的历史深度和思想高度。而杨石先的一生，就是南开爱国基因的完美体现：在国家战乱四起、民不聊生的时候，他没有偷生苟安，而是想着如何能让更多的有为青年报效国家；在自然灾害频发、内外形势严峻的时候，他没有明哲保身，而是要求入党、勇挑重担；在改革形势大好、科教春天来临的时候，他没有倚老卖老，而是主动请辞，铺路青年……这样的人格和风骨，正是大公大能的志向和情怀。话剧《杨石先》的观众席上，总有不少同学为老校长的事迹而感动落泪，决心成为像杨石先先生一样为国家事业奋斗奉献的人。把深沉的爱国主义情怀厚植在每一个学子心田，正是这部科学大师主题剧目的理想目标。

（二）挖掘校史内涵，践行"公能"精神

话剧《杨石先》是全景式反映杨石先一生的第一部剧目，而杨石先作为南开大学历史上任职时间最长、时代跨度最大的校长，他的一生，又与南开学校的发展、与南开精神的传承，风雨同舟，患难与共。甚至可以说，南开这个符号，就是杨石先一生永恒的背景色。他在南开大学工作60多年，担任学校主要领导有30余年，他见证了私立南开的声名鹊起，也目睹

了南开校园被日寇摧毁,他把南开大学整建制带进新中国,也在非常时期顶住压力、科研不辍……是什么支撑着杨石先一路走来?原因或许有很多,但有一样一定不能缺席,那就是南开精神——"允公允能 日新月异"。一部《杨石先》话剧,缅怀了杨石先,歌颂了南开学校,发扬了南开精神,更彰显了以人民利益为最高利益、以报效国家为最高荣誉、在创造一流科技业绩中书写人生辉煌的科学大师情怀,这是我们这个时代的精神写照,传承好这种精神,也是这部话剧的初心和目标。

(三)树立高校品牌,探索育人亮点

大型原创话剧《杨石先》入选由中国科协、教育部等五部门发起的"共和国的脊梁"——科学大师名校宣传工程,现已成为南开校园文化活动中的靓丽名片。在这部剧的推动下,陆续出版了《杨石先文选》《杨石先图传》,再版了《杨石先纪念文集》,召开了"杨石先教育思想研讨会"和"纪念杨石先先生诞辰120周年座谈会",举行"高举团旗跟党走 青春共筑中国梦"纪念杨石先先生诞辰120周年特别团日活动。南开大学还将杨石先生前工作的元素有机化学国家重点实验室所在地合成楼命名为"石先楼"。以该剧为依托,该剧编剧、我校教师郭威在南开大学首开"话剧表演与剧本写作入门"通识选修课,让南开青年在校内就能接受到较为系统的表演与写作训练,延伸话剧育人手臂,探索美育工作亮点。持续发挥以话剧为代表的美育在育人方面的作用,让青年学生在艺术中体悟真理,在实践中熏陶人格,提升学生的综合素质,美育反哺德育,实现"德智体美劳"五育融合。

三、思路举措

(一)厚植爱国情怀——不忘科学大师,不忘报国初心

"谁是杨石先?"这在话剧《杨石先》问世之初,是剧组成员常常被问

到的话题。一个被毛主席邀请在 1949 年 10 月 1 日登上天安门城楼共同见证开国大典的科学家，一个被周总理接到西花厅当面交代重要任务的科学家，一个 3 次出国却又 3 次毅然回国、把国家的需要当作自己的专业的科学家，一个俯下身子深入田间、解决了几亿人吃饭问题的科学家，一个自己身为中科院院士、又为新中国培养出了 10 余位两院院士的科学家……话剧《杨石先》让新一代的中国青年自觉把自己的志向和情怀同他们的"老校友""老学长"比肩看齐，也让老一辈的科学家们真切感受到，他们对国家和人民的热爱和贡献，将被一代代青年铭记和传承。

（二）深埋时代命题——骨肉情难断，两岸盼统一

剧组努力开掘杨石先人生经历中的戏剧性，使话剧《杨石先》紧贴时代脉搏，具有层次丰富、内涵深刻的思想境界。杨石先还有一位亲弟弟名叫杨继曾，然而，也许是命运的捉弄，也许是上天的安排，两人最终走上了不同的政治道路，并从此分隔两岸。这样"传奇"的经历，被剧组敏锐捕捉到，并用艺术的语言和时空的对话展现出来，让这个原本政治意味很浓的话题变得充满了人情味——再"骨肉"的亲情也不能动摇杨石先的政治立场，但再坚定的立场也无法割断兄弟间的骨肉亲情。话剧《杨石先》在剧中埋设的这个伏笔，让"杨石先"这个人物变得可亲，变得可敬！2019 年，适逢新中国成立 70 周年和澳门回归祖国 20 周年，话剧《杨石先》首次前往澳门进行公演。《澳门日报》在活动报道中指出，话剧《杨石先》发扬了南开人的爱国主义精神，增进了内地与澳门地区文化交流，促进两地两校青年相互了解，帮助建立起统一民族认同和国家观念。

（三）接续砥砺奋斗——用青年人的口味讲故事、讲道理、讲情怀

原创话剧《杨石先》由南开大学师生共同创作。为了创作好这部剧，剧组成员到档案馆查阅了几乎所有相关资料，认真研究了杨石先的一生。话剧《杨石先》演职人员全部从在校师生中选拔，没有一位表演科班的演员，真正做到了"校友演校友、学弟（妹）演学长"，目的就是要凸显出这

部话剧的育人目的，7 年来累计有 400 多名学生参与话剧排演。剧组中的排演工作不仅让他们锻炼了能力，开拓了视野，也让他们对爱国奉献的家国情怀有了更深层的理解，更坚定了他们将爱国之心化为报国之行的信心和决心。

四、改革成效

（一）用内涵深刻的优秀作品开辟育人新思路

习近平总书记说，文艺是时代的号角。话剧《杨石先》入选教育部"高校原创文化精品推广行动计划"，荣获 2021 年"读懂中国"活动最佳舞台剧、第十一届视友杯中国高校电视奖综艺类一等奖和"最美科学大师——最受网友喜爱舞台剧"称号，进一步夯实了本剧作为南开校园文化活动标杆项目的地位。自公演以来，受到了新华网、中国广播网、《光明日报》、《中国科学报》等媒体的广泛报道，在南开园内外掀起了一波波研究、学习杨石先精神的高潮。话剧《杨石先》以感人的情节、质朴的演绎，向全社会，特别是当代青年，传递出向科学大师学习的正能量，这对于在青年大学生中坚定"四个自信"，培育和践行社会主义核心价值观，具有十分重要的展示价值和现实意义，真正实现了育人于情、育人于剧，有力提升了校园的整体风貌和文化格调。

（二）师生同演一出戏，育人润物细无声

话剧《杨石先》的一大育人特色，就是"师生同演"。在剧组中有 10 余位老师，他们来自不同的工作岗位，但在剧组里，他们和其他学生一样，都是普通的演职人员。在剧组排演过程中，平日里老师和学生之间身份界限逐渐淡化，取而代之的是剧组上下几十人为了打造一个共同的文化精品而齐心协力。正是在"师生同演"模式的带动下，剧组始终保有旺盛的创

作力和生命力。老师与同学生们朝夕相处，同吃、同住、同演、同行，构建和谐融洽、教学相长的师生共同体，以自己的言行对学生演职人员产生了潜移默化的影响，在时间和空间上极大延伸了育人工作的手臂。

（三）用"数年磨一剑"的精神打造文化精品

该剧所有演员都是南开大学在校师生，虽然出身非专业，但剧组上下用极高的热情和敬业的精神，用心演绎。一部话剧的排演不是一日之功，需要面临多次失败和反复，需要演职人员不断打磨雕琢，话剧《杨石先》的演职人员们所要面对的困难和挑战更多。本着尊重先贤和直面历史的态度，南开师生啃大部头，挖深内涵，突出爱国主义这条主线；秉持着精益求精、坚持不懈的"工匠精神"，脚踏实地，戒骄戒躁，不为浮名，苦心孤诣，历经7年时间，终于让话剧《杨石先》成为南开大学"叫得响、传得开、留得下"的文化精品，让文化育人更富营养、更接地气、更有温情、更具活力，源源不断传递给学生人生启迪、智慧光芒、精神力量。

撰稿人：郭威

图3-5 《杨石先》话剧剧照

青年教师进支部，立德树人担使命

一、背景要求

2019年4月30日，习近平总书记在纪念五四运动100周年大会上指出："共青团要毫不动摇坚持党的领导，增强'四个意识'、坚定'四个自信'、做到'两个维护'，坚定不移走中国特色社会主义群团发展道路，不断保持和增强政治性、先进性、群众性，坚持把培养社会主义建设者和接班人作为根本任务，把巩固和扩大党执政的青年群众基础作为政治责任，把围绕中心、服务大局作为工作主线，认真履行引领凝聚青年、组织动员青年、联系服务青年的职责，不断创新工作思路，增强对青年的凝聚力、组织力、号召力，团结带领新时代中国青年在实现中华民族伟大复兴中国梦的进程中不断开拓创新、奋发有为。"

党有号召，团有行动。作为党的助手和后备军、党的青年工作的重要力量，高校共青团承担着引领凝聚青年、组织动员青年、联系服务青年的重要职责。新时代，如何加强团的群众性、如何深入青年群体、如何了解青年所需，这是对基层团干部拓展立德树人职能的新要求，也是建强高校思想教育工作阵地的新要求。

二、工作目标

文学院青年教师进团支部工作是学院特色品牌活动，截至2021年已开展三年。学院以"解忧助困"为目标,以"立德树人"为理念,以"深入青年、了解青年、培养青年、加强青年堡垒作用"为思路,打造年轻、卓越、亲和的基层团干部队伍,积极探索青年工作新路径。

打破以往"坐等"青年与团干部沟通的方式,不同背景、不同岗位的青年教师主动"走向"青年,真正打通与青年的"最后一公里",把工作延伸到广大青年的身边,与青年朋友们面对面沟通,了解青年所需,帮助青年解决日常生活中最关心、最忧虑的实际问题,发挥青年教师榜样引领作用,积极发挥优秀教师传帮带作用,切实做到青年在哪里,团组织就在哪里;青年有什么需求,团组织就开展有针对性的工作,努力使团组织成为联系和服务青年的坚强堡垒。

三、思路举措

"主动走近青年、倾听青年,做青年朋友的知心人。""真情关心青年、关爱青年,做青年工作的热心人。""悉心教育青年、引导青年,做青年群众的引路人。"……在纪念五四运动100周年大会上,习近平总书记站在党和国家事业发展全局的高度,为新时代青年工作提出了根本遵循、指明了方法路径。

基于此,学院聘任29岁以下青年教师走进团支部,担任"团建辅导员",将青年工作落细落小落实。教师覆盖不同岗位、不同学科背景的专业教师、行政管理干部、专兼职团干部、思政辅导员,为同学们树立学习模范提供了多样的选择。

(一)倾听青年心声,做青年的知心人

党和国家历来高度重视青年、关怀青年、信任青年。文学院青年教师贯彻落实青年工作思路,深入青年群体,鼓励他们抛出一个又一个与切身发展相关的问题,讲述自己初入校园面临的迷茫与困惑。青年教师们与学生面对面,认真聆听青年人的想法与需求,让青年朋友的切实需求被看到,

让青年朋友的心声被听到，努力为青年人排忧解难，努力成为"信得过、靠得住、离不开的知心人、贴心人"。

在深入青年的过程中，针对青年人在校园生活中因过度竞争导致的"内卷"焦虑情绪，"团建辅导员"引导大家列举产生焦虑的事例，并以自身成长经验为例提出缓解焦虑的具体措施建议；针对大类培养背景下青年人专业发展迷茫的问题，青年教师立足学院专业特色，分享各专业发展方向，为同学们耐心解答"论文应该如何写""如何做好时间管理""专业发展前景如何"等相关困惑。

（二）回应青年问题，做青年的热心人

青年是未来，也是现在。习近平总书记强调要"关注和了解青年的需求，尊重和照顾青年的特点，把促进青年发展放在更加优先的地位"。文学院"团建辅导员"在深入青年群体时积极回应青年问题，真正做到以青年人为中心，让青年人当主角，把注意力放在青年朋友们普遍关心的问题上，切实努力为青年人排忧解难，争做青年的热心人。

图 3-6　团干部孙霄薇进支部

大二阶段，随着学生对大学生活的全面接触，初入校门的激情逐渐减退，学习问题、心理问题等问题逐渐显露，思想进入不稳定期。面对"如何写论文""如何进行研究"等学业问题，青年教师就日常的读书学习为同学们介绍经验。应对学业与课余活动应该如何平衡与取舍的困惑和专业发展、就业择业等发展问题，团委书记、辅导员纷纷结合自己的学习成长经历，分享经验，鼓励学生反向思考，做好规划。

（三）发挥自身所长，做青年的引路人

赢得青年才能赢得未来，塑造青年才能塑造未来。学院基层团干部走进青年群体中，立足青年特色，以青年人最关心、最急迫的人生发展需求为切口，以亲身经历为范例，以贴近青年的语言为媒介，"浸润式"引领广大青年思想政治素养和全面发展水平提升，做好青年的引路人，以青年人关心的发展问题为轴，画出为中国梦而奋斗的最大同心圆，为培养"志存高远、德才并重、情理兼修、勇于开拓、堪当实现中华民族伟大复兴中国梦历史重任的有生力量"而不懈努力。

图 3-7　青年教师陈贝贝进支部

在进支部的过程中，青年教师们发觉青年朋友们普遍对于人生规划感到踌躇不前，面对新时代下如雨后春笋般相继出现的发展机会，青年人往往不知该如何做出选择。针对这一特点，青年教师们积极发挥思想引领作用，以个人成长经历为例，引导同学们树立正确的人生发展目标、增强职业岗位的使命意识和责任意识，自觉把人生追求融入党和国家事业，为同学们思考如何走出大学迷茫期提供有益经验与方向指引；同时，专业教师还从专业发展角度入手，深入剖析各专业发展现状及生涯发展机会，与同学们探讨不同发展路径需要分别做好哪些准备，为同学们带来了看待问题的新视角。

四、改革成效

青年教师走进团支部，是探索联系青年、服务青年的有效途径。不同于传统的讲座、座谈、上课等模式，不同岗位上的青年教师走下讲台、走近青年群体、走进青年内心，在面对面的交流中成为青年人的知心人、热心人、引路人。老师不再是"高高在上"的，师生之间也没有了"最远的距离"，他们认真倾听青年朋友们的苦恼，分享讲述着自己学习中曾遇到的困惑、人生发展中曾遇到的挫败、生涯规划中曾获得的宝贵经验，让青年同学们感受到与老师们的距离更近了，学业问题更有方法了，人生发展更清晰了。

自 2019 年以来，青年教师累计进支部 18 人次，直接面向青年群体 600 余人。每次青年教师进支部活动均在同学们中获得热烈的反响，受到南开大学新闻网、南开大学文学院官网及微信公众平台等媒体的报道。

青年教师进支部真正做到青年在哪里，团组织就建在哪里；青年需求在哪里，青年工作就在哪里。青年教师积极发挥自己的榜样力量，凝聚青年力量，使团组织成为联系和服务青年的坚强堡垒。

撰稿人：郝钰、翟洋洋、晏京

凝聚青年力量，用语言构建"抗疫"应急服务桥梁

——以南开大学抗击疫情翻译志愿者突击队为例

一、背景要求

新冠肺炎疫情发生以来，习近平总书记做出一系列重要指示，明确指出，共青团作为党领导的先进青年的群团组织，必须带头坚决贯彻党中央的要求，充分展现党的助手和后备军的担当，充分展现青年生力军和突击队的作为，挺身而出、冲锋在前，为坚决打赢疫情防控阻击战贡献力量。外国语学院团委深入贯彻落实习习近平总书记重要指示精神，坚决把打赢疫情防控阻击战作为对广大青少年进行制度自信教育的重大实践，作为检验共青团初心使命的重大实践，在大局贡献度上体现共青团的组织力、引领力、服务力。在海外疫情加速蔓延的紧急时刻，外国语学院迅速成立南开大学抗击疫情翻译志愿者突击队，奋勇投身疫情防控一线，用语言专长服务国家和社会，让团旗紧跟党旗高高飘扬在"抗疫"一线，让青春在党和人民最需要的地方绽放绚丽之花。

二、工作目标

外国语学院团委牢牢把握"立德树人"的根本任务，在"三全育人"的"大思政"格局中，把握功能定位，履行职责使命，切实发挥基层团组

织的政治作用，坚持发扬"党有号召、团有行动"的优良传统，组织动员学院全体团干部和团员青年积极投身疫情防控工作，以党建带领团建，彰显团员青年的先进性；以外语专长为"抗疫"利器，服务国家重大需求；以抗击疫情为鲜活课堂，激发基层团组织活力，推动爱国主义教育入脑入心、见行见效，在服务国家、服务社会中提升共青团的组织力、引领力、服务力。

三、思路举措

在学院党委的领导下，学院团委始终坚持学习贯彻习近平新时代中国特色社会主义思想，立足学院专业特色，充分发挥广大团员和基层团组织在疫情防控工作中的生力军和突击队作用，厚植爱国主义情怀。

（一）党团共建，做守卫国门的"翻译官"

2020年3月下旬，海外新冠肺炎疫情加速蔓延，作为国际客运航班指定入境点之一的天津滨海国际机场成为"抗疫"新战场。在外防输入的紧要时刻，外国语学院迅速集结在津师生党员和团员，成立南开大学抗击疫情翻译志愿者突击队，投身天津滨海国际机场"抗疫"一线提供语言翻译服务。首批突击队成员3小时快速集结，12小时即刻上岗，24小时随时待命，协助海关对世界各地的国际航班旅客进行入境检查、流行病学调查以及入境集中隔离等沟通协调工作。从年近六旬的院长到入职不足一年的青年教师，从90后专职辅导员到00后青年团员，外国语学院团委坚持做到专职干部不缺位，团学骨干冲在前，发挥了团员青年和基层团组织的主力军和突击队作用。

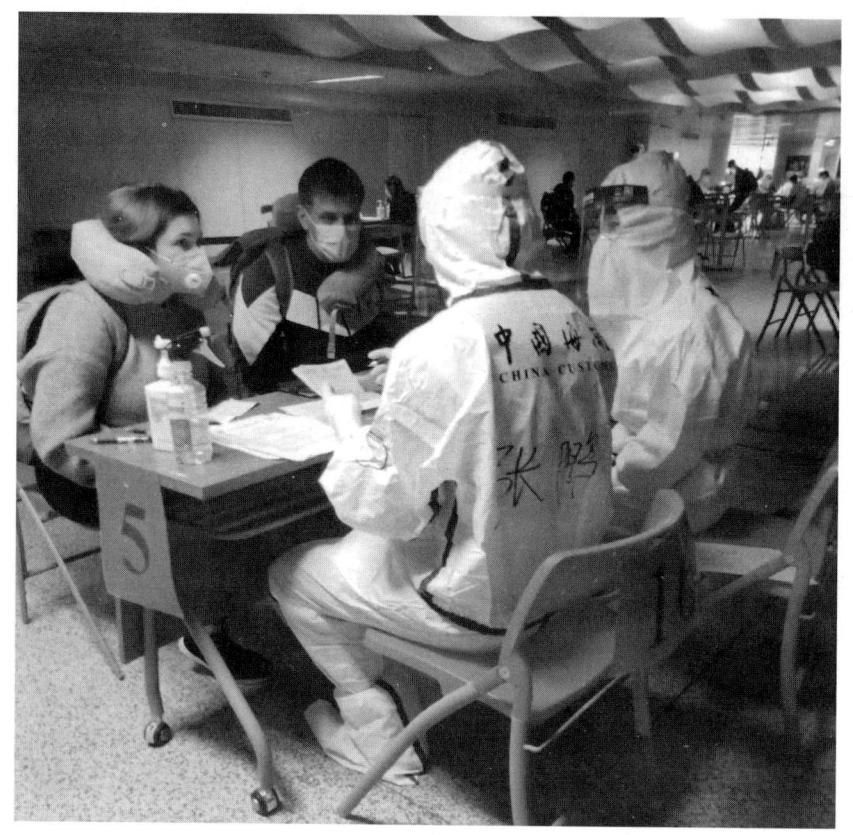

图 3-8　俄语系系主任王丽丹协同海关开展流调

在"抗疫"工作中,党员率先垂范。阎国栋院长不仅领导、协调整个"突击队"的工作,而且主动前往一线进行志愿服务;非通用语系教师党支部书记、俄语系指导教师赵春梅在人手紧缺时主动请缨并带动支部内多名教师党员排班上一线;法语系贺梦莹老师和意大利语系的石豆老师均为入职不久的年轻党员,他们不畏艰险、勇于承担的精神生动诠释了自己对社会责任、使命担当的理解。在师生党员争先投身一线的感召下,"突击队"共集结英语、俄语、意大利语、德语、法语5大语种55名成员,其中教师10名,学生45名;党员13名,团员37名。成立以来,"突击队"先后派出104人次执行任务,工作时长累计达740小时,共完成530余名服务对象的入境问询、分流安置等工作。团员青年在翻译志愿"战疫"一线中用实际行动践行初心和使命,用外语专长服务国家和社会。

图 3-9 外国语学院院长阎国栋、俄语系教师赵春梅前往一线

（二）师生共译，做科研报国的"诠释人"

疫情暴发之际，为及时了解国内外医学前沿动态，早日打赢抗击疫情的攻坚战，学院紧急成立"抗疫翻译小组"，号召广大团员青年执笔"战疫"。学院团员青年在时代的号召下积极响应、广泛参与，建立起包括 27 名译员和 3 名管理人员在内的线上"抗疫翻译小组"开展翻译工作。凭借独有的外语专长，"译"不容辞地肩负起新时代的青年使命。在翻译过程中，师生们查阅了大量文献与数据资料，不仅对病毒的组成与疫情的传播有了更深的了解，同时也对疫情的预防有了更加理性的认知。最终，27 名译者全力以赴，出色完成了 20 万字新冠病毒前沿医学文献翻译任务，助力科研"抗疫"。意大利语系师生与意大利高校、媒体、企业联合开展"中意民航合作"课题研究，献策后疫情时代中意民航业、旅游业发展和文化交流。8 系 16 名中外教师通力合作主译《新冠肺炎防控指南漫画双语系列（十种语言）》，成为海外朋友在疫情初期的防疫工具书，为全球"抗疫"贡献南开力量。该书入选第十届中国数字出版博览会出版战"疫"数字内容精品展。

（三）多语共读，做中国故事的"讲述者"

在翻译突击队员投身防疫一线、守护国门的同时，学院团委积极带动广大团员青年发挥专业所长，开展多语新闻翻译播报、多语种演讲、多语最美诵读等系列活动，传播人类命运共同体理念，为讲好中国抗疫故事贡献团员青年的力量，展现南开人的使命与担当。研究生团员青年以新华国际刊发文章《中国同国际社会携手抗击新冠肺炎疫情述评》为原文，翻译、朗读并发布"听，人类命运共同体的大合唱"英语、日语、俄语三语种视频，讲述中国"战疫"故事，回顾疫情发生以来中国与全球共同"战疫"的点点滴滴。本科生团员青年创作中英双语歌曲《希望仍在》，翻唱外文版《抗击病毒之歌》，制作多语种海报和多语种"抗疫"日记、漫画、视频、歌曲，宣传"人类命运共同体"理念和负责任大国担当形象。

（四）基层共治，做疫苗接种的"宣传员"

随着疫情防控进入常态化阶段，天津市新冠疫苗接种工作稳步推进，在津外籍人士接种国产新冠疫苗的需要也日益增加。但碍于语言沟通障碍，疫苗接种工作难以开展。为协助基层医护人员和社区工作人员开展外籍人士疫苗接种工作，外国语学院团委积极主动对接津南区海棠街道社区服务中心，针对疫情防控的实际需求，依托团学组织体系和专兼职团干部动员体系，通过青年志愿者组织统筹协调学院团员青年，选拔语言能力良好、综合素质优秀的外语志愿者参与疫苗接种工作，针对外籍人士开展疫苗接种科普讲解、政策解读、心理疏导、咨询答复等工作，推动外籍人士接种疫苗工作有序进行，助力构筑群防群治抵御疫情的严密防线。

四、主要成效

南开大学抗击疫情翻译志愿者突击队用语言与翻译架起了一座"有温

度"的沟通桥梁，用专业的语言翻译得到了服务对象的认可，用知识向世界传播了人类命运共同体的理念，用行动展示了团员青年、基层团组织主力军和突击队的作用。学院师生在"抗疫"一线增长专业本领，于艰苦奋斗中砥砺意志品格，在这生动的师生同行、党团共建中，展现了外院广大团员青年对"南开爱国精神"的矢志传承，彰显了新时代外语人的家国情怀与责任担当，更是在党中央的坚强领导下南开师生踊跃投身疫情防控人民战争所做出的努力的缩影。

突击队在校内外产生了良好的反响，新华社、《中国日报》《科技日报》、《中国教育报》、《天津日报》、《今晚报》、中国青年网、人民网、新华网、津云等多家媒体纷纷以《"翻译团"协助国际机场抗疫》《最美志愿者，逆行翻译官》等为题，报道他们在抗击疫情中不畏艰险、勇挑重担、无私奉献的先进事迹。南开大学抗击疫情翻译志愿者突击队获评"天津市三八红旗集体""南开大学青年五四奖章"等集体荣誉；外国语学院团委获评"南开大学五四红旗团委标兵"。张雅雯因疫情期间志愿服务等事迹突出，获评"中国大学生自强之星""天津市优秀学生""南开大学学生年度人物"等多项荣誉。

撰稿人：崔丽月、邱辰霄

五育融合从理念到实践

——"新工科"专业背景下校园文化建设发展路径

一、背景要求

党的十八大以来，习近平总书记围绕"培养社会主义建设者和接班人"做出一系列重要论述，深刻回答了"培养什么人、怎样培养人、为谁培养人"这一根本性问题。2018年，习近平总书记在全国教育大会上提出要"努力构建德智体美劳全面培养的教育体系，形成更高水平的人才培养体系"。如何提升育人质量，培养出适应当今世界变化和社会需求的高质量人才，成为当今中国高等教育改革发展亟须回答的重大问题。面对这个问题，"五育融合"的教育理念为我们提供了解开答案的钥匙。

二、工作目标

校园文化建设以高校青年为对象，是做好青年思想引领和成长服务工作的重要抓手，是推进"五育融合"育人实践必不可少的载体，同时也是高校共青团开展学生思政教育和素质教育的重要途径。

电子信息与光学工程学院（以下简称电光学院）以问题为导向，抓住在"新工科"专业背景下面向学生开展校园文化建设的困境和问题，积极寻求"破局"方案。工科专业生往往有较大的学业和实验压力，导致课余活动时间较少；工科专业学生一般具有逻辑思维佳、动手能力强等优点，但是也存在一部分学生体质较差、劳动意识淡薄、审美能力薄弱的问题；面向高校工科学生开展的一些现有校园文化建设活动也存在与专业学科联系不紧密，在各年级学段分布不均，活动难以长期持续，学生参与活动热情不高的问题。面对这些问题，如何打造适应工科学生特点、吸引工科学生兴趣、贯穿工科学生教育全程的校园文化建设活动成为了我们的目标和任务。

三、思路举措

电光学院以"培养德智体美劳全面发展的社会主义建设者和接班人"为目标方向，以"五育融合"为核心理念，以"三全育人"为抓手，搭建多元育人平台，实现"五育融合"与"立德树人"双向赋能，从物质和精神两方面打造出具有适宜性、吸引力、长效性的电光校园文化建设品牌，引领学院青年成长为心智健全、人格完善、体格健康的创新型卓越新工科人才。

（一）着眼全方位，让校园文化建设"无死角"

1. 德育领航，思想引领传扬爱国奋斗

坚持以党建带团建激发青年活力，扎实开展系列主题教育。党校团校资源共享，打造思想引领导师团，扩充理论学习朋友圈，让理想信念入脑入心。党员先锋岗设在实验室、设在宿舍、设在师生需要的地方，团员青年之家围绕"我为师生办实事"为青年答疑解惑。结合关键时间节点和重大节庆日，设立党建文化橱窗、党建文化走廊、诚信科研报国展，做好硬件布置与实地环境营造。

2. 智育引航，创新励学砥砺科研报国

面向本科生强化"以学为本，以创培优，全面发展"的大学习观。配合大类新生与专业分流新政策，开展"新生第一课""我为专业代言""本

科生进实验室"活动。开展学风建设季活动，习惯养成打卡、专业小课堂、朋辈答疑站、学霸经验谈敦促扎实学风养成。实施"电光好项目"计划，建立并完善"电光智造-学生创客空间"，依托专业课程、科技社团、优秀导师、重点课题组挖掘优秀创新项目，摸好底、育好苗，大力推动师生参与创新创业赛事。

面向研究生强化"守正创新、诚信为本、砥砺报国"的新科研观。依托"院长所长第一课""导师有约"等活动培育融合交叉学术视野；依托"学术不端案例展""诚信科研接力"等活动塑造科研诚信学术风气。

3. 体育续航，强身铸魂激扬青春活力

电光学院以"强身铸魂，健康第一"作为重要的育人理念。开展趣味运动会、运动打卡，举办院长杯、桃李杯、研冠杯系列球赛。针对部分优势运动项目培养多支院级队伍，做好体育育人基础平台搭建。持续多年举办"公益晨跑"活动，以"体育+公益+实践"模式打造多维合一的崭新体育育人场域；举办"学党史，强体魄，共团结"民族团结趣味运动会，将党史学习、趣味运动、民族团结教育有机结合在一起，以党史学习教育为圆心，以体育育人为画笔，共同绘制民族团结的同心圆。

4. 美育护航，以美化人陶铸人文素养

实施"工科生美育计划"，不断陶铸审美素养和人文品格。挖掘专业美，举办"发现电光之美""国际光日"主题艺术作品展等活动，助力学生挖掘光电子学科群中的美好，让理工生也充满"文艺范儿"。组织"电光之迹"评选展览和党史学习手账大赛，将美育与德育智育广泛融合，在感受美的同时，增强对学科专业的认同和对党史学习的热情。

5. 劳育助航，躬身实践淬炼实干担当

积极打造"劳动+"育人格局，发挥劳动教育显著的"实践性"特征。举办"劳动之美，秋日之美"主题活动，开展"助力文明校园建设"义务劳动活动，在服务他人的行动中传递劳动的价值；建立实习实训基地，在实操实践中体悟劳动的意义。每年寒暑假都有大批电光学子投身社会实践，到政府机关挂职锻炼、企业实习，引导学生争做祖国的"劳动者"和"建设者"，在躬身实践中淬炼实干担当精神。

图 3-10　电光学院开展"五育融合学党史 师生四同育新人"系列活动之把党史讲在美育课堂

（二）调动全员，让校园文化建设"有依靠"

1. 青年"唱主角"

电光学院依托青年大调研这一沟通平台，从工科学生需求点、兴趣点出发，因地制宜设计各类"五育"活动。理工科研究生科研压力大，对以课题组、实验室为单位开展的课外体育活动需求高，针对这一普遍需求，学院组织新生篮球赛、"研冠杯"乒乓球赛、"羽动电光"羽毛球赛等各类体育活动，打造实验室、课题组体育运动平台，以体育为纽带，更好凝聚各科研团队，促进良好导学关系形成，辐射学院 20 余个课题组、500 多位研究生。

2. 榜样"强引领"

电光学院自 2014 年起实施"电光榜样计划"，每年评选一批榜样团体和个人，他们或创新励学勇攀智育高峰，或积极参加各类文体活动展现青春活力，或在志愿服务和社会实践方面扎实服务他人、小我融入大我。学院通过"荣耀电光"颁奖典礼、学院楼橱窗栏、微信公众号推送等方式宣传"五育"融合发展的先进典型，表彰师生榜样，鼓励一批批电光学子走上全面发展之路。

3. 师生"同参与"

以师生"四同"激发师生在"五育"方面的共同发展需求。师生同学同研，举办"南开大学科技文化周"，智能车、电子鼠等科创成果见证了师生紧密交流互动，实现了第一课堂学风建设和第二课堂科研创新两方面"同频共振"。师生同讲同行，多个师生团队深入开展"知中国、服务中国"等实践活动，一起用脚步丈量祖国大地，以培养五育融合的创新型卓越新工科人才指导实践。

（三）全过程育人，让校园文化建设"不断线"

1. 抓关键，寻实效

包括校园文化建设在内的整个高校育人工作都具有长期性、复杂性、经常性的特征。"五育融合"的校园文化建设活动如何抓住主线，做到日常，是我们提升相关工作实效性的关键。电光学院将第二课堂作为校园文化建设主战场，紧密服务第一课堂，强化学院各部门协同，着力实现育人工作平台对接、资源共享、优势互补，借助以党支部、团支部、学生组织、学生社团、实验室课题组、学生宿舍为单位的青年学生群体组织活动，覆盖各个年级、各种群体，将育人工作贯穿学生从入学到毕业的全过程。

2. 破壁垒，强贯通

着眼于高校青年学生不同学习阶段特性和共性的辩证统一关系，在遵循不同学段、不同年级学生成长规律的前提下，以共性为依据破除高低年级、本研学生、不同专业之间壁垒，在延续保留各阶段特色校园文化活动的基础上，不架墙、不设限，整合优势资源，打造全体学生都能够沉浸其中的优质校园文化活动。以研究生为主要对象开展的学科教育、讲座沙龙、求职指引活动吸纳本科生成为学习者，帮助本科生为自己日后的学业科研、求职就业做好提前"预习"。面向本科生开展的体育运动、美育活动吸纳研究生成为参与者，扩宽研究生文体活动的平台。打通原本面向不同年级学生的思想理论教育、劳动教育，集中力量办大事，增强全过程育人的广度与效度。

四、改革成效

电光学院立足"新工科"专业背景,以党建为引领,共青团组织积极凝聚动员青年力量,将"五育融合"的教育理念转化为教育实践,充实校园文化建设内涵,丰富校园文化建设活动,积极解决工科专业开展校园文化建设的困境和问题,营造出积极向上的校园文化氛围,培养出一批又一批传承公能精神、电光品格的优秀学子。

撰稿人:郝丛艺、刘畅

图 3-11 电光学院科技文化周

"灯塔破雾"工作坊 赋能青年学生成长发展

一、背景要求

习近平总书记在庆祝中国共产党成立100周年大会上强调未来属于青年，希望寄予青年。大学是立德树人、培养人才的"主阵地"，是青年人学习知识、增长才干、放飞梦想的"实训营"。随着物联网、云计算及大数据技术的不断发展，"互联网+"已成为新时代社会经济发展的新业态，如何培养与社会接轨的、具有核心竞争力的"新工科"学生，不仅是相关学院面临的首要问题，也是完成为党育人、为国育才使命的重要内容。

计算机学院和网络空间安全学院团委始终心系青年、心向青年，坚持把育人工作贯穿于学生成长成才的各环节，牢牢把握习近平总书记关于青年工作的重要思想，依照"凝聚青年、服务大局、当好桥梁、从严治团"的工作格局，推动构建新时代"三全育人"工作的新平台，探索培养全面发展的拔尖创新人才新路径。

二、工作目标

习近平总书记强调，"青年有什么需求，团组织就要开展有针对性的工作"。学院团委在学校团委和学院党委的支持下，面对青年学生最关心、最直接、最现实的需求，开设"灯塔破雾"生涯咨询工作坊，为学生答疑解惑，努力成为青年学生成长的知心人、热心人和引路人。

"灯塔破雾"工作坊以服务学生成长发展为原则,始终把握思想政治引领这一核心任务,尊重学生主体地位,聚焦重点难点问题,敢于攻坚克难,解决学生成长困惑,激发学生成才自驱力,引导学生主动了解国家发展需要,增强学生社会竞争力。

工作坊基于前期学生提出的成长困惑,聚焦人际交往、心理压力、学业发展、科研竞赛、职业规划、创新创业 6 类突出问题,组建了一支由学院党委书记、院长、党委副书记、副院长、学科带头人、青年教师及专职团干部等 18 位老师组成的咨询团队,主动走入学生在校不同阶段遇到的层层"迷雾",用心照亮学生成长路上的航向,成为学生启航路上破散"迷雾"的一座"灯塔"。

三、思路举措

(一)以学生日常"小困惑"为着力点,搭建联系青年"大舞台"

"灯塔破雾"工作坊将学生成才阶段中的"疑雾"进行细化分类,并在对应类别上邀请专业权威的教师加入咨询团队,组建了一支知识储备丰富、擅长领域广阔的团队。工作坊向学生发布咨询团队成员情况,给予学生主动选择权,助力学生全面发展,切实做到以青年需求为中心,让青年群众当主角。

1. 解决学生个性化需求,成立灯塔破雾工作坊

学院团委汇总整理历年青年大调研数据,分层分类做好梳理工作,瞄准学生成长发展中的突出问题,制定"灯塔破雾"工作坊成立计划,为学生提供一个可以答疑解惑的开放预约平台。根据近年青年大调研千余条的需求、困难,工作坊团队聚焦解决学生发展的全方位问题,将需求整理为人际交往、心理压力、学业发展、科研竞赛、职业规划、创新创业 6 个大类,对照每类需求列出了详细的清单,经过对各类需求内容的详细分析,部分问题呈现出个性化的特点，统一的书面解答较难解决学生真实的需求，基于此，"灯塔破雾"工作坊为回应学生需求，打造学生成长发展平台而开始谋划成立。

2. 壮大咨询队伍，提供全方位成长服务

工作坊成立之初，主要由学生工作负责人、团干部及辅导员组成，经过一段时间的预约咨询后，团队成员发现仅仅依靠辅导员的力量，并不能为学生提供全方位的指导服务，比如对于学业问题的解答和科研方向的选择等。为能让学生得到"最直接""最专业"的解答，工作坊开始面向全院教职工进行咨询团队的招募工作。团队招募得到了学院书记和院长的大力支持，由最初的6人团队扩展成了由学院党委书记、院长、党委副书记、副院长、学科带头人、青年教师及辅导员组成的18人咨询队伍，团队成员的充实，完善了团队组成结构，扩大了咨询内容范围，提升了答疑解惑能力。

图 3-12 袁晓洁院长与学生共探专业力量

（二）以学生成长"小细节"为关键点，解决学生发展"大问题"

为持续提升工作坊的服务温度，让工作坊成为学生真正乐于参与、冲散"疑雾"的平台，团队一方面追踪关注每位学生咨询体验的过程，不断优化服务体验，另一方面不断提升团队成员自身能力，提供更专业化的咨询服务。

1. 关注工科学生特点，创新运行方式

一是考虑工科学生课程多、学业压力大，为使工作坊切实发挥出应有作用，咨询团队成员将咨询时间选定在中午、晚上或者周末等学生课程较少的时间，并统筹整合咨询团队老师的空闲时间，让学生在不同的时间段都能找到对应咨询项目的老师进行预约。二是考虑工科学生性格内向、不善言谈等特点，咨询方式从一对一的办公室咨询到一对多的群体咨询，从面对面正式咨询创新成校园漫步、运动解压形式的谈心，咨询团队会根据学生的不同特点，建议学生选择不同形式的咨询方式，精准解惑，并使咨询效果最优化。

图 3-13　汪定教授与学生交流网络安全生态

2. 参与调研培训，提升咨询技能

为提升咨询过程的质量，咨询团队成员因时而进、因势而新，以丰富的理论知识指导实践，以一线的实践经验夯实理论，通过专业学习与调研工作，持续提高咨询技能。团队成员立足学院网络安全特色，开展习近平的"青年成才"观视域下高校网络安全人才的思想政治教育工作研究，为做好"网安"人才培养提供理论支撑；结合"00后"学生随着时代的变化显现出的新困惑，开展"00后"理工科大学生宿舍人际关系新特点及思想政治教育策略研究，有利于工作坊深入了解当代大学生的性格特点；为贴近学生就业场景领域，团队成员前往专业领军企业挂职体验，并进行企业用人需求与高校育人差异调研，全方位了解行业就业生态；为提升职业辅导能力和生涯规划能力，团队成员参加全球职业规划师、生涯测评师认证等多种培训，多维度提升咨询的专业度。

（三）以学生发展"小切口"为突破点，构建引领青年"大格局"

工作坊建强育人主力军，邀请团干部、专业教师及院领导协同参与到青年成长成才之中；遵循学生成长规律，根据不同阶段的学生身心发展特点，有的放矢地开展"破雾"工作，全过程追踪学生的发展情况、收集发展困惑，使得育人工作覆盖学生入学到毕业全过程；立足学生全面发展需求，专业教师深入参与工作坊，充分打通一二课堂壁垒，实现全方位育人。

工作坊咨询团队定期召开研讨会，研究探讨学生不同阶段的主要困惑，真正搞清了学生"关心什么、需要什么"的问题，掌握了调动学生"积极参与、长久坚持"的秘诀，进而形成合力，推动生涯辅导覆盖到更广泛的学生群体。针对学习科研困惑，成立党（团）员学业指导先锋岗，举办"'网'罗最美笔'计'"评选、"科研方向为你选，导师引领促成长"活动，营造"爱学习、会学习、能学习"的浓厚氛围；开拓创新创业平台，成立创新创业指导委员会、举办系列创新创业讲堂，激发学生创新精神与科技报国志愿；提高学生职业发展认同，以"学界+业界"视角，举办多期"C·50追光"沙龙，带领学生关注前沿科技、行业发展和未来趋势，着力提升创新能力、国际视野和社会责任感；疏导心理压力，拓宽人际交往范围，邀请

安定医院院长开设讲座、开展"心动计时"文科学院共建、举办成长社区乒乓球赛活动,提升工科学生的生活温度。工作坊主动引导学生"正确认识、深入思考",帮助学生辨明大势、找准航向,形成合力育人、协同育人的长效机制,把立德树人根本任务落到实处。

四、改革成效

自"灯塔破雾"工作坊成立以来,不断收到青年学生正向成长的反馈。这种师与生"点对点"的互动、"面对面"的交流,拨开了他们大学生涯中的层层迷雾,点亮了未知前程的启航明灯。学生表示,在咨询过程中收获的不止于学业规划的明晰、心理困惑的排解,也是对"立大志、明大德、成大才、担大任"内在含义的深刻领悟和理解,更是对努力成为堪当民族复兴大任时代新人的责任彰显与激励。

工作坊聚焦青年学生全方位、全过程的成长发展需要,积极动员专职团干部、青年专业教师、青年管理干部全员参与学生生涯规划之路,畅通青年交流渠道,是一次深化共青团改革,提升团的服务力的有效体验。工作坊也成为团干部及辅导员、专业教师在日常基础性工作和传授学业知识之外,提升学生全局思维和战略思维的第二课堂平台,更有效的培养学生学思用贯通、知信行统一,为学生的成长成才提供最为全面的服务。

工作坊为学生搭建了一个"突破障碍、激发潜能、实现自我"的平台,更好的帮助学生明确大学乃至人生奋斗的目标,教会学生调整自己、修正方向的方式方法,提升学生的成就感和满足感,增强学生自主发展动力,使学生早日成长成为具有家国情怀、国际视野、南开品格的拔尖创新型人才,勇做走在时代前列的奋进者、开拓者,让青春在为祖国、为民族、为人民、为人类的不懈奋斗中绽放绚丽之花。

撰稿人:谭彤彤、仇林、王修彦

全心权益，唯你所想

——做好学生会"加减法"，当好青年"贴心人"

一、背景要求

为深入贯彻习近平总书记系列重要讲话精神，扎实推进高校共青团改革创新，共青团中央、教育部共同印发了《高校共青团改革实施方案》，当中明确提出要"改进团组织对学生会组织的指导，推进学生会组织深化改革"。随后，两部门再次联合印发了《学联学生会组织改革方案》，进一步明确了高校学生会组织的改革目标和方向。学生会是学生自我服务、自我管理、自我教育、自我监督的主体组织。在深入推进高校共青团改革进程中，如何真正落实学生会组织改革，如何让学生会回归服务学生的根本宗旨，这些问题成为深化共青团改革中学生会组织改革的突破点和关键所在。

二、工作目标

在学校和学院党委领导以及学校团委的指导下，人工智能学院团委从问题出发，刀刃向内，积极开启学生会自我革新。学院以深入推进共青团改革为契机，精简学生会组织，强化职能，明确定位，加强学生骨干培养，着力打造一支服务师生、服务学校发展建设的青年团员队伍。改革后的学生会将重点围绕学生权益服务开展活动，通过广泛调研、广泛倾听、广泛征集，及时了解掌握学生关心关注的问题和困难，通过积极反馈、积极建议、积极监管促进学生反馈问题的改进落实，真正实现学生会"从学生中来，到学生中去"。

三、思路举措

（一）广泛调研，精准挖掘改革痛点与难点

通过与学生骨干及学生代表座谈调研，学院团委发现，在推进学生会改革、改组建设学生权益服务部的过程中，存在着一些难点和痛点问题：其一，是学生对学生会的组织认知存在着一定的固有印象，偏重于各类校园文化活动的组织和开展，如何让学生会以全新的形象被同学们认可和接受；其二，是如何建立和完善学生权益服务的机制及反馈渠道，提升学生权益服务的实效，让学生权益服务成为学生成长和学校发展建设之间的纽带；其三，是如何带动更多学生参与到学生权益服务中来，避免"剃头挑子一头热"，让同学们真正成为自我管理和自我服务的主体。

（二）做好改革加减法，当好青年贴心人

针对这些难点和痛点问题，人工智能学院以学生会改革为契机，通过加强制度建设、创建品牌活动、营造氛围风气等系列举措，改组和重塑学生权益服务部。常态化开展"全心权益，唯你所想"学生权益服务系列活动，以"一月一题"每月聚焦一个主题调研学生关心关注的问题；形成"一月一报"每月发布权益月报反馈学生提出的意见建议；举办"一课一赛"，通过"做好学生权益服务"主题团课和学生维权知识竞赛，宣讲共青团改革政策，增强学生主人翁意识，让学生会真正成为服务学生、联系学生的纽带。

1. 组织"瘦身",服务"加码",完成"全心权益"的蜕变

所谓"瘦身",即精简组织机构,解决学生会组织庞杂、部门繁多、管理混乱的问题。在深化学生会组织改革的过程中,学院将学生会原有部门进行精简,保留学生会办公部和年级代表联席会,并通过改建重组,建立全新的学生权益服务部,负责全院学生的权益服务工作开展。部门调整后,主席团和部门成员的人数设置也进行了精简,由部门成员分别担任各年级权益服务联络人,充分开展线上工作,缩减信息传递的中间环节,切实推进信息扁平化传递,提高工作运转效率。

所谓"加码",指的是加强学生骨干的服务意识,强化学生会组织的职责担当。在明确了"全心权益,服务师生"的部门定位后,学院学生权益服务部制定了部门工作手册,对部门的职责、人员构成、工作制度、监管和考核制度等提出了明确的要求。"加码"的另一方面体现在工作方法的自我革新上,利用新媒体灵活便利的优势,部门在学院微信公众号上开通了"学生权益"绿色通道,实现了学生权益服务的快速办理。

2. 抓住特点,找准热点,实现"全心权益"的进阶

针对学生参与权益服务的主动性不强、对学生权益服务缺乏了解和认知等问题,学生会在开展权益服务活动中着重加强与学科专业特色对接,与学生关心关注的热点对接,与同学们的实际需求对接,让活动"接地气",服务暖人心。通过"一月一题""一月一报",有重点、分阶段地开展学生权益服务,逐渐形成以"全心权益,唯你所想"为品牌的系列常态化活动。

聚焦"一月一题",把握同学们学习生活的规律,每个月针对一个主题开展专项调研,倾听同学们的苦恼困惑,征集大家的意见建议。例如,在新生入学后不久,针对新生校园生活适应情况开展调研,了解学生在校园文化认同、人际交往等方面的需求;在学期中,针对大类分流后的学生开展"专业课教学情况"专项调研,将学生对专业课学习的意见和建议整理反馈给学院教学管理部门,促进学院教学改革和学科建设;学院团队在全国"挑战杯"竞赛中取得佳绩,趁此热度,权益部把"双创"作为当月的主题,调研同学们参与"双创"竞赛和活动的现状及需求,走访多个团队负责人获取第一手信息,促进学院学生创新能力的培养和创新创业工作提升;配合学校"校园安全宣传月"教育,权益服务的目光转移到"安全"问题上,调研收集同学们在宿舍、教学楼、实验室发现的各种安全隐患和

问题，逐一核实上报，形成倡导校园安全文明的良好风气。

形成"一月一报"，利用新媒体平台，在学院微信公众号上每月发布一期"全心权益，唯你所想"权益月报，对每月的调研结果进行整理反馈，提出可行性建议，并对改进情况进行追踪。一份权益月报，让需求建议听得见，让落实改进看得见，让权益服务始终保持"进行时"。学生会改革以来，通过"一月一题"和"一月一报"，学生权益服务已经覆盖了学业、科研、就业、交友、安全等学生成长中的各个方面和各个阶段，学生参与学院和学校发展建设的热情也越来越高。

3. 做好"贴心人"，当好"主人翁"

拒当"学生官"，要做"贴心人"，学院学生会在提高成员服务意识上下功夫，开展了多项举措完善学生骨干培养体系，强化全面学习和自我教育。依托学院团校和团干校的平台，开设"共青团改革政策"专题宣讲和"做好学生权益服务"主题团课，通过政策解读、经验分享、案例分析等课程内容，帮助学生会成员深入理解共青团改革方案，增强青年团员、学生骨干的使命感和责任感，提升服务意识，改进服务方法。开会时，再听不到有人喊"主席""部长"，"学长""学姐"的称呼叫得越来越亲热。与此同时，通过举办"权益知识竞赛""提案大赛"，带动更多同学参与到权益服务中，以赛评优，实实在在检验同学们在权益服务中的理论知识和实践能力，让服务水平和能力见真章。

让同学们认可"权益"，就要让更多同学参与"权益"，让权益服务真正惠及同学们，也让同学们真正把自己当做学校和学院发展建设的主人。"权益"的影响从它的"较真"开始。一开始做调研时，调研问卷的反馈数量较少，权益部把二维码链接打印出来，带到宿舍和课堂一个一个邀请同学们填写；同学们的建议没有被采纳，权益部就走访相关的部门和工作人员，多方了解实际情况，再向同学们做好解释说明。"权益"的影响力有多大？针对同学们反馈的希望多提供实习实践机会的情况，权益部将调研数据整理成系统的报告，提交到学院，报告得到了学院领导班子的高度重视，并组织了专题讨论，把"为学生搭建更多实习实践平台"写进了学院"十四五"规划。渐渐地，在"全心权益"的后台留言中，抱怨的声音越来越少，积极的建议越来越多了。

图 3-14 提案整理及撰写培训

四、改革成效

在深入推进共青团改革，加大力度落实学生会整改的进程中，一年多来，人工智能学院学生会学生权益服务部累计开展"全心权益，唯你所想"系列活动 10 余场，覆盖超过 1000 人次，学院近 90%在校生参与到权益服务部的专题调研中，调研内容覆盖专业科研、创新创业、就业实践、人际交友、校园安全、餐饮服务、校园基础设施建设等学生生活和成长的各个方面。通过开展"全心权益，唯你所想"系列活动，八成以上改进建议得到了落实：学院楼宇洗手间增设了冷热水提示牌，隔间内安装了手机支架，在专业教师授课评价中加强课堂交流提问的要求被满足了，为本科生增设了暑期实训项目，学校图书馆延长了闭馆时间……校园变得更美了，同学们的生活更便利了，学习的热情更高了，"在南开学习是件幸福的事"。

撰稿人：霍菲、吴亚坤

彰显服务青年的坚实力量

——以软件学院学生会组织改革为例

一、背景要求

为深入贯彻落实《学联学生会组织改革方案》《中共中央关于加强和改进党的群团工作的意见》，推进学生会组织改革，进一步健全管理育人质量提升体系，推动校区管理同春风化雨、润物无声的教育方式结合起来，不断健全学生自我教育，强化学生自我教育管理对道德涵育、个人成长的积极功能，泰达学院、软件学院积极响应校团委的号召，深化学生组织改革。在精简重组后，重点突出学生会代表青年、服务青年的鲜明立场，将目光凝聚在青年所想、青年所需上，不断推进泰达校区学生自我管理、自我教育的进程。

基于泰达校区体量小、自主性强的特殊背景，营造"泰达是我家"的良好氛围，培养学生主人翁意识，引导学生会在不同领域内发挥服务青年的效能，让青年学生在校区运行中参与管理、参与建设、协商治理，从而实现青年个人成长，共同推进文明校园建设和校园管理能级。

二、工作目标

（一）坚定政治方向，明确工作导向

在开展学生自我教育、自我管理的过程中，要坚定政治方向，强化学院党委在工作开展中的主导作用，积极引导学生组织为校园建设和科学管理做贡献，发挥学生组织在提升校园管理中的积极作用。

（二）加强顶层设计，健全体制机制

学院党委、各部门加强商讨研判，在对校园管理各领域进行详细梳理的基础上，结合校园建设和运营管理中的痛点、难点、弱点，界定适合引入学生组织参与管理的领域、范围、可参与程度与参与方式。

（三）科学界定性质，强化管理监督

学生组织应充分发挥代表青年、服务青年的角色定位，在校区建设的方方面面深入调研青年需求，让青年关心的、期待的变成现实的、有温度的。

三、思路举措

软件学院主体坐落在南开大学泰达校区，地处天津市滨海新区，同时有部分师生在南开大学津南校区学习、科研、生活。结合深化共青团改革要求，软件学院学生组织主动进行调整优化，发挥学生会联系服务青年的效能，主动融入校区发展建设。

（一）完善机制，规范工作路径。

软件学院学生会在院团委的指导下，以"团结引领青年"为工作目标，以"解决好青年的问题"为工作着力点，坚持"让青年找到身边的团组织"，探索新形势下联系服务青年工作机制，即"调研-规划-提案-反馈"工作机制。学院将学生会作为校区治理闭环中的重要主体，推动学生会沿着政治强、规范化的轨道科学运转、发挥效能，使其真正融入学院治理和决策中，形成科学的参与机制。

（二）精准调研，把握学生需求。

在院团委的指导下，学生会贯彻落实学生代表大会制度，组织选举了学生代表，了解同学们的意见建议，为青年发声。依托"海河青听"平台，利用"云上青春"调研系统，开展常态化调研，征集学生意见建议，切实解决学生们普遍提及的"泰达缺少快递柜""津南泰达班车不足"等问题。面向校区学生开展广泛调研、分析有效解决方案，学院团委协同相关部门解决落实的有效路径让"问题"有"答案"。未来将继续推进完成"体育设施的修缮运维""校区文化建设提升""校区宿舍文化氛围提升"等事宜。

（三）科学分析，推动建议落地。

在对问题进行仔细梳理的基础上，学院立足泰达校区特点和学生组织开展自我教育、自我管理的工作思路，创新性提出通过引入学生团队的方式，让学生参与到校区治理中来，协同学院有关部门开展一定的管理运维工作，合力提升校区管理能级。将学生会作为落实学院决策、推行学生自我教育、自我管理的执行主体，推进建议反馈过程中的各项具体任务，将其代表同学精神成长、学习生活、成才发展、权益维护等方面的职能具体化。

一是建立泰达伙食师生委员会，基于学生提出的建议和意见，督促食堂解决问题的同时，协助食堂找出问题的解决方案，以搭建学院师生与食堂对话的有效平台。二是设立泰达体育场馆学生运维团队，协助学院相关部门参与管理运维体育场馆，合理利用校区体育场馆资源，提升场馆功能使用效能。三是成立泰达宿舍管理委员会，宿委会旨在通过"文明宿舍""特色宿舍"等评选，宿舍公共区域优化升级等途径，提升校区宿舍文化氛围，把宿舍打造成有温度的成长社区。

四、改革成效

（一）把稳政治方向，明晰工作航向

坚持学院党委在学生会改革和运行中把方向、指航向、稳大局的作用，统筹考虑学生会的职能定位，将学生会改革作为泰达学院党团工作建设的重要内容，将学生会作为泰达校区自我教育工作推进中的重要抓手，将学生会作为联络师生、服务师生的重要组织载体，保证引导学生会等学生组织聚焦青年所想、青年所需，回归服务同学的本质，推动其成为泰达校区学生自我管理、自我教育的"引擎器"和"推动器"。

（二）明确角色定位，做好组织优化

围绕强"三性"、去"四化"这个群团改革的具体目标，软件学院团委在学院党委的领导下、校团委的指导下，进一步深化学生组织改革，以期建设和完善政治坚定、运行高效、功能完备的青年工作体。软件学院学生会在学院党委领导下、团委指导下，坚持立德树人，紧扣时代主题，突出问题导向，创新体制机制，强化自我教育、自我管理、自我服务、自我监督的职能，激发动力、提升活力、增强吸引力和凝聚力，更好地代表和服务广大同学。聚焦主责关心广大同学精神成长、学习生活、成才发展、权益维护等需求，发挥主业引领同学坚定理想信念、帮助同学全面成长进步、促进同学养成优良学风、服务同学创新创业创优、代表和维护同学正当权

益等。

（三）树立"接地气"形象、发挥"办实事"功能

软件学院学生会发挥根植学生、服务学生的功能，加强正面传播，用适合当代青年学生的方式积极传递学院工作理念，以"接地气"的形象走入学生中、引导同学们积极参与到学院、学校建设发展中来。同时，在学院的政治引导、理念指导下收集同学的普遍需求和现实困难，及时反馈，助力科学决策，主动参与落实。

撰稿人：王真、齐籽安

做实事、暖人心、育学风

——多策并举构建周恩来政府管理学院"三化"学风体系

一、背景要求

在中国共产党成立 100 周年之际,周恩来政府管理学院积极响应学校党委号召,将"我为群众办实事"作为党史学习教育的实践环节和重要支撑,坚持以学生为中心,立足学生全面发展与学院学风建设,为群众办实事、解难事。学院学生会及学生活动中心开展了主题鲜明、内容充实、学生欢迎的系列活动,持续围绕"学风建设"主题开展多项育人工作,落实"三全育人"、力促"五育并举",以思想引领为抓手,以良好学风为目标,以学生问题为导向,想学生所想,供学生所需,不断推动学风建设工作水平迈上新台阶。

二、工作目标

周恩来政府管理学院(以下简称政府学院)通过学院学生会及学生活动中心,以年度奖助学金评选为契机,注重榜样引领,全面推进学风建设活动,引导广大学生努力学习、积极进取,弘扬科学精神,恪守学术规范,接续百年南开优良学风,并在实践中完善总结工作经验,围绕学院学风建设**"常态化、多元化、优质化"**三大目标,结合"我为群众办实事"重要环节，形成政府学院特色学风建设工作品牌。

三、思路举措

（一）营造学习氛围，做引领青年的引路人

榜样引领，连续 3 年开展"荣耀周政，榜样励行"特色活动，深挖学习需求侧深度。"荣耀周政，榜样励行"系列荣誉宣传活动持续时间长，覆盖政府学院多项育人成果，通过线上线下等多种途径展示我院资助育人成效，包含年度颁奖典礼、经验分享会、榜样风采展示、"优秀笔记"评选、运动员专访等活动，力求实现德智体美劳各个领域榜样代表的全覆盖。"荣耀周政，榜样励行"年度颁奖典礼采取线下的方式，以榜样引领为品牌，结合年度奖助学金评选，做好做实资助育人工作，通过优秀学生事迹展览、年度荣誉册等多种形式，展示学院年度育人成果，推送系列推文 30 余期，关注量达 17900 人次，旨在将本学年学院各级各类榜样人物进行全景展示，以"价值引领"为导向，发挥"榜样示范"作用；对本年度学院学生、集体所获各类奖项进行汇总表彰，以优秀带动优秀，不断深挖学院学子的学习需求侧深度。

提早准备，成立职业发展中心，拓展就业信息供给侧宽度。学院主动成立"学生职业发展中心"，通过专业团队精准筛选投放就业、实习信息，将就业工作提前到入学阶段。针对低年级学生聚焦"职业规划"难点痛点，成立专项工作团队，每周两期，精准筛选适宜政府学院学生学科特点的岗位招聘信息，从低年级学生入手，通过 70 期"周政职道"主题推送涵盖各行业领域 600 余个岗位信息。其在结合学院专业特色精准提供就业岗位信息的同时，有效培养学生主动就业的观念和意识，锻炼学生获取就业信息的能力，增加学生求职应聘的技能，进一步提高本科生的就业能力。

图 3-15　荣耀周政　榜样励行

（二）提高学习技巧，做服务青年的暖心人

"同学有需求，专题来分享"。针对学院大三及低年级学生在读研升学、求职就业等方面存在的诸如"无法及时掌握相关信息""缺乏了解的渠道途径"等实际问题和现实需求，政府学院隆重推出"一起过大四"专题系列活动，挖掘就业需求侧深度。系列活动通过优秀学生经验分享、自由提问答疑互动、简历专项修改与撰写提高、面试技巧授课等多种形式，为学生搭建起消除未来发展困惑的有效平台，也成为了同学们追梦路上的"加油站"。

此外，院学生会及学生活动中心以分享交流为基础，采取线上线下相结合方式，开展"风华'政'茂　学而时习"系列经验分享讲座 20 场，通过邀请专家名师、朋辈榜样从论文写作、考研保研、志愿服务、社会实践、科研创新、期末备考等方面来帮助同学们更好的培养学习习惯，营造良好学风。

（三）完善学习条件，做感知青年的知心人

汇学子之音，搭成长平台。 以院班联动为重点，院学生会及学生活动中心积极推动打造由学生代表、班长和学习委员为主体的"院班联动"共同体和"学委联合体"，围绕"大类招生二次选拔背景"下的课堂教学、学习环境、学科发展等各方面内容收集来自各年级共 1205 份问卷，并整理形成 3 份涵盖"政府学院学生生活与学习情况调查""政府学院本科生毕业去向"以及"学生适应性和发展性问题情况"的主题报告。学院成功了解到本科生当前阶段在学业及职业规划等方面存在的问题及相应需求，在着力解决学生现实困难的同时，举办院领导接待日，为师生搭建直接沟通对话的渠道，也为学院把握学生发展方向、推进教学改革和完善就业指导工作提供了抓手。

图 3-16 院领导接待日

听学子之声，建沟通桥梁。政府学院始终注重在学生工作开展过程中充分倾听和把握学生需求，精准施策，针对同学们对各类校园生活资讯较强的了解需要，"权务播报"系列推送做出了有力回应。长期以来，"权务播报"切实关注同学需求，积极推出"体测暖心 tips（小贴示）""四六级报考通知""关注疫情信息 做好个人防护"等推送，助力同学们享受健康、快乐、充实的大学生活。

院学生会及学生活动中心举办主题为"聚焦大类招生热点，推进学院学风建设"的院领导接待日。会议上，有学生代表向领导老师反映了平时急需打印文件而无法就近实现、院楼自习室插座数量不足等问题。有需求便有回应，学院领导老师高度重视同学的诉求，经过充分商讨与实地调研，在院楼设置了一台自助打印机，并组织实施自习室插座加装改造工程。便利设施的安装用行动切实回应了同学们的需要，为师生的工作和学习提供了便利。

四、改革成效

周恩来政府管理学院始终秉持"为周政学子服务"的理念，"学生的要求尽量满足，学生想不到的想到前头"。以立德树人为根本，结合工作实际，将育人作为学风建设工作的出发点和落脚点，紧扣学院学生特点和需求，开展了形式多样的育人活动，充分发挥学风建设工作对学生的价值引领作用，实现了**"常态化、多元化、优质化"**的政府学院特色学风建设体系，促进学生全面发展。

一是巧搭平台、常问需求，紧抓学风建设常态化主线。政府学院在"院班联动"共同体、"学委联合体"、职业发展专项等平台的基础上，通过"大调研"、定期反馈等形式打通意见与需求收集渠道，秉持"为周政学子服务"的理念，不断推进政府学院学风建设常态常新。

二是多求分享、力促交流，助推学风建设多元化发展。政府学院以分享交流为基础，采取线上线下相结合方式，充分利用现代数字媒介和新媒体手段不断加强师生、朋辈间的互动联系，同时多方联动，从论文写作、考研保研、志愿服务、社会实践、科研创新、期末备考等方面来帮助同学们更好的培养学习习惯，营造良好学风。

三是争创品牌、勤学榜样，实现学风建设优质化目标。政府学院以榜样引领为品牌，结合年度奖助学金评选，做好做实资助育人工作，始终重视优秀榜样的示范引领作用，通过"荣耀周政，榜样励行"年度颁奖典礼、优秀学生事迹展板、编写年度荣誉册等多种形式，展示学院年度育人成果，对学院榜样人物进行全景展示，激励更多青年学子，充分发挥典礼育人、榜样育人作用，努力提高学风建设优质化水平。

撰稿人：郑宗鹏、宋嫒、付昱、杨紫薇

发挥专业优势，开展"数学+成长护航"服务

一、背景要求

党的十八大以来，党中央高度重视青年工作，部署共青团改革。中共中央于 2015 年 1 月印发《关于加强和改进党的群团工作的意见》，并于同年 7 月，召开党的群团工作会议，习近平总书记出席会议并发表重要讲话，明确指出："服务党和国家大局是党的群团工作的主线，服务群众是群团组织的职责。"2016 年，中共中央办公厅印发《共青团中央改革方案》，对共青团提出了具体的改革要求，共青团要做好思想引领、加强组织建设、优化工作机制、实现服务提升。为了贯彻落实新时代高校立德树人的根本任务、切实提升以满足学生需求为导向定位的成长发展服务，数学科学学院以深厚学科底蕴为支持，结合专业特色，发挥专业优势，将服务学生成长发展品牌化运作，组织开展学科特色浓厚的系列活动，开展"数学+成长护航"服务，辐射全校学生。

二、工作目标

"青年有什么需求，团组织就要开展有针对性的工作，努力使团组织成为联系和服务青年的坚强堡垒。"学院团委始终按照习近平总书记的重要指示，把服务学院青年需求作为工作重点，护航青年在新时代成长成才。

开展"数学+学业启航"服务，区分不同学习内容，分层分类帮扶学业发展困难学生，培养志愿者志愿服务意识，增强"奉献、友爱、互助、进

步"的志愿服务精神，提升专业自信。开展"数学+文化远航"服务，以深厚数学文化滋养青年心灵，引导学生树立"以理强国"的报国之志，弘扬南开数学人"爱国、奋斗、奉献"的优良传统。开展"数学+实践领航"服务，帮助学生在实践中认识到只有把自己的小我融入祖国的大我、人民的大我之中，与时代同步伐、与人民共命运，才能更好实现人生价值、升华人生境界，引导学生树立社会主义核心价值观。

三、思路举措

（一）"数学+学业启航"服务

1. 立足学生需求，创新志愿服务工作内容

基于高校学生数学学习普遍存在困难的事实，学院问需青年，结合数学专业的特长，组织开展"高数我帮你""数分高代拯救计划"志愿服务项目，区分不同学习内容帮扶不同学生的学业发展困难。学院多个团学组织协作，广泛组织动员志愿者参与，通过线上、线下不同方式灵活答疑，依托多个新媒体平台梳理知识要点，有效提高学生学习数学的能力和成绩，提升志愿者专业自信和学习能力，帮助青年在志愿活动中完成自我教育、自我完善与服务。

"高数我帮你"志愿项目于2018年启动，面向全校学习高数和在高数学习方面有问题的同学，在每天相对固定的时间由志愿者通过线上QQ群答疑，每周通过学院微信公众号"NK数院"推送答疑周报梳理知识点；每学期期中、期末组织线下讲解、答疑，解决同学们在高数学习方面遇到的问题，指导同学们学好高数。"数分高代拯救计划"于2019年启动，面向数学科学学院本科生和对数学分析、高等代数有学习兴趣或疑问的同学，与高数帮扶志愿项目运行机制相似。两项活动在线上年均帮扶学生近1000人，累计解答近万道数学习题，营造了良好学习氛围，促进学风建设成果显著。

图 3-17　2021 年 11 月，数学科学学院"数分高代拯救计划"线下答疑活动

2. 灵活服务方式，丰富学业发展服务形式

为鼓励学生放下手机、安心学习，学院于 2021 年 3 月 13 日开设"脱机自习室"，自习室于每周六、周日两天开放，自习时间为早上 8 点到晚上 10 点，由志愿者进行管理。进入自习室的学生，要自觉遵守自习纪律，专心学习，不影响他人，共同营造严肃的自习环境；为减少对其他人的影响，在自习室运行期间可随时进入，但只有每小时的最后 10 分钟可以外出，特殊情况除外。学院还建立了奖励机制，根据大家的自习累计时长、志愿服务时长，于每月评选一次"脱机之星"，获奖同学可获得一本书籍。为助力考研学生高效备考，学院于 2021 年 12 月 18 日、19 日开设"考研自习室"，自习室自习时间为早上 8 点到晚上 10 点，参考考研笔试时间进行计时提醒，由志愿者进行管理。

除此之外，学院团委每学期组织学生代表寻访多位"关工委"离退休老教师，为学生解答学业、人生的困惑迷茫；以重要时间节点为契机，邀请多位知名校友返校回忆南开往事，分享成长感悟，激发学习热情；邀请各专业负责人服务新生适应性教育，坚定专业自信。

学院始终以信息化建设的融媒体平台为抓手，增强服务育人实效。自2018年开始运营学院官微"NK 数院"，整合推出"南开数学人物谱""数学之美"等栏目；响应学生关切，每周发布"一周学术报告一览"，广受好评。为充分发挥学院学术资源优势，在学院内部设置多处公告栏及时准确地更新业界大咖学术会议信息，满足学生专业学习需求。为进一步宣传数学学科历史，营造浓厚的学术文化氛围，数学科学学院特地为学生搭建数学文化长廊，弘扬数学家精神。

（二）"数学+文化远航"服务

1. 开展荣誉周活动

为发挥朋辈引领作用，学院启动奖学金评审的同时，即刻启动荣誉周系列活动。开放奖学金考评会并鼓励不参评学生参加，学习优秀学生的成长发展经验。奖学金评审结束后，启动交流会、通过公众号平台问计青年、设计交流会议程以及收集奖学金获得者和学院"闪亮之星"专访谈话稿，并在公众号进行推送。

2. 加强经验交流分享

为加强不同年级、学段学生交流，解答学生入学适应问题、升学疑惑、就业困惑，学院团委常规化组织开展新老生交流会、保研交流会、留学出国经验分享交流会、就业经验分享会、职业生涯系列讲座、就业能力培训系列讲座。

3. 举办多彩文体活动

为促进学生德智体美劳全面发展，学院结合专业特色和学生特点举办多彩文体活动。南开大学数学科学学院作为天津市五校数学文化节的发起院校之一，主办统筹2018年数学文化节系列活动。每年以"数学嘉年华"为载体拓展学生课外学术文化平台。举办学科放大镜系列讲座、名师面对面，邀请学院各系主任在新生入学第一个学期讲解不同专业以及学习方向的整体情况和不同特点；邀请优秀校友参加座谈会帮助学院青年了解未来发展方向，引导学生做好职业生涯规划；举办数学知识竞赛、数学建模及软件应用培训，为学生备考数学各项竞赛提供支持；举办数学游乐场等线上、线下活动，开展脑力运动会，与江苏卫视《最强大脑》节目组保持密切联系,输送优秀学生参加节目,调动学生参与积极性,形成品牌效应。

(三)"数学+实践领航"服务

1. "师生同行"同心,小我融入大我

学院辅导员工作团队结合学科实际,积极联系社会资源,为广泛开展社会实践和志愿服务活动搭建平台,发挥桥梁和纽带作用。由学院专职辅导员组织开展数学文化宣讲活动,组建第一支数学文化宣讲团,让数学文化走出数学学院、走出高校,让爱国、励志、求真、力行走入学生心中;由学院专职辅导员基于学科特色挖掘志愿服务课程亮点,助推落实"双减"政策落地,每周带队走进南开大学附属小学为"中小学生课后服务"提供优质资源等;鼓励专业教师等带队参加"师生同行"暑期社会实践项目。学院专职辅导员团队始终以学生需求为导向,满足学生在志愿服务和社会实践方面的需求,在实践中育人,帮助学生在服务中成长。

图 3-18　2021 年 11 月,数学科学学院学子走进南开大学附属小学,打造多彩课后服务,助力"双减"政策落地

2. 深化校企合作，相伴职业生涯

学院深化校企合作，积极推进产教融合，创新人才培养模式。推行校企合作，建立企业班导师协同育人体系。聘请数学学科优秀校友作为学院职业生涯规划导师，充分发挥校企合作职能，指导职业生涯规划、扩充专业知识、改革人才培养。凝聚校友力量，全面服务学院建设发展。

四、主要成效

数学科学学院团委积极统筹各方面育人力量，推动"三全育人"体系构建有抓手，通过学院党委统一领导，坚持问题导向、靶向施策，精准发力，把服务学院青年需求作为工作重点。充分调动学生主体作用，引导学生"三自"教育有载体。

（一）育人经验：通过社会实践传播数学文化，利用专业优势做好学业帮扶。

为了传播数学文化，把数学之美带给基础教育阶段的学生，学院组建南开大学数学文化宣讲团。宣讲团成员曾赴黑龙江省大庆铁人中学、大庆市第一中学、大庆市实验中学，天津市第五十五中学、第二南开中学，河北省临城中学等多所全国重点中学大力宣传世界数学、南开数学的光辉历程，推广数学文化，受到所在地师生的一致好评；学院结合学科特色，组织"高数我帮你"以及"数分高代拯救计划"志愿服务，志愿服务面向全校各学院学生，年均帮扶学生近 1000 人，累计解答数学习题近万道。

（二）育人载体：深化校企合作，拓展校外实践基地。

数学科学学院深化校企合作，积极推进产教融合，创新人才培养模式。通过加强校企联动，凝聚校友力量，全面服务学院建设发展。同时，在以往工作基础上，学院专职辅导员队伍于 2019 年 5 月中旬赴浙江省温州市

苍南县调研，重温姜立夫先生的生平事迹和奋斗精神，并在姜立夫故居与苍南县政府举办共建教育实践基地签约授牌仪式。2020 年 10 月 31 日，学院赴温州龙港市，参加龙港市举办的纪念姜立夫先生诞辰 130 周年活动，并在姜立夫故居挂牌"百年南开爱国实践教育基地"。

（三）独特价值：面向社会提升南开数学影响力。

与江苏卫视《最强大脑》节目组保持密切联系，输送优秀学生参加节目，增加南开大学与南开数学学科的影响力，为"双一流"建设贡献南开数学力量。学院本科生栾雨曾在此项赛事中取得优异成绩。

撰稿人：范新新、卢彤菲、贾盛、席静远

以校园文化活动促进学生专业发展

——以环境文化节为例

一、背景要求

党的十八大把生态文明建设纳入中国特色社会主义事业总体布局，使生态文明建设的战略地位更加明确。党的十九大报告又明确指出："建设生态文明是中华民族永续发展的千年大计。必须树立和践行绿水青山就是金山银山的理念，坚持节约资源和保护环境的基本国策。"大力推进生态文明建设，建设美丽中国，离不开坚实的人才支撑。高校肩负着立德树人，培养德智体美劳全面发展的社会主义建设者和接班人的重要使命。高等教育人才培养服务于国家战略，应进一步明晰目标定位，及时确立新时代生态文明建设的人才培养目标，努力培养面向全球生态环境治理和人类可持续发展、具有家国情怀、服务于国家生态文明建设和人类命运共同体构建的生态文明建设人才。

二、工作目标

面向新时代生态文明建设需求，如何围绕中心、服务大局，找准工作的结合点和着力点，切实推动人才培养改革，为建设美丽中国的强国目标做好人才储备，是环境科学与工程学院团委落实团中央深化共青团改革要求的首要考虑。在多年"生化环材，四大天坑"的错误的惯性思维认知背景下，环境科学与工程学院团委希望从切实履行组织、引领、服务青年的基本职能出发，构建"三全育人"格局，突出实践育人功能，以"巩固专业兴趣、凝聚专业认同、塑造专业能力、展现青年担当"为目标，将学院每年 3 月至 5 月举办的"环境文化节"打造为定位清晰、特色鲜明、功能明确的校园文化活动。

三、思路举措

（一）寓教于乐，巩固学生专业兴趣。

专业相关的校园文化活动，很容易流于形式、枯燥乏味。如何巧妙地把专业性和趣味性相结合，吸引同学们参与进来，是设计活动方案首先要考虑的问题。为了解决好学生参与兴趣的问题，环境科学与工程学院团委组织学院学生会、研究生会以及学生社团共同参与讨论设计，把旅行与专业结合起来，设计"野外露营"活动，让同学们在体验露营乐趣的同时，开展水质检测等专业活动；把摄影和专业结合起来，设计"物候观察"，让同学们在拍摄美景的同时，开展动植物认知、生态观察等专业活动；把绘画和专业结合起来，设计"环保袋 DIY"活动；把生活和专业结合起来，设计"自制肥皂"活动……通过巧妙的设计，让同学们在接地气的文化活动中提升兴趣，获得成长。

（二）全员育人，凝聚学生专业认同。

引导学生在专业上扎根，不能只靠兴趣，必须帮助同学们了解环境专业前沿热点，学科的社会贡献，专业就业方向、工作内容、就业形势等情况。只有让同学们全方位地认识环境学科，才能凝聚起同学们的专业认同。环境科学与工程学院在活动中十分注重发挥专业教师、校友、企业等多方力量,从不同角度提供资源,共同帮助学生成长。在活动策划过程中,注重邀请专业教师参与活动设计与指导,让第二课堂活动更好的承载专业内容。活动内容上,邀请专家学者分享研究热点、专业形势,让同学们打开视野,找准定位;邀请优秀校友分享成长经历,帮助同学们了解就业形势,为同学们树立发展榜样;组织学生赴生态环保部门、污水处理厂、校友企业、实验林场、土壤、河道修复工程项目参观访学,让同学们了解工作内容,体验生态环境改善效果,领略环境学科的魅力。

图 3-19 参观河道修复工程示范点

(三)实践育人,塑造过硬专业能力。

纸上得来终觉浅,绝知此事要躬行。作为理工科学院,在设计活动时,如何让学生在实践中收获成长是需要着重考虑的。在近两届的环境文化节的活动中,首先是设计更多的实际动手、实地参观等亲身体验活动;其次,在环节与内容的设计上特别注重提升学生参与数量与深度。比如,在趣味实验竞赛、实验室开放日、水质检测等活动中,由原来的教师主导、学生参与,调整为教师指导、学生主导、共同参与,实验原理、方法、技能的讲解均由学生承担,让同学们在备课、讲解、演示中扎牢专业知识。

（四）服务育人，展现青年担当。

如何做好学校和社会相结合，更好的组织引领青年在服务社会中长才干，是共青团的重要任务之一。同时，生态文明建设也不能只依靠一部分人，而是需要更广泛的群众参与。由此，环境文化节也在不断的突出社会服务属性。除了在校园内通过绿植培养、"垃圾投进趣"等环保宣传活动引导大学生提升生态文明意识和能力之外，多年来，环境学院还依托环境科学协会组织大学生志愿者赴中小学、社区开展生态环保知识的科普宣传活动。2021年5月，环境文化节例行活动之一的学院开放日与南开大学科技周活动结合，首次面向广大社会群众举办。400余名市民朋友来到环境学院了解了大气污染治理工艺、固体废物处理方法、水处理技术等，还进行了微生物观察、制作生态瓶等体验活动。环境学院同学们用丰富的活动与通俗易懂的讲解让前来参加的市民朋友对大气污染、垃圾分类、污水处理、生态循环等环保知识与技术有了更深入的了解。在校园、社区、中小学等一次次的宣讲环保知识、弘扬生态文明的服务与实践过程中，环境学院的同学们不仅扎实了专业知识，锻炼了沟通能力，也用实际行动践行了环境学子参与生态文明建设的青年责任。

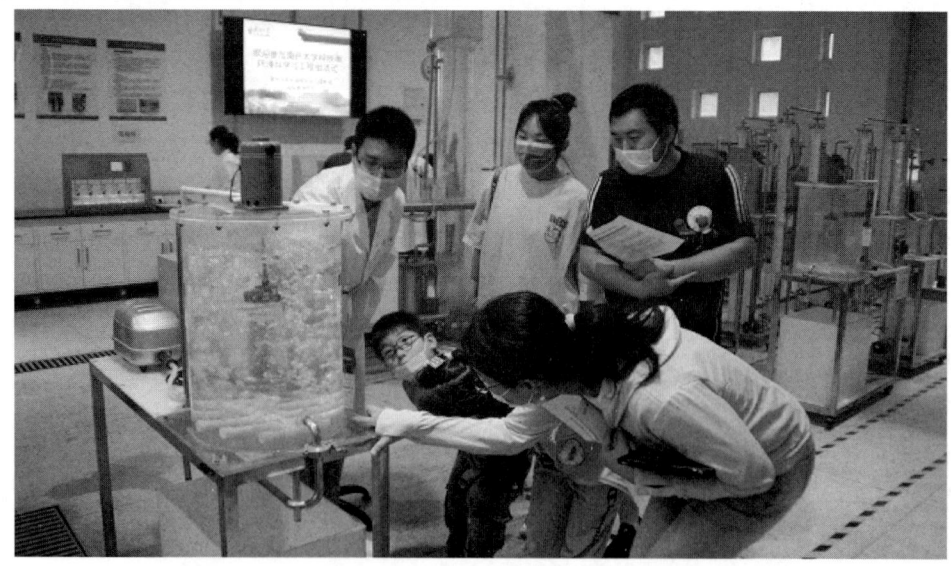

图 3-20　环境文化节之面向市民开放讲解环境技术

四、改革成效

青年认可与否是检验工作是否合格的标准。环境科学与工程学院团委围绕中心、服务大局，以"巩固专业兴趣、凝聚专业认同、塑造专业能力、展现青年担当"为目标取得了良好的效果。学生专业兴趣不断提升、专业能力不断增强，环境文化节本院学生参与度超过80%；科研训练项目参与度接近100%；专业学科竞赛获省部级及以上奖项数量3年来年均增长超50%；本科生升学率近70%，考研成功率由2019年的12.5%提升到2021年33%，特别是学生对本校本学院的认可度越来越高，本科毕业生规模持平的情况下，选择本校升学人数由2019年的7人上升到2021年的24人；在毕业生就业选择中，本专业就业率超过80%，高于全校平均水平。同学们的选择是用脚给环境专业投下选票，是从行动上表达扎根环保行业、建设美丽中国的信心和决心。

撰稿人：高世哲

融合专业、深化改革、服务青年

——以医学文化节为例

一、背景要求

群团事业是党的事业的重要组成部分,党的群团工作是党治国理政的一项经常性、基础性工作,是党组织动员广大人民群众为完成党的中心任务而奋斗的法宝。《中共中央关于加强和改进党的群团工作的意见》指出,要推动群团组织团结动员群众围绕中心任务建功立业,推动群团组织改革创新、增强活力。

作为共青团工作的主要力量,基层团组织要积极适应青年学生新特点、学科发展新局面、高校思想政治工作新要求,始终把握思想政治引领这一核心任务,依照"凝聚青年、服务大局、当好桥梁、从严治团"的工作格局,深化共青团组织改革,深入推进党史学习教育和"我为师生办实事"实践活动。

医学院连续十届的医学文化节致力于为南开医学青年搭建活跃校园文化、夯实专业基础、弘扬医者精神的素质教育平台。在共青团深化改革的背景下,医学文化节的着眼点和落脚点也需要进一步深化与延展,围绕中心工作,勇于自我革新。

二、工作目标

为深入贯彻落实《中共中央关于加强和改进党的群团工作的意见》《深化学校共青团改革的若干措施》《关于在全党开展党史学习教育的通知》等文件要求,深化共青团组织改革,进一步增强党史学习教育的质效,推动"我为师生办实事"实践活动走深走实,扩大南开大学医学院和南开医学学科影响力,医学院团委大胆扬弃,革新医学文化节,围绕南开特色医学教育体系建设和医学学科大发展,携手天津市多所医科高校,共同开展交流与展示,促进校际间学科文化的传播与共享;与招办合作带动多所市级重点中学百余学生参与,吸引优质生源,助力学科长远发展;以党史学习教育"我为群众办实事"为契机,依托系列活动平台,聚焦学生健康与成长需求,凝聚引领青年,树立大医精诚的职业生涯观。

三、思路举措

随着共青团深化改革,2021年第十一届医学文化节进一步深化延展着眼点和落脚点,内容上始终坚持"为群众办实事"理念,内涵上充分挖掘学科元素、服务学科发展,根本上聚焦学生成长发展需要,形成开放日、校友论坛、专业医生校园义诊、医学生社区健康宣讲、科普讲座等品牌活动。

(一)凸显学科专业优势,坚持为群众办实事

1. 开办义诊与讲座,依托研究院平台凸显专业性

健康问题始终是学校师生共同关切的重点,医学院团委紧紧把握问题主线,立足医学学科特点,凸显医学文化节的专业性。文化节以南开大学公共卫生与健康研究院、转化医学研究院、移植医学研究院、妇产科学研究院等各大研究院成立为契机,邀请天津市眼科医院、天津市中心妇产科

医院、天津市口腔医院的专业医生走进校园连续开展 4 场"为师生办实事"健康义诊咨询服务；邀请天津市人民医院、天津市安定医院等医疗机构专业医生来校开展女性健康、皮肤护理、心理健康、公共卫生、"抗疫"事迹等主题讲座，深受学校师生的欢迎，取得良好效果。

2. 成立思源宣讲团，纳入宣讲体系凸显科普性

医学院团委深入挖掘医学生的专业所长，成立思源宣讲团，纳入文化节宣讲体系，鼓励医学青年深入社区科普医学知识，传播医学文化。文化节活动现场讲解常见急救处理措施，普及基础医疗知识和健康理念，将专业所学融入社会；活动周期外，赴学府街学湖里社区、天大四季村社区开展疫苗接种及常见病答疑咨询的健康宣讲活动，身体力行，为"健康中国"贡献南医青年的绵薄之力。

（二）围绕学院中心工作，服务南开医学学科发展

1. 面向市民开放，广泛传播医学文化

经过多年的有效探索，作为文化节的品牌活动"医学院开放日"已列入天津市科技周重点项目，吸引市民广泛参与，是南开医学的一张亮丽名片。坚持"以人民为中心，以健康为根本"的健康观，学院大力加强学科体系建设，整合医学教育资源，关注身心健康发展。学院团委紧抓学科特色，第十一届文化节首创性地将开放日活动按照人的生命历程分成了从婴儿出生到生命终结的七个打卡点位，测血型、腹腔镜、缝皮、雕牙、观察螨虫等体验活动，展现了生命的意义与价值，引导学生和市民关爱生命，关注身心健康。

2. 携手高校青年，促进天津医学学科文化共享

《全国医疗卫生服务体系规划纲要》提出要加强医疗服务的区域发展。为了助力推进天津医疗卫生事业的发展，医学文化节首次携手天津市多所兄弟高校，搭建更高层级的平台，助力医学文化的传播。文化节开幕式上，来自南开大学、天津医科大学、天津中医药大学 3 所高校的医学生代表结合各校医学生培养特点、医德素质教育特色活动等开展交流展示，共同宣读倡议并带领现场同学重温医学生誓词，展现了 3 校医学生传承医学文化、弘扬医学精神的赤诚之心，促进了校际间学科文化共享，拓宽了医学文化

对外传播的途径。

图 3-21　师生共贺医学文化节开幕

3. 牵手中学青少年，吸引优质生源助力学科发展

《国务院办公厅关于加快医学教育创新发展的指导意见》指出，全力提升院校医学人才培养质量，要积极采取措施吸引优质生源报考医学专业，提高入口生源质量。学院共青团工作主动融入中心工作，将医学文化节与招生工作有机结合，吸引优质生源，助力学科长远发展。全面开放学院解剖学实验室、组织胚胎学实验室、病理标本陈列室和智能医学工作室，专业教师指导中学生近距离接触人体标本，揭开了医学实验的神秘面纱，引领"触碰生命、敬畏生命"的意义；开设医院健康直通车，精心布置设备和场景，全方位呈现医学生的日常实习生活，开启了学科沉浸式体验。吸引了来自天津市南开中学、耀华中学、新华中学、实验中学、杨柳青第一中学、英华国际学校、南开大学附属中学、南开翔宇学校等 8 所重点高中的 200 余名师生参与其中，反响强烈，助力学院招生工作。

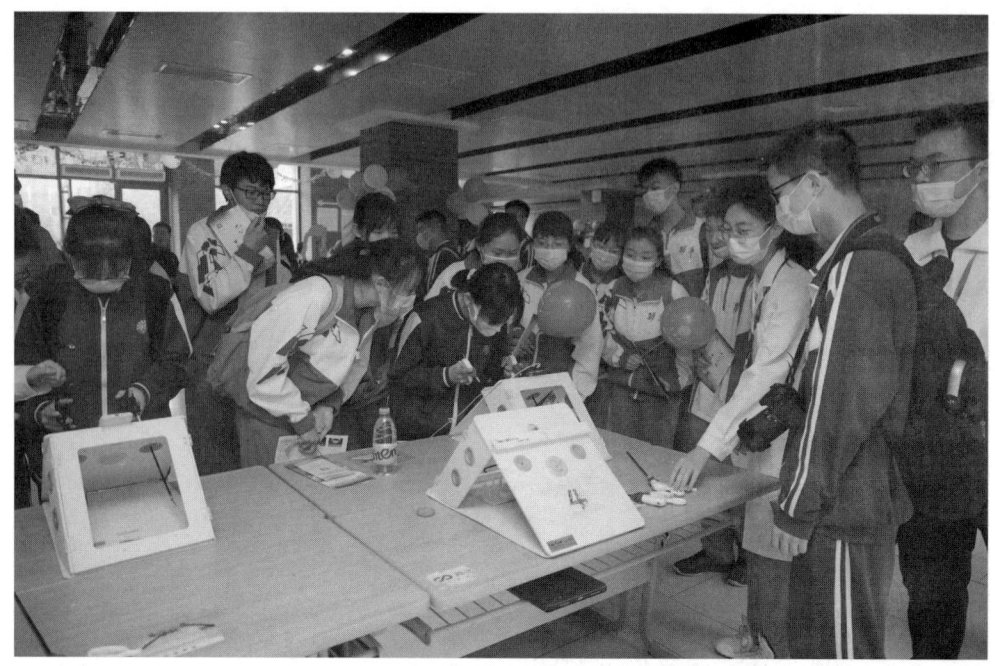

图 3-22 模拟腹腔镜操作激发中学生浓厚兴趣

（三）聚焦成长需要，打造青年进步的助推器

1. 问需青年，定向越野跑向新时代

自学院开展党史学习教育以来，医学院团委积极倾听青年声音。为满足青年学生参与体育活动的需求，举办"不忘初心学四史，薪火相传一百年"主题活动，通过定向越野的形式，开展"情景式"党史学习教育，将党史教育与体育育人有机结合，引导青年学生领悟民族精神和时代精神，更加感恩党情、热爱祖国，以更加饱满的姿态投身于实现中国梦的伟大实践。

2. 精神传承，对话三代南开医学人

文化节期间，医学院团委结合学科人才培养模式，创新形式，举办"跨越三代南开医学人的青春成长对话"主题校友论坛活动暨示范性主题团日，促进医学生社会主义核心价值观培育。论坛以"青春成长对话"为主题，聚焦医学生的成长与职业发展问题，以"时代之声"回答"历史之问"，充分发挥了校友会的桥梁与纽带作用，让在校医学生感受到了医者的责任担

当和大医精诚、矢志不渝的精神,进一步明确了未来的职业生涯规划,亮出百年爱党之心,擘画职业未来之梦,彰显报国使命担当,得到了校友与师生的一致认可。

四、改革成效

随着共青团深化改革,医学文化节作为团组织特色品牌活动,在不断夯实医学生素质教育平台的基础上,进一步深化、延展着眼点和落脚点,产生了可推广经验和示范引领价值。一是党旗所指就是团旗所向,团组织的教育活动应当深入贯彻落实党的指示精神,扎实推进党史学习教育,坚持为群众办实事;二是团组织的教育活动应当紧密围绕学院中心工作,结合学科特点,加强校际间交流合作,做强学科宣传,助推学科发展;三是团组织的教育活动应当充分聚焦学生成长需要,拓展利用好校友导师资源,推动医学生树立"大医精诚"职业生涯观,推进"三全育人"和"五育并举"。

医学文化节得到了南开大学新闻网的多次报道,"南开大学""南开大学本科招生""南开大学团委"等公众号对系列活动进行了广泛宣传。同时,天津市口腔医院、天津市眼科医院等合作办学医院,天津中医药大学、南开大学附属中学等学校也都通过各自公众号对文化节系列活动进行了宣传报道。

改革创新发展中的医学文化节,围绕学院工作,立足学科发展,聚焦师生需求,坚持为群众办实事,得到了校内外广泛好评,收效显著。

撰稿人:孔祥悦、宋佳龙

全员体育，将"动起来"植入你的DNA

一、背景要求

党的十八大以来，以习近平同志为核心的党中央高度重视体育工作的发展，充分强调了体育在提高人民健康水平、满足人民群众对美好生活向往、促进人和经济社会全面发展上的重要意义。"十四五"规划和2035年远景目标纲要更是明确提出到2035年要将中国建成为"体育强国"。

2020年，《关于全面加强和改进新时代学校体育工作的意见》一文印发，对高校的体育工作提出了更高的要求。高校作为学生综合素质发展的重要阵地，大力推动以"体"育人工作也正是实现立德树人根本任务、提升学生综合素质的重要渠道。良好的体育文化氛围不仅对增强大学生身体素质有所助益，更是在大学生的心理健康疏导和思想、人格的发展建立上都具有潜移默化的作用。

然而，近年来大学生的体质健康水平持续下滑，囿于课业压力、科研压力、工作压力等问题，学生对体育运动的必要性缺乏认知，终身体育的意识与行为均难以养成。因此，通过有效手段营造良好的体育文化氛围，带动全民健身，是高校在推进"五育融合"育人模式中的重要一环。

二、工作目标

为充分发挥高校以"体"育人的重要作用，着力解决高校学生身体素质低、运动习惯差、行动力匮乏等问题，生命科学学院（以下简称"生科院"）将体育教育、体育活动、体育赛事等作为推动"五育融合"的重要载体，加大在资源平台搭建方面的投入力度，聘请体育特长突出的专业教师担任指导老师，在推动全员育人的同时注重分层分类引导，持续将"教育"与"实践"相结合。学院通过强化运动意识、降低活动门槛、推广兴趣小组、开展竞技比赛、健全激励措施五步走的方式，构建"心动-推动-带动-主动-互动"体育育人五步法，凝聚运动共识，提高运动兴趣，培养运动习惯，帮助学生提高身体素质、舒缓心理情绪、锤炼意志品格。

三、思路举措

南开系列学校自成立以来，即以重视体育，为国人倡，公能校训的"能"便包括了对于身体的锻炼和知识的培植。生科院自1989年首次创办学生"体育节"，到1998年将其推广至全校，一直是我校学生第二课堂体育文化建设探索的先行者。随着时代的推移，大学生的性格特点和社会环境逐渐发生变化，对体育活动的举办也不断提出新要求。

如何调动实验学科学生走出教室实验室、走出宿舍、走下网络的积极性，如何培养学生主动运动、坚持运动的习惯，是生科院近年来在体育工作上探索的关键。

（一）搭建体学结合平台，根植终身体育的认知

当前绝大多数学生大学期间仅以获取体育课程分数、体质健康测试合格为目标，没能形成主动运动的意识。为解决学生运动的内生动力问题，生科院努力从理论层面打通学生认知的第一道关，以专业兴趣切入，引导学生关注身体健康。

一是结合专业，强化意识引领。邀请天津市中医药大学第一附属医院傅立新教授、国家体育总局"科学健身示范园"专家组成员谭思洁教授等专家为师生开展了"关注脊柱 守护健康"和"科学运动与魅力收益"专题

报告，从与生物学科密切相关的脊柱构造、人体代谢情况入手，结合专业知识科学分析当前青年学生体质下降的根本原因，加强学生对保护脊柱、改变心肺功能、锻炼肌肉耐力的重视，强化师生运动意识。

二是引入实操，注重专业指导。 聘请专业指导，教授师生运动的四大核心要素：运动方式、运动强度、运动时间、运动频率，并现场教学颈椎操、八段锦，系统讲解"速度练习""有氧运动""跳跃练习"等的规范做法，开设游泳培训班等，为师生提供适用于日常锻炼的实用性技能。

（二）搭建低门槛运动平台，调动学生参与积极性

为进一步推动体育运动从强者竞赛向群体参与转变，生科院创新运动形式，降低体育活动门槛，满足同学们的兴趣需求，力争做到体育运动全员覆盖。

一是结合青年兴趣点，增强运动趣味性。 举办校园定向越野赛，以指定点位任务打卡形式活跃运动氛围；组织"跃动生科"趣味运动会，设置绳毽、平板支撑、指压板斗拐等10余项趣味活动，激发学生参与热情；举办"童年运动"，分设打弹珠、过垫脚石桥等板块，以趣味性吸引学生走向操场。

二是将运动项目简单化，增强项目体验性。 如比拼传球、投篮等体验篮球项目，比拼高远球、运球接力跑等体验羽毛球项目，开设"微信步数大赛""跃动生科健步走"等体验径赛项目。

（三）搭建运动互助平台，打造师生同行的运动氛围

当前学生在体育习惯的养成上存在严重障碍，一时兴起多，长期坚持少，为解决这个问题，生科院采取了以下措施：

1. 师生同行，打造体育特色队

由学院领导班子牵头监督，划拨专项经费，聘请专业教练，统筹用于体育特色队建设，打造篮球队、足球队、排球队、羽毛球队、乒乓球队、啦啦队。队内形成导师负责制的运作模式，由运动特长突出的专业导师参与到体育特色队的管理建设中，每周组织2—3次的常规训练，形成师生同

行的良好体育运动效果。

2. 凝聚团队，搭建日常锻炼平台

牢牢把握体育委员这支学生骨干队伍力量，建设体育自治项目组，负责策划组织年级层面的体育活动，引导学生以班级、年级为单位自发组织体育兴趣小组，包括跑步、绳毽、广场舞等运动团，每周四下午固定锻炼，其他时间自行约练。

3. 打卡活动，助力个人习惯养成

加强监督是习惯养成的必要保障。生科院连续5个学期开设"奔跑吧，生科人""居家运动大作战"等每日打卡活动，参与者通过手机软件实时记录运动情况，并在活动群内打卡积分。每周公布排名，每月总结评比，有效实现监督激励。

（四）搭建体育竞技平台，突出体育精神育人实效

为充分发挥竞技体育在氛围营造上的作用，生科院举办贯穿全年的院级体育赛事，以体育精神激发集体荣誉感，带动运动热潮。

在平台搭建上，组织"院长杯""新生杯"三大球、三小球比赛以及游泳比赛、拔河比赛等竞技性强的体育活动，供学生依据兴趣、能力选择参与。在组织保障上，打造学院-年级-班级（实验室）三级联动机制，以学生活动督导中心体育部为引领，带动年级体育自治项目组，指导班级体育委员、体育专员举办并推广院级体育赛事。推动以班级、实验室为单位集中参加的良好模式，发挥竞技体育的带动作用，促进集体凝聚力形成。

（五）搭建激励表彰平台，强化榜样引领作用

在建立、健全了平台、机制之后，榜样引领是激发学生内生动力的必要手段。

1. 以高标准激发体育强国梦

为树立榜样标杆，让体育精神具象化，学院邀请原中国女排、天津女排运动员王茜走进校园，为师生带来"永不言败的女排精神"分享报告会，并对生科院排球队运动员进行实战指导。通过"报告+互动"的形式，将女

排精神深植学生心中，激发学生们的爱国之志和体育强国梦想。

2. 学身边人铸就运动强身魂

基于学院全年以"体"育人活动安排，学院在学生榜样树立上建立了相对有效的评价机制。将学院全体学生纳入体育第二课堂考核评价体系，以运动参与过程赋分、竞技运动成果赋分的方式形成学生年度院级个人体育活动参与情况成绩单，选取成绩优异的代表获得年度"体育之星"称号，通过表彰会、新媒体宣传等方式，发挥身边人的引领作用。

四、工作成效

学院针对学生身体素质低、运动习惯差、行动力匮乏等问题，以体育育人为切入点，依托"学院-年级-班级"三级联动体育育人保障体系，构建"心动-推动-带动-主动-互动"体育育人五步法。

一是以专业讲座宣传运动的重要性，强化师生运动意识，促"**心动**"；二是降低运动难度、增强趣味性，"**推动**"师生积极参与；三是以"高门槛运动队+低门槛运动项目组+无门槛运动打卡活动"组合模式，"**带动**"师生运动；四是以贯穿全年的多类别院级体育赛事，促进师生在追求更高更快更强的动力驱使下，提升运动的"**主动**"性；五是以榜样交流、记录赋分、宣传表彰等"**互动**"方式，激励学生加强运动，保持运动。

近年来，学院实现了体育育人全覆盖，学生运动积极性、体育活动参与度均有所提升，在学校运动会、篮球、乒乓球等多项体育赛事中均取得了近5年的新突破。有效凝聚学生的运动共识，提高学生的运动兴趣，培养学生的运动习惯，对促进学生提高身体素质、舒缓心理情绪、锤炼意志品格有良好效果。

撰稿人：王一涵、李鹏琳、禹秋成

全员体育，将"动起来"植入你的DNA 255

图 3-23 拔河比赛

图 3-24 趣味运动会

"青莲紫"爱上"苏区红"

——苏区十年社会实践活动纪实

一、背景要求

党的群团工作会议以来，南开大学马克思主义学院团委深入学习习近平新时代中国特色社会主义思想和习近平总书记来校视察重要讲话精神，贯彻落实新时代加强和改进党的群团工作，深化共青团改革等文件精神，不断探索共青团改革的具体举措，在实践中形成了具有马院特色、南开特色、时代特色的"苏区十年"社会实践活动典型案例。

2011年11月4日，习近平总书记在纪念中央革命根据地创建暨中华苏维埃共和国成立80周年座谈会上指出，在革命根据地的创建和发展中，在建立红色政权、探索革命道路的实践中，无数革命先辈用鲜血和生命铸就了以坚定信念、求真务实、一心为民、清正廉洁、艰苦奋斗、争创一流、无私奉献等为主要内涵的苏区精神。2012年，伴随着新时代的号角，受习近平总书记感召，追寻苏区精神背后的故事，南开大学开展了赴苏区社会实践活动，这一办，就是10年。

二、工作目标

为传承红色基因，探寻治国理政之源，自2012年始，南开大学连续10

年开展了"青莲紫"爱上"苏区红"主题社会实践活动。秉持"知中国，服务中国"的育人理念，坚持师生"四同"的实践理念，南开大学把"红色"作为南开苏区实践的独特标签，立足红色苏区，着眼于红色文化，将南开精神与苏区历史相结合，厚植同学们的理想信念和爱国情怀；把实地调研作为了解苏区红色文化历史传承和苏区振兴、精准扶贫的钥匙，把握红色文化的时代价值，鼓励同学们把论文写在中国大地上。

10 年来，近 600 名南开学子在苏区红土地上接受革命传统教育，开展苏区振兴调研，不断探索新的教育形式，使得实践活动有根基、有深度、有参与、有温度，师生共同见证苏区振兴，把南开人的红色记忆和苏区人的革命传统传承下去。

三、思路举措

从五四风潮中走来的南开大学，青莲紫是她的底色，象征着南开人如莲花般出淤泥而不染的高洁品性；从土地革命风暴中走来的中央苏区，苏区红是她的底色，象征着中国共产党人"为有牺牲多壮志，敢教日月换新天"的壮志豪情。10 年的苏区实践，让青莲紫爱上了苏区红，南开师生用脚步丈量苏区这一片光荣的土地，用青春书写祖国灿烂的华章。

（一）走访红色圣地、在"访"中感悟红色文化

10 年来，从瑞金红军烈士纪念塔下"踏着先烈血迹前进"，到"红军的摇篮，将军的故乡"大别山；从永新三湾、桂东"第一军规广场"到古田会议旧址……南开师生遍访各地苏区，感悟苏区精神。2016 年 8 月，南开大学实践队在瑞金中央革命根据地纪念馆挂牌建立实践基地；2019 年暑期，正值中华人民共和国成立 70 周年之际，南开大学开展了"共和国摇篮——全国苏区大巡礼"主题社会实践，150 余名南开学子组成了 12 支分队前往中央、川陕、鄂豫皖、陕甘、湘鄂川黔、湘赣、湘鄂赣、湘鄂西等苏区开展实践，用行动表达对祖国的祝福；2021 年 7 月底，南开大学以"十

载苏区情，百年辉煌路"为主题，联合赣南师范大学、成都理工大学在中央苏区开展了暑期实践调研活动，三校学子通过走访调研、开展现场教学和党史学习宣讲等方式，致敬革命先贤，献礼建党百年。

苏区社会实践始终坚持生动的红色体验，改"走马观花"为"下马看花"，师生们穿起红军服，编辑出版《红色中华》、开展"红色家书诵读"活动、编排演出《十送红军——让信仰点亮人生》，进一步深化实践中的情感体验，同时制作大量新媒体作品，将实践成果转化为育人素材，获得广泛好评。

（二）讲好红色故事，在"讲"中宣扬红色精神

10 年来，苏区精神感召一批批南开学子踏上红土地，在南开校色"青莲紫"与"苏区红"的交相辉映中，一批具有强烈爱国主义情怀、共产主义理想信念，富有创新创造精神、永久奋斗精神和全心全意为人民服务精神的南开青年逐渐成长起来。2016 年 8 月，赴中央苏区社会实践的南开学子发起成立的"红色记忆宣讲团"，是苏区实践中走出的一支以弘扬红色文化为主旨的学生社团。他们用青春视角解读理论、宣传成就、展示风采，讲出对红色文化的青春记忆，在校内外宣讲 130 余场，覆盖 2000 余人次。在社会实践中成长的红色记忆宣讲团，成为大学生理论宣讲队伍中的一支重要力量，荣获天津市普通高等学校先进学生集体称号。

依托马院学生宣讲团和红色记忆宣讲团，学生们结合暑期社会实践经历，开发了《传承红色记忆，弘扬红色精神》《三湾史话》《当代青年人的红色担当》《如果奇迹有颜色，那一定是中国红》等 60 余篇宣讲作品，在校内外宣讲 700 余场，受众超过 21 万人次。参与宣讲的学生得到锻炼和提高，听众在亲切的话语环境中接受教育，实践育人成果得到进一步有效延伸。

（三）开展苏区调研，在"研"中见证苏区振兴

没有调查就没有发言权，10 年间，南开师生积累了 10 万余字实践报告，而新时代苏区干部在"创造新世界"时展现的信仰之力，也深深教育了一批批南开学子。

苏区的土地颜色暗合了历史的"红"，而它的红土壤上，也生长着令人揪心的"穷"，苏区的振兴一直是实践队开展调研的重点课题。在华屋，实践队师生见证了几年来华屋因发展农产品深加工产业带来的巨变；在安远，又被鹤子镇"山上果、田间薯、林下药、庭院花、大棚菜"多彩产业格局精准入驻贫困户家的脱贫工作所折服。

教师刘一博与学生还在江西吉安地区开展"苏区文化教育与马克思主义大众化研究"的课题调研，访谈了余伯流、丁仁祥等著名专家学者和基层干部群众，搜集整理了大量资料，进行了井冈山与东固根据地的对比研究。研究生霍豫团队围绕"脱贫攻坚中的基层党组织作用"开展调研，依此斩获第17届"挑战杯"红色专项赛全国一等奖和第4届全国大学生讲思政课公开课一等奖。

（四）编排红色话剧，在"演"中深化爱国情感

融合南开大学百年话剧传统与红色文化育人理念，努力探索"同学、同研、同讲、同行"师生"四同"模式，南开大学红色记忆宣讲团根据方志敏等烈士的真实历史事件改编、聘请专业技术人员指导、创作了革命历史话剧《可爱的中国》。话剧组以话剧为形式，注重表达思想内涵，通过师生共同阅读原著、改编剧本、加工创作到同台演出的过程，让更多的人共同感悟革命先辈们历经苦难信仰弥坚的精神，更加珍惜可爱的中国。

《可爱的中国》话剧2019年9月首次公演，被中国青年网和《光明日报》等主流媒体报道，得到党史学界和社会各界好评，取得广泛社会影响。在学校的大力支持之下，在校内外巡演近10场，以话剧艺术为载体不断深化"四史"学习教育，弘扬红色文化，传承红色基因。

四、主要成效

"苏区十年"社会实践活动，共派出50余支实践队伍，覆盖600余位师生，前往全国18个省份、13块苏区，累计跋涉近32万公里，实践时长

超过8400小时，形成10万余字实践报告。实践结束后，我们深入挖掘感人肺腑的红色故事，根据社会实践的所见所闻所感所想，创作60余篇宣讲作品，在校内外宣讲700余场，受众超过21万人次，师生自主改编并同台出演两部红色话剧，在校内外巡演。在学校层面，"苏区十年"团队获南开大学十佳社会实践团队荣誉，多个实践队荣获校级荣誉。研究生霍豫团队围绕"脱贫攻坚中的基层党组织作用"开展调研，斩获第17届"挑战杯"红色专项赛全国一等奖和第4届全国大学生讲思政课公开课一等奖。

10年来，我们培养了一批又一批理想信念坚定、政治素质过硬的青年学子，红色文化育人效果显著，受到社会主流媒体的广泛关注。2016年《光明日报》头版头条刊登文章《"青莲紫"爱上"苏区红"——南开学子重走长征路》，2019年刊登文章《南开：将"红色文化"发扬光大》，2021年10月3日刊登《南开大学：一堂坚持十年的"师生同行"思政大课》文章，充分肯定了南开大学红色社会实践的经验做法与成效，突出体现了南开爱国奋斗的光荣传统。

撰稿人：刘一博、宋晓芙

图3-25　2019年7月，赴中央苏区开展"共和国摇篮大巡礼"专题社会实践

图 3-26　2021 年 7 月，在于都红军长征出发地

"实践+体育运动+社会公益"的三位一体闭环式实践育人模式探究

——以南开大学"公益晨跑 筑梦庄浪"项目为例

一、背景要求

为贯彻中共中央办公厅印发的《关于培育和践行社会主义核心价值观的意见》，将《意见》中指出的"把培育和践行社会主义核心价值观融入国民教育全过程"落到实处，积极响应教育部、团中央和全国学联发出的"三走"的号召，引导和帮助广大青年学生在公益实践中践行责任担当，上好青年奉献与服务担当相结合的"大思政课"，结合学生群体的特殊性，将公益扶贫和学生校内活动有机结合起来。南开大学电子信息与光学工程学院自2013年发起"公益晨跑 筑梦庄浪"项目，秉承"以锻炼做公益，以公益促锻炼"的宗旨，此举是将践行社会主义核心价值观、强化青年担当与注重五育融合实现全面发展相结合的同时，助力扶贫攻坚和乡村振兴工作的积极探索。

项目在发展过程中，结合新时代要求和青年工作的新要求、新方法，不断优化形式，丰富完善内容，积极将项目与党史学习教育相结合，积极引导青年强化责任担当，成长为堪当民族复兴大任的时代新人。

二、工作目标

"公益晨跑 筑梦庄浪"项目自启动以来已成功举办 8 季，根据每位参与晨跑的学生里程数进行核算，庄浪县小学生将相应地收到字典、文具、书包等学习用品。为进一步提升活动实效，依托"公益晨跑"主题活动，在庄浪县设立"公益晨跑"爱心基金，每年"公益晨跑"活动结束后，根据当年参与人数、累计里程数、资金筹措情况等确定爱心基金捐资额度。该项基金专项用于支持甘肃省庄浪县下辖村镇的小学开展学生素质发展活动、完善"南开书屋"的建设等。同时该项目还和社会实践有机融合，由实践队的同学们亲手将爱心物资送到学生们的手中。

项目积极探索"实践+体育运动+社会公益"的三位一体闭环式实践育人模式，将体育运动与社会公益相贯通，提升同学们的热情和参与度；将社会公益与实践相融合，扩展育人链条，提升育人的厚度，为青年的成长搭建平台。

三、思路举措

（一）立足体育传统，融合志愿公益，八季奔跑强化责任担当

南开大学有着优良的体育运动传统，而参与公益活动更是大学生践行社会主义核心价值观、强化青年担当的重要途径。将社会公益和体育运动结合的想法来自于传统的募捐形式，但基于学生群体的特殊性，于是便有了将运动和公益结合起来的创新性想法，用运动来完成公益，再依靠公益提升运动的积极性，从而在体育运动的同时践行青年担当。

（二）搭建育人平台，助力乡村振兴，筑梦庄浪小我融入大我

在"公益晨跑"的基础上，学院同期组织开展了"公益晨跑 筑梦庄浪"暑期社会实践活动，连续多年赴庄浪开展社会实践活动，将校内"公益"项目又一次延伸，让活动更长效更能体现育人平台的作用。

通过跑步里程兑换捐赠物资方式，激励同学热情参与，多年来共捐赠爱心书包近 2000 个，书籍 6000 余本，捐建完善"南开书屋"5 所、"阳光体育角" 2 个，南开大学原校长龚克教授出席捐赠仪式并与实践队师生交流。将公益与社会实践相结合，开展微支教活动，服务时长达到 1220 小时，服务学生 340 余人，助力当地教育振兴，收到当地群众捐赠的"爱心捐赠暖人心 亲情支教展真情"的锦旗。将社会实践与公益助力发展相结合，成立"乡村振兴实践基地"，师生们结合学科专业调研产业，走访调研当地政府相关部门、村委会、企业 40 余家，撰写调研报告累计达 8 万余字，为当地发展积极献言献策。"公益晨跑 筑梦庄浪"项目受到人民网、《中国教育报》、《中国青年报》、《光明日报》、《今晚报》、《甘肃日报》等多家媒体的宣传和报道。

（三）强化价值引领，汲取奋进力量，牢记初心坚定理想信念

对于青年的价值引领始终贯穿于"公益晨跑 筑梦庄浪"项目的全过程。电子信息与光学工程学院将"公益晨跑 筑梦庄浪"的特色和党史学习教育巧妙融合在一起，举办"公益晨跑 奔向百年"主题活动，以晨跑接力寻迹党的精神谱系的形式，传承伟大精神，引导师生们在共产党人精神谱系中坚定"把小我融入大我"的信念和为中华民族伟大复兴奋力奔跑的决心。

"公益晨跑 筑梦庄浪"实践队以宣讲团为依托，以"学思践悟"为导向构筑"实践+宣讲"的理论学习模式。实践队前往中国梯田化模范县纪念馆、"石桥村地下党展馆"革命旧址等 10 余个红色教育基地进行参观学习；举办理论学习交流会 23 场，撰写理论宣讲报告 1 万余字；实践中结合党的最新理论成果举办理论宣讲会 10 余场，覆盖 700 余人。

四、主要成效

"公益晨跑 筑梦庄浪"项目活动受到了学生的广泛关注和好评,举办八季以来学生累计参与人次达到 15000 人次,奔跑总里程达到 31000 公里。晨跑活动不仅锻炼了同学们的体魄,也让同学们对青年担当有了更深刻的理解和践行。公益晨跑的队伍中累计走出南开大学周恩来奖学金得主 4 名,天津市优秀学生、优秀学生干部 5 名,国家奖学金得主 14 名。

图 3-27 公益晨跑实践队合影

项目打通校内志愿公益和校外社会实践之间的障碍,将公益筑梦和校内活动、体育锻炼和志愿服务、育人平台和价值引领有机结合起来,形成了"实践+体育运动+社会公益"的三位一体闭环式项目理念,具有社会影响力和推广带动性。项目作为"三走"典型案例上报团中央,作为扶贫典型案例上报教育部。项目获评第五届中国青年志愿服务项目大赛全国铜奖和天津市金奖、全国百强实践队、全国大中专学生志愿者暑期"三下乡"

社会实践"千校千项"百佳优秀短视频奖、天津市高校"新时代·乡村振兴战略实践行"主题实践活动先进集体等多项荣誉。

  项目的可推广性体现在"以晨跑为形式契合青年需求""以公益为驱动体现价值引领""以实践为载体融合育人导向",晨跑的项目形式易于推广,可以融入青年人喜欢的流行元素,同时对硬件要求低;公益元素作为吸引青年参与的驱动,让学生在参与活动的过程收获公益带来的获得感,为项目的延续提供了动力;将志愿融合实践的形式也为项目带来了育人的沃土和载体,推动项目深层次发展。

撰稿人:赵骁勇、朱博晨

融入社会治理体系,打造实践育人南医品牌

一、背景要求

志愿服务与社会实践是现代社会服务体系的构成要素,是新时代推进高校立德树人的重要抓手。党的十八大以来,党中央对志愿服务体系的布局全面融合了政治站位、治理定位和文明本位,明确了其在国家治理体系和治理能力现代化中对社会治理创新格局的基础作用,为高校系统推动志愿服务和社会实践工作指明了方向与路径。

习近平总书记指出:"群团组织做服务工作具有两重性,既要服务党和国家工作大局,也要服务群众。"为党和国家工作大局服务,始终是群团工作的价值所在;在服务中联系群众、凝聚群众,才能使群团工作具有坚实的根基。作为共青团工作的主要力量,基层团组织应坚持服务党和国家工作大局与服务青年相统一,把青年紧紧凝聚在党的周围,为党和国家工作大局提供支持。

二、工作目标

为做好新时代党的青年工作,医学院团委持续深化共青团改革,立足学科特点、发挥专业优势,以服务"健康中国战略"、服务青年医学生成长发展为目标,以引导志愿服务和社会实践融入社会治理体系为理念,夯实实践育人成效,打造实践育人南医品牌。一方面,发挥志愿服务和社会实

践在社会发展与社会建设中的重要作用，畅通青年参与社会治理渠道，引领青年在提高人民健康水平、促进人民健康发展等方面贡献力量。另一方面，持续引领青年学生在实践中受教育、长才干、做贡献，积极投身祖国卫生健康事业的发展，在实践锻炼中成长成才。

三、思路举措

医学院团委依托志愿服务和社会实践活动，以融入社会治理体系为主线，创新性地打造了医学青年服务社会"三个品牌"，以"三个融入"推动实践教育走深走实，全方位服务社会发展建设，取得了实实在在的成效。

（一）融入社会服务需要，打造健康卫生宣讲品牌

在连续多年深入社区、养老院、幼儿园等地开展健康科普宣讲活动的基础上，医学院团委建立健全宣讲制度，规范化梳理宣讲知识体系，成立南开大学医学院"思源宣讲团"，动态招募宣讲志愿者，依托党支部、团支部、班级、学生组织等，面向人民群众开展祖国健康卫生发展史、应急救援知识、日常健康保健知识、疫情防控与疫苗接种等主题宣讲。

宣讲团深入挖掘党史、中华人民共和国史、改革开放史、社会主义发展史中关于保障人民健康的重要内容，赴南营门街文化村社区开展"祖国卫生健康发展史"主题宣讲。伴随中国从农业社会向工业社会和城市社会的转型，社区居民开始从成年型向老龄型转变，思源宣讲团精准对接老年居民，前往学府街西南二社区，向老年居民讲解常规体检和科学就医有关问题，赴天津市退休职工养老院宣讲夏季饮食、穿衣、睡眠健康知识。围绕疫情防控常态化背景和全民接种新冠疫苗工作要求，思源宣讲团赴学府街四季村社区、学湖里社区开展新冠疫情科学防控与接种技术宣讲，协助社区做好新冠疫苗接种的动员和答疑工作。

近年来，社区人口从同质性向异质性转变，因此，满足不同年龄段、不同类型的城乡群众个性化、差异化的健康知识需求，并提供有针对性的

宣讲服务成为了健康卫生宣讲亟待解决的具体问题。为此，医学院团委建立了"双向选择"的宣讲服务统筹协调机制，一方面，由社区、养老院等提出宣讲需求和服务群体，由宣讲团成员提供针对性的宣讲服务；另一方面，由宣讲团成员提供既定的宣讲主题与内容，由服务对象进行选择。该机制有效解决了宣讲服务需求与供给不匹配的问题，真正推动宣讲服务向基层、向城乡社区下沉。

图 3-28　医学院团委与万盈家园社区共建志愿服务与社会实践基地

（二）融入社会医疗体系，打造志愿支医服务品牌

"健康中国战略"提出，建立覆盖城乡居民的中国特色基本医疗卫生制度，推动健康领域治理体系和治理能力基本实现现代化。医学院团委以服务社会医疗体系为工作要点，积极推动志愿服务和社会实践与社会基本医疗卫生服务相结合，围绕城乡医疗卫生体系建设开展系列志愿服务和社会实践活动，鼓励医学专业志愿者与专业医生协调合作、功能互补，为构建医疗卫生服务体系贡献力量。

结合医学专业特色和医学生深入医院一线见习实践需要，医学院团委连续多年组织学生赴南开大学附属医院开展导医导诊志愿服务活动，眼视光医学专业学生前往南开大学眼科医院视光中心开展服务学习，在就医动线指引、医院秩序维护、常见医学问题解答等方面发挥重要作用。每年寒暑假，依托返家乡社会实践活动，医学院学生前往家乡医院、卫生所等机构开展返乡社会实践，参与当地疫情防控、社区服务、公益服务、健康宣传，增强服务人民、回报家乡的责任感和使命感。

由于导医导诊活动要求志愿者掌握较强的医学专业知识，以应对患者多样化的就诊需求，而有时间、有精力开展志愿服务与社会实践的学生多为本科低年级学生，与医院对导诊志愿者的需求存在结构性矛盾。为此，医学院团委与南开大学附属医院开展合作，加强志愿者专业技能培训，提升志愿者对医院服务系统的熟悉程度，同时发挥高年级学生的传帮带作用，建立学院、医院两级培训体系，不断提升志愿者专业技能与综合素质。

（三）融入社会焦点问题，打造医学社会调研品牌

聚焦社会难点与群众痛点问题，医学院团委组织社会实践团队赴祖国各地开展医学相关问题的社会调研，借助学院专业教师力量，指导学生在实践中发现问题、认识问题，培养解决问题的能力，推进师生"同学、同研、同讲、同行"，建设"行走的医学课堂"，打造医学类专业社会调研品牌。

随着我国医疗改革逐步深化，开展医疗联合体建设成为了医改的重要步骤和制度创新。围绕国家重大发展战略，医学院"调研医联体现状，聚焦新就医格局"社会实践队对天津市河北区、北辰区和四川省成都市、绵阳市、德阳市的医联体建设情况进行调研，通过与当地卫健委、医院、社区卫生服务中心开展座谈会，总结分析天津市和四川省医联体发展现状及面临的9个问题，并据此提出8项政策建议。聚焦留守儿童和青少年的安全教育问题，医学院"基于农村留守儿童安全教育的服务学习与实践"暑期社会实践队对河北省保定市曲阳县留守儿童安全教育工作的主要做法进行调研，了解当地留守儿童安全教育现状，分析当前留守儿童安全教育方面存在的问题。

受新冠肺炎疫情影响，近两年师生深入一线开展社会实践的现实条件不足，赴各地开展实践活动的疫情防控压力较大，与部分调研地联络沟通受阻。为此，医学院团委积极推广"线上+线下"相结合的社会调研模式，由家乡在调研地的学生和外地学生共同组成社会实践队，当地学生线下开展调研活动，其余学生线上开展活动，有效规避了社会调研中跨省移动带来的疫情防控压力，引导青年学生通过多种方式渠道，切实服务于社会医疗问题的解决。

图3-29 医学院"调研医联体现状，聚焦新就医格局"实践队赴四川调研

四、改革成效

（一）形成可推广经验

医学院团委将社会实践和志愿服务融入社会治理体系，突出实践育人

成效，形成了具有组织化、专业化、常态化的可推广经验。一是在组织建设上，成立思源宣讲团，依托党支部、班团支部、社会实践队等开展志愿服务与社会实践活动，打破了以往实践过程中组织结构涣散的弱势，完善了青年实践与社会治理的结构配置功能调试。二是发挥专业优势，医学院志愿服务和社会实践活动紧紧围绕医学专业特色，发挥医学生专长服务社会，将专业知识融入实践过程，以实践所获反哺知识学习，引导医学生做到知行合一、学以致用。三是建立常态化机制，医学院团委与双新街万盈家园社区等多个社区、养老院签署志愿服务与社会实践协议，建立并深耕实践育人基地，每学期以固定频率开展活动，确保实践活动的稳定性和育人效果的持续性。

（二）示范引领价值

医学院团委建立健全"发挥实践功能融入社会治理体系"的育人模式，引领青年面向基层、服务群众，以专业所学发现和解决社会问题，充分发挥了志愿服务和社会实践提升社会治理能力的作用，让青年学生在实践活动中增长才干、爱国报国，让人民群众共享健康成果，提升获得感和幸福感。

撰稿人：郭昕悦

八载志愿路，践行公能心

一、背景要求

随着城镇化进程的加快,城市外来务工人员子女的教育问题逐渐凸显。如何给外来务工人员子女带来更多优质的教育资源,这不仅需要官方支持和资源倾斜,还需要动员更多的社会力量去参与。

南开大学作为国内知名的高等学府,不仅关注学校发展和人才培养,更注重整合优质资源承担社会责任。永基小学关爱行动始于 2014 年,是南开大学生命科学学院青年志愿服务与社会实践中心长期坚持的特色品牌活动之一。2014 年初,生命科学学院在团市委的号召下,与天津市永基小学建立联系,开发支教项目,致力于为外来务工人员子女提供优质的教育资源。截至 2022 年,该活动已经传承 8 年,成为南开大学唯一一个成功对接外来务工人员子弟小学长达 8 年的志愿服务项目。

二、工作目标

（一）传递爱心，传播文明，促进教育公平

外来务工人员是在城镇化过程中产生的一个庞大群体,通过整合优质教育资源,引导大学生志愿者面向外来务工人员子女支教,有助于解决社

会问题，促进教育公平。大学生志愿者在支教过程中传递爱心，传播文明，有助于促进社会的和谐进步。

（二）奉献社会，丰富体验，促进个人发展

引导学生秉承公能校训，通过志愿支教将所学知识用于教学实践，从而丰富社会阅历和体验。从以学习、应试为导向的学生，转变为观察者、表达者和教育者，不断增长阅历，培养更加健全的人格，陶铸"国之大者"。

（三）立足需求，增强归属，促进学生成长

立足永基小学外来务工人员子女存在的家长无暇顾及、教育管理缺失的情况，通过科普讲堂、兴趣班、课后辅导等形式，给孩子们带去新知识、新观念，也能帮助其融入新环境，减少对陌生环境的疏离感，促进学生健康成长。

三、思路举措

2014年以来，生命科学学院在实践中不断摸索，通过打造"身边课堂""科普课堂"和"初心课堂"，逐步形成了一套与永基小学建立常态化联系、搭建长期支教平台、整合教育资源、开展个性化支教志愿服务的有效机制。

（一）扎根学生需求，打造"身边课堂"

1. 常态化，开设固定课程

自建立联系以来，生科院志愿者每周到永基小学开展关爱行动，已经成为永基小学的固定课程。从最初针对小学一、二年级，每周一次开设课程，到目前面向小学6个年级，每周3次开设课程，8年来，永基小学关爱行动扎扎实实为基础教育做出贡献，让外来务工人员子弟就近享受优质

教育资源。

2. 重调研，动态调整课程

生科院青年志愿者服务中心通过每个月面向永基小学学生、教师定期开展调研、访谈等，及时了解受助对象的实际需求，根据学生特点和诉求，动态调整课程内容，做到有调研、有反馈、有总结、有提升，提供有针对性的全面帮扶。

3. 新形式，线上线下联动

由于疫情波动影响，永基小学关爱行动无法保证连续性线下开展，生科院青年志愿服务中心组织志愿者讲师们精心打磨课件，并在学院公众号上发布，以线上平台为载体，零距离帮扶学生。目前，学院青年志愿服务中心正在探索更多线上形式，尝试通过微视频等让支教课堂打破时空限制，实现线上线下联动。

（二）立足学科特色，打造"科普课堂"

1. 发挥特长，笃行生物科普

支教项目要做的有特色、可持续，必须做到立足学科特色，发挥专业特长，形成品牌特色，既有专业性，又兼具实用性，才能有生命力。作为生物学科的学生，学院支教志愿者始终立足学科特色，发挥特长，致力于开展生物科普活动。针对不同年级、不同年龄段学生的特点，分层次分阶段，设计符合学生需求的课程内容和课程形式，精研生物学知识并将其用通俗易懂、适应小学生理解能力的方式进行传授，从而激发学生对生命科学的强烈兴趣，将热爱科学、探索生命之美的种子播撒在孩子们心间。

2. 队伍建设，凝聚团队力量

"铁打的营盘，流水的兵"，志愿者的有效管理和队伍的稳定性对于志愿服务的重要性不言而喻，特别是面向外来务工人员子女的支教活动，做到长期和稳定是真正实现活动目标的关键。学院注重志愿者队伍的建设，搭建稳固的志愿者队伍架构，定期选拔优质讲师，加强志愿者团队建设和梯队建设，明确志愿者职责，发挥传帮带的作用，实现有效管理。永基小学关爱行动的志愿者讲师，从最初仅从大一学生中选拔，到目前扩展至从本硕博学生中进行招募、面试、试讲，层层选拔，严格遴选，并成立"科普志愿讲师团",有效保证了队伍的稳定性和志愿服务的延续性。

3. 定期培训,提升课程质量

支教活动要真正起到作用,给外来务工人员子女带来有用的知识,带来真正的收获和提升,关键在于讲授课程的内容要优质,要真正适合学生。每年的支教志愿者选拔结束后,学院都会对志愿者进行培训,从课程内容、授课方式等角度对讲师进行指导。在现场授课时,"青志中心"也会派专人跟课,课程结束后与讲师共同复盘,提升授课效果。同时,讲师们还需要编写教案、设计课件、选配教具等,课程内容经过学院和永基小学老师的审核把关后方可讲授,以保证课程质量,科普课程的专业化程度不断提升,讲师作用发挥更加明显。

(三)发挥育人功能,打造"初心课堂"

1. 立鸿鹄志,引领学生爱国报国

永基小学关爱行动在向外来务工人员子女们传授科普课程的过程中,注重价值观的引领和培养,注重挖掘课程中的思政元素,对标建设生物专业知识教育、思政教育与社会服务紧密结合的科普金课。通过讲述科学家的感人故事引导同学们树立科研报国的志向,通过植物学相关课程引导同学们爱护环境等等。2021年,生科院与永基小学建立了"大中小学思政课一体化教育基地",为落实"三全育人""五育融合"提供有效载体,更加有力的促进思政教育与学生成长同频共振。

2. 树公能心,发扬志愿服务精神

南开大学一直以来秉持立德树人的理念,教育和引导学生弘扬"公能"精神,在志愿服务和社会实践中服务基层,增长才干。永基小学关爱行动的长期开展,为大学生志愿者们践行"知中国,服务中国"的南开理念提供了稳定平台,成为学院立德树人的关键阵地之一。从对接小学、协调双方需求,到课程设计、教案撰写、课件制作,再到课堂讲授、复盘提升的全过程,志愿者们将志愿服务、专业学习和实践学习有机串联,充分发挥了大学生的主体作用。在支教活动开展的各个环节引导学生发扬志愿服务精神,实现了对学生的价值塑造、知识传授和能力培养的有机统一。

3. 行奉献事，发挥榜样带动作用

教育的本质是心灵教育，是一棵树摇动另一棵树，一朵云推动另一朵云，一个灵魂唤醒另一个灵魂。学院整合优势资源，选拔优秀学生，打造优秀课程，鼓励志愿者们身体力行树榜样、做表率，将扶贫、扶智、扶志相结合。作为南开大学的优秀学子，生科院科普志愿者讲师们牢记校训，躬身实践，多年来始终如一深入基层为外来务工人员子女提供常态化的支教服务，广受师生赞誉。志愿者们乐于奉献，将公能心、爱国魂融入服务奉献之中，带动被服务的外来务工人员子女在学习知识的同时，提升对社会的归属感，激励他们树立远大志向，进一步在日常学习、生活的各个方面严格要求自己，拼搏向上。

四、主要成效

永基小学关爱行动的体制机制、内容形式、特色做法对于高校支教性质的志愿服务活动有一定的借鉴意义。

（一）夯实顶层设计，加强价值引领，完善体制机制

要保证高校长期支教项目的延续性和稳定性，离不开扎实的顶层设计和制度建设。学院从挖掘课程思政元素、志愿者队伍建设、把控授课流程、调研反馈机制、夯实基地建设等各个层面加强夯实顶层设计，强化价值引领和制度建设，使永基小学关爱项目既有坚强的精神内核，又有完备的运行机制，拥有强大的生命力。

（二）立足学科特色，对标学生需求，打造精品课程

永基小学关爱项目紧紧贴合学生需求，深深扎根学院生物学科的特色和特长，注重教学目标的高阶性、教学内容和教学方式的创新性，致力于打造系列精品科普课程，将生物学科基础知识教育和理想信念教育引领相

统一，注重提升学生的参与感和获得感。

8年来，南开大学生命科学学院特色志愿服务项目——永基小学关爱行动多次获评南开大学优秀志愿服务项目，保持着良好的稳定性和延续性，至今仍然有着旺盛的生命力和广泛的吸引力。新形势下，永基小学关爱行动在推动大中小学思政课教育一体化、助力"双减"政策落实等方面发挥着新的作用，必将焕发新的活力。

撰稿人：李鹏琳、由佳

图 3-30　永基小学关爱行动

竞赛推介助学科创新，公益宣讲担青年责任

——南开大学融通人才基地社团

一、背景要求

共青团中央、教育部、全国学联2016年印发《高校学生社团管理暂行办法》，该办法对规范高校学生社团管理，深化高校学生社团的育人功能，积极促进高校学生社团的健康发展，具有十分重要的意义。南开大学团委于2020年出台《南开大学学生社团建设管理实施细则》，严肃了学生社团建设管理，并为学生社团育人功能充分发挥指引了方向。

南开大学融通人才基地社团，发起于2000年，同年《融通》班报创立，2002年金融人才基地成立，2008年杂志与基地合并更名南开大学融通人才基地社团。社团在20年的建设中，一直致力于构建金融素质培养平台，成立了"证券研发中心"、举办了"金融业与社会发展论坛"、形成了"模拟炒股大赛"和《融通》杂志两大品牌。

近年来，南开大学共青团深入贯彻落实习近平新时代中国特色社会主义思想和习近平总书记来校视察重要讲话精神，带领我校各级共青团组织扎实推进改革。在此期间，金融学院也在加快推进一流金融学科建设。在顺应时代和学科发展变化中，南开大学融通人才基地社团在学校团委和学院党委的领导下，不断调整发展方向，在实践中丰富和完善具体改革方向方法，秉持"促进金融素质培养，服务践行青年责任"的理念，逐渐形成了面向青年需求、符合融通特点的活动路线，组织了一系列精品活动。

二、工作目标

南开大学融通人才基地社团是学生根据成长成才需要，结合自身兴趣特长成立的学术类社团，自成立以来一直秉持"促进金融素质培养，服务践行青年责任"的理念，团结和凝聚广大同学，善用网络技术和新媒体，开展主题鲜明、丰富多彩的线上和线下活动，培养同学的社会责任感、创新精神和实践能力，致力于构建一个金融素质培养和职业发展平台，提升学生综合素质，促进学生成长成才。工作主要围绕两条主线展开。

学科素养、创新精神。坚持开展金融学术系列讲座，跟进各大专业学术竞赛赛程并积极推介，开展赛事培训宣讲会并邀请业界前辈、优秀同学进行经验分享，将专业学习与实践创新紧密结合，形成融通品牌特色。

金融宣讲、青年担当。充分应用专业知识，积极向外对接各中小学、社区进行防范金融诈骗公益宣讲，承担大学生社会责任，切实帮助大众提高防范诈骗意识，体现青年担当，发扬社会价值。

三、思路举措

在学校团委和学院党委的领导下，在社团指导教师金融学院党委委员李泽广教授、学院团委书记袁芳老师的指导下，融通人才基地社团锐意改革创新，探索"融通模式"，提升社团管理质量，开拓出金融竞赛推介、金融信息传达与融通公益宣讲三大主要业务。

（一）探索"融通模式"，提升社团管理质量

融通人才基地在20余年的发展中，积累经验改革创新，形成"部门协作、培训联动、流程完善、动静结合、依需而变"的社团建设"融通模式"。

部门协作。融通社团在进行部门设置时，既按照职能划分又保持部门

协作，在筹划举办赛事、开展公益宣讲时组建项目小组，协同完成特定项目。

培训联动。为促进社团成员办公、宣传、展演技能的提高，融通社团积极与学院团委宣传部、学生会办公部等团学组织开展联动，共同开展技能培训。

流程完善。为保证工作高效有序，融通社团积极完善各项工作的具体流程，包括推送制作与发送、赛事信息宣传、宣讲活动开展等，并根据流程开展督导，提高了社团的运行效率。

动静结合。结合工作开展中的固定项目与临时活动，融通社团实行"动静结合"的运作模式，公众号也形成"固定栏目更新+临时赛事推送"的模式，实现了社团公众号优质内容的持续输出。

依需而变。依需而变是融通发展历程中的宝贵经验。在纸质媒体时代，融通社团出版印刷《融通》杂志进行金融观点的分享；在互联网时代，融通社团依时而变创立社团公众号"南开融通"进行多媒体宣传。同时，社团发展方向也从杂志、论坛逐渐随着学生的需求改变，演变成当下的竞赛推介、信息传达与公益宣讲。融通始终从服务师生、服务社会出发，依据需求进行调整，不断开拓创新实现新的飞跃。

（二）内化"金融理念"，提升社团建设实效

金融竞赛推介，助力学科创新。参与经济金融类学科竞赛是促进学科创新与实践的有效方法。融通社团依托社团公众号"南开融通"，定期筛选当月精品赛事进行重点关注，一方面联络赛事主、承办方对赛事信息进行及时宣传，另一方面积极促进竞赛组队与交流，成功提升同学们的学科竞赛参与率。目前，融通社团已连续多年成功完成中国平安大学生保险数字挑战赛、泰康人寿菁英选拔赛、"东吴证券杯"行业研究大赛等精品赛事的宣传推介工作，并成功邀请中国平安天津分公司、字节跳动等企业来校举办赛事宣讲会。此外，作为"郑商所杯"全国大学生金融模拟交易大赛在南开大学的宣传承办方，融通社团连续多年携手"一德期货"为参赛同学举办赛事宣讲培训会，并连续三届获"郑商所杯"优秀合作高校奖。

金融信息传达，推动知识普及。随着经济社会的发展，大众对于金融的了解需求不断提升，作为全校唯一的金融学术类学生社团，融通社团积

极承担起推广金融知识、促进信息传达的使命。社团依托"南开融通"公众号，形成了金融信息宣传矩阵，设立"融通深氪""融通热点""融通科普"等栏目。"融通深氪"聚焦金融市场重大事件进行深入分析，帮助读者深入了解事件走向；"融通热点"聚焦月度重要经济金融事件梳理，及时洞悉市场动态；"融通科普"旨在向非金融类专业同学介绍金融基础知识，增进其对金融的认识。社团持续推送每月经济金融十大热点，针对创业板、绿色经济等重大事件进行深入分析，并推送股票、基金、期货等金融知识的科普文章，形成了融通品牌系列宣传。

融通公益宣讲，践行青年责任。为提高大众防范金融诈骗的意识和能力，在防诈领域践行青年人责任、展现南开金融人担当，融通社团结合专业特点建立"融通宣讲团"，深入大、中、小学与社区进行防范金融诈骗、金融科普等系列公益宣讲。宣讲团自成立以来，先后走进海河教育园区南开学校、耀华中学、天津工业大学生命科学学院等单位进行系列宣讲。此外，在我校新华中学课后服务项目中，融通社团承担金融科普宣讲课程，帮助高中生拓宽视野，进行经济金融学科初探。

四、改革成效

经过 20 年的积淀与发展，南开大学融通人才基地社团在学科素质培养上取得显著成绩，协助了郑商所杯、锐思杯、泰康人寿菁英选拔赛等多个大型金融学科赛事的举办，为广大同学提供了展现自身知识储备的舞台；探索创新"融通模式"，切实提升了社团管理质量。2021 年融通宣讲团完成数十场校内外宣讲，覆盖 2000 余人次，受到一致好评和广泛欢迎。

南开大学融通人才基地社团"不忘初心，改革创新"。从曾经的杂志纸媒时代，到如今步入的信息时代，融通人始终坚守在为南开学子、学科发展、科技赛事搭建信息平台的立足点上。同时，融通人不断发掘融通社团的新功能、新活力，着眼群众不断出现的新需求，优化社团活动种类结构和内容质量，勇攀新的高峰，永不止步。

撰稿人：袁芳、王晓娟、唐琳、刘忠濠

图 3-31　2021 年中国大学生保险数字挑战赛南开大学宣讲会

"三全育人"理念下科普实践服务新发展

——以物理科学学院科普育人为例

一、背景要求

习近平总书记在"科技三会"中指出:"科技创新和科学普及是实现创新发展的两翼,要把科学普及放在与科技创新同等重要的位置。"天津市委市政府对"大力推进全域科普,提升全民科学素质"做出总体安排,并纳入了天津市"十四五"规划。南开大学物理科学学院依托学院的教育部"三全育人"试点院系平台,发挥专业优势,坚持以习近平新时代中国特色社会主义思想为指导,深化共青团改革,将科学普及融入到青年大学生社会实践、志愿服务、团支部建设当中,以点带面、连线成面,形成了全员、全方位、全过程育人理念下的特色科普实践育人模式。学院开展物理特色鲜明、群众喜闻乐见的系列科普活动,为提高全民科学素养、培养青少年的创造精神和实践能力而服务。

二、工作目标

南开大学物理科普教育基地是天津市科普教育基地。物理科学学院始终深入贯彻落实关于科普创新工作的重要规划安排,充分运用学院科技创新资源,打造科普工作平台,创建科普创新特色活动。工作目标是把学院建设成为具有"三全育人"理念特色、本硕博同学广泛参与、校园社区相互联系、线上线下融合一体、师生同研同行的科普实践育人新高地。依托国家级物理教学团队及国家级物理实验教学示范中心和创新平台，凝聚学生群团组织青年力量，协同科普与创新同步发展，聚焦演示教学与科普开放，探索建设以物理科普为主要内容，以提升公民科学素养为目的的物理科普实践育人工作体系。

三、思路举措

（一）聚资源，打造科普"新平台"

1. 创建稳定完善的工作平台

依托南开大学"物理科普展示厅"、《物理科普实践》等课程、"百项工程"创新实践基地、"三全育人"社会实践基地等重要资源，南开大学物理科普教育基地打造集科技性、趣味性、科普性为一体的科普阵地。建设包含科普实践教师团队以及学生科普实践团队100余名师生，力学、热学、光学、电磁学以及原子物理等领域200余套专业演示科普实验仪器在内的物理科普工作平台。

2. 创作喜闻乐见的科普作品

面对科普对象范围大，科普形式单一的问题，物理科普团队凝心聚力，由学生创作、教师指导，以多元化的科普微视频、科学实验展演的新型创作形式，创作公众喜闻乐见的科普作品。依托"科普实践"系列公共课程面向科普创作与科普宣讲队伍开展创作技能培训以及宣讲语言培训，提升科普人员的科普能力。积极从事科普仪器开发制作，已经申请相关国家专利10项，授权3项。

3. 实现科普与创新协同发展

继续发挥物理演示、科普展示与开放的优势，补足科普传播能力以及科普创新创作能力不足的短板，加强科普的传播与创作能力，实现科普与创新协同发展，进一步增强校园科普文化氛围。南开大学物理科学学院承办了 2018 年全国物理科普大会，有 6 位院士参与会议并举办了科普沙龙活动。南开大学 2020 年发起并组织承办首届天津市"大学-中学"科普创新大赛，收集科普作品 1400 余份，参赛人数达 7 千余人。

4. 推进"互联网+科普"新发展模式

面对数字化与智能化的新形式与新特点，大力推进"互联网+科普"新发展工作模式，线上线下共同发力，改进科普日活动形式。主要依托"南开大学物理科普教育基地""NKphysics"等公众号进行科普视频展示、科普知识介绍，同时借助"B 站"、抖音、新华号、微信视频号等多媒体平台开展南开大学物理科普基地云端游开放科普活动日活动，直播由物理专业教授团队主演主讲，学生团队演示，打造线上科普"新高地"。

（二）聚力量，组建科普"新队伍"

1. 党建带团建，开设团校科普实践课程

党建带团建，依托"样板支部"与"红旗团支部"组建党团科普工作队伍，组织动员党团员骨干发挥自身学科优势，在科普工作中积极发挥力量，深入中学、小学以及幼儿园开展科普展演活动。组织党团支部宣讲团前往社区开展群众科普，设计多元化活动形式，以科学性、联系生活和原理通俗化为原则，提高公众对科学的认知水平和兴趣。组织物理科学学院永怀团校开展科普微视频创作比赛，提升团校学员实践创新能力。

2."线下+线上"，组建社区科普志愿服务队伍

定期组织开展线下社区科普宣传志愿服务队伍，面向学院本硕博各年级团支部、永怀团校、永怀宣讲团招募学生志愿者加入到科普志愿服务活动当中，定期开展以"科普进社区"为主题的主题团日活动。科普志愿服务队伍由学生组成，在疫情期间准备线上展演项目内容，自行设计创新科普实验，制作相关微视频作品，形成"线下+线上"双结合的志愿服务模式。

3. 服务学习，组建物理科普实验实践团队

依托"物理科普实践"课程组建物理科普实验实践团队，由专业教师指导规划实验内容，学生设计实验演示方案，师生共同开展实验，结合"师生同行"暑期实践，开展青年服务学习活动。物理科普实验团队曾赴黑龙江伊春、山东荣成、河南平舆、青海原子城等地开展科普实验服务，通过科普的方式为"南开书屋"赋能，注入新元素，促进了全民科学素质的提高。

（三）聚行动，开创科普"新局面"

1. 定期组织开放日，扩大科普覆盖面

学院每年定期举办国际光日、中国科普日、天津科技周、"双11"科普开放日等科普开放活动，依托物理科普基地，每年接受大中小学生参观几十余期，接待人数达到数千人次，致力于实现物理科普校园全覆盖，实现仪器自制与开发开放相结合的新局面，推动大中小幼以及市民科普教育的良性发展。

2. 建设实践基地，育人机制长效发展

聚焦校园与社区联动的科普实践基地建设，师生科普团队深入到社区、中小学开展主题团日活动，进行物理实验演示和科普宣传，录制科普视频，为普通市民和中小学生讲解科学实验，普及科学知识。与天津市北辰区佳荣里街道、南开大学附属小学、南开大学图书馆等单位签订育人共建协议，在山东荣成、青海原子城、河南平舆建立社会实践基地，融合科普育人，不断推进育人长效机制建设，促进社会实践科普服务新发展。

3. 创作科普精品，增强科普影响力

加强科普创作传播能力，建设科普教育示范基地。学院致力于科普作品制作与传播，在新冠疫情应急科普中取得突出成果，《测温枪的原理》获得2020年全国科学抗疫科普微视频大赛优秀作品。以赛促建，通过参加科学实验展演、科普微视频大赛等活动，加强科普作品创作能力。依托团委课外活动中心举办"物理文化节"，组织研发贴近生产生活、大众通俗易懂、生动有趣的优秀物理演示展品，建设有特色的科学展演项目。营造科学热点与实验教学相结合的创新型科普新环境。

4. 融合公能教育，扩展科普新思路

在科普实践服务中积极融入爱国主义教育，传承南开"公能"精神，强化理想信念教育。依托南开物理学科历史背景，深度挖掘和整理郭永怀等老一辈南开科技工作者崇尚科学、求真务实、艰苦奋斗的感人故事，与

永怀宣讲团、永怀话剧团联动，把社会实践、科普创新、公能宣讲融为一体，在推进科普工作的同时，弘扬新时代科学家精神，传承爱国情怀和优良传统，开创科普育人"新局面"。

四、改革成效

经过长期努力，在"三全育人"理念指导下，学院科普实践服务成效显著。近三年学院组织近百场科普开放活动，覆盖人群达2万余人。科普实践活动凭借仪器自制、精准互动、深度体验等特色，受到了《人民日报》、天津电视台、《天津日报》等多家媒体的报道。科普作品曾获得2020年全国科学"抗疫"科普微视频大赛优秀作品、天津市科学实验展演一等奖、天津市科普讲解大赛一等奖、天津市科普微视频大赛一等奖等10余项国家级、省部级科普奖励。学院教师获评2020年天津市优秀科技志愿者、"十三五"天津市全民科学素质先进个人等荣誉称号。校外共建5所社会实践教育基地。

经过长期实践，南开大学物理科学学院科普实践服务实现了新的发展，摸索出了依托实验实践教学体系和创新平台、学生群团组织青年力量，协同科普与创新同步发展，聚焦演示教学与科普开放的物理科普工作经验。

一是依托优势专业资源，打造完善稳定的科普工作平台，培养科普讲解骨干，创作与遴选优秀科普微作品，协同创新发展与科普实践，结合"互联网+科普"形式助力科普工作向纵深发展。

二是充分发挥实践教育示范引领和辐射带动作用，依托校园社区共建实践基地与"师生同行"第二课堂设计，将科普实践融入到团组织建设与团校系列课程当中。融合南开"公能情怀"，挖掘优秀校友杰出事迹，让科普工作与思政教育融合开展。

三是丰富活动载体，助力形式创新，不仅要创作原创科普作品，更要致力于群众喜闻乐见的科普作品的摸索，用好公众号、直播平台等新媒体宣传阵地，实现优秀科普作品的广泛传播。

未来，南开大学物理科学学院将继续与物理科普基地联动合作，科普实践服务将继续坚持"自制、自拟、自组、开放"的科普体系,增加开放力度,发挥基地社会辐射效应,不断深化共青团改革,为实现青年实践能力提升贡献南开智慧,为全民科学素质提升贡献南开力量。

撰稿人:陈宗强、李凡一

图 3-32　2020 年天津市科技周科普活动演示大气压强

图 3-33　2018 年天津市科技周科普活动演示手持式蓄电池

巧用力，打造创新创业金奖项目

一、背景要求

《中共中央关于制定国民经济和社会发展第十四个五年规划和二〇三五年远景目标的建议》中指出，深入实施科教兴国战略、人才强国战略、创新驱动发展战略，完善国家创新体系，加快建设科技强国。习近平总书记在两院院士大会中国科协第十次全国代表大会上讲到，要更加重视人才自主培养，努力造就一批具有世界影响力的顶尖科技人才，稳定支持一批创新团队，培养更多高素质技术技能人才、能工巧匠、大国工匠。国家先后出台了《国务院关于推动创新创业高质量发展 打造"双创"升级版的意见》《教育部关于大力推进高等学校创新创业教育和大学生自主创业工作的意见》等一系列文件。

在此背景下，生命科学学院（以下简称"生科院"）积极贯彻落实上级指示精神，大力推动双创工作开展，营造创新创业浓厚氛围。

二、工作目标

生科院精准研判学院发展、生物学科教师和学生的特点，以及开展创新创业工作的阻力和壁垒。站在学科发展、教师个人进步、学生个人成长的角度，从全局出发进行部署，精细化推进每个环节工作的开展，从建立健全体制机制、科教融合、科技成果转化、专业特色、政策把握等角度把大学生创新创业工作放在学院发展战略的重要位置，提供全面保障，包括资金支持、活动指导、比赛全程配备专业指导老师等。生科院团委为"双创"工作提供各类创新培训，组织举办了团建、内培等活动，整合多方资源，搭建跨学院组队平台，通过多渠道的宣传、各类赛事赛前动员等，营造创新创业氛围，提供学生科研立项、科技竞赛、自主创业、专利申请等活动的指导和服务，助力生科院学生创新创业工作高质量发展。

三、思路举措

（一）全局性统筹，精细化推进

生科院高度重视大学生创新创业工作，从学院层面开展顶层设计、高位推动，统筹协调科研、教学、校友、各级团组织等多方面资源，提供保障，全方位助力大学生创新创业项目建设。

大学生创新创业项目的培育和参赛具有时间长、规模大，参赛项目科技含量高，赛事内容丰富等特点。因此，结合赛事要求和特点，搭建全过程、全方位的参赛项目培育体系，精细化推进每一个阶段，非常必要。

在启动阶段，生科院召开赛事说明会、金奖项目复盘会、专业教师动员会等，多层面多层次开展项目挖掘工作，重点关注有市场应用前景的可转化落地项目。在实施阶段，充分发挥科学界泰斗、国赛评委专家、校内外创业导师等资源，对项目进行全方位打磨，从科研进度上加速突破，从落地实施上广泛开拓市场，从参赛技巧上全面提升。在收尾总结阶段，及时针对获奖和落选项目进行分类总结，持续跟进项目落地投入市场的情况。

（二）建立健全体制机制，保障双创工作高质量发展

2012年，生科院成立了南开大学首个院级学生科技协会，在学院团委指导下，承担学院科技创新工作的开展，下设科技部与实践部等部门。2015年响应学校号召增设创业服务部，主要承担创业实践活动、创业大赛以及

创业人员、项目的管理；原科技部和实践部合并为科技创新部，承担各类特色创新活动、讲座、论坛、沙龙的举办工作，形成了一个中心两向推动的科技协会组织体系，职能分工完善，工作渠道畅通。

为调动学生参与创新创业活动的积极性，科技协会开办"创业沙龙微课堂"，讲授创业知识；开展创业微实践，"小花农"项目成功运营。此外，为凝聚创业人才，创业服务部以调研的方式建立了生科院创业大数据，掌握学生的创业意向、创业需求，并建立了创业后备军团队和创业项目库，在为学生提供创业信息和创业资源的同时，有针对性的开展创业项目培育。由生科院6名研究生共同发起成立的发微工作室，带动80多名本硕博学生参与到创新创业中，研发课程24节，培养讲师15名，覆盖多个小学、社区、少年宫，受众千余人，获得了学生、家长及各合作单位的一致好评。

（三）推进科教融合，培养科技成果转化人才

大学生创新创业项目培育的一个重要目标是推进科技成果转化，充分发挥科研人员在大学生创新创业工作中的示范引导作用，鼓励科研人员将实验室、课题组科技成果转化项目参赛，让躺在实验室里的技术能够走向市场，使技术落地变成生产力。

生科院大力开展面向科研人员的创新创业项目培育和大赛宣传，并积极落实学校配套政策，为获得好成绩的导师分配博士生名额作为激励；举办科研成果转化对接沙龙，邀请涵盖药物、医疗材料/器械、农业、疾病诊断等多个方面的业内投资专家与师生近距离交流，了解科研成果，推动科研成果转化或促进与企业达成横向项目；推动"师生共创"理念深入人心，鼓励师生共同参与科研，形成良好交流、高效配合氛围，促进科研成果转化；负责双创工作的团干部经常与专业教师进行沟通交流，了解掌握学院的科研进展，帮助分辨项目的科技成果转化能力。

（四）结合专业特色，以兴趣为导向激发创新潜能

激发学生的创新潜能是创新创业项目培育和培养创新型人才的基础，生科院一直以来致力于带领学生将生命科学的书本知识转化为实践，走进

自然、亲近自然，感受生命的美丽。

生科院多年来倾力打造的品牌活动"生命之美"系列已经在学生中深入人心，如"南开春讯之花开时节又逢君""南开春讯之未闻花名""生科游园会""秋之美"植物标本创意大赛、"植物的世界"系列参观、"静美博物"系列活动、"百花的冠冕"生物微课堂、"爱鸟周"系列活动、"南开花事"等活动。

生科院在科学知识普及上做了诸多尝试，调动学生的创意思维，培养创新能力，如癌症知识科普周、"生命密码"系列科普讲座、科普摄影大赛和即将开展的"生物光影百年"科普讲解大赛。此外，生科院还以专业为依托开展国际合作，与美国埃默里大学（Emory University）取得联系，共建中国癌症网上科普的平台。

（五）坚持政策引领，以市场为导向搭建双创平台

国务院办公厅印发的《关于发展众创空间推进大众创新创业的指导意见》明确指出，推进大众创新创业要坚持市场导向、加强政策集成。生科院积极落实上级要求，搭建以市场为导向的双创平台。

为营造浓厚的创新创业氛围，激励学生开启创业理想，生科院打造"一课堂双赛事"创新创业平台，即"创业沙龙"微课堂，作为提升学生创新创业能力的第二课堂，邀请名家指导创新创业；承办全国"i创达人"天津赛区赛事，联合 6 所高校一同角逐全国总决赛名额，增进与兄弟高校的交流，开阔眼界；创办"梦启未来，创领时代"初创大赛，旨在发现和帮扶还未成型的创业小创意，让这些萌发在南开学生心中的小想法走的更远、更高。

四、改革成效

经过多年的不懈努力，生科院创新创业工作取得了丰硕成果，近 5 年，带领学生夺得中国国际"互联网+"大学生创新创业大赛高教主赛道全国金奖 1 项、铜奖 5 项，红色筑梦之旅赛道全国金奖 1 项，"挑战杯"中国大学

生创业计划竞赛全国铜奖 1 项，2019 "泰达-华博杯" 华侨华人创新创业大赛冠军 1 项，国际遗传工程机器大赛（iGEM）金奖 1 项；生科院获南开大学学生创新创业工作"五强组织奖""最优转化奖"等荣誉。总结工作中可推广的经验如下：

（一）高度重视，科学组织

大学生创新创业是大众创业、万众创新的必然要求，是国家提升科技创新实力的重要举措，具体实施单位要提高站位，高度重视，整合各方资源，做好宣传动员工作，用心用力挖掘项目、培育项目。

（二）以赛代练，以赛促创

应深入理解"以赛代练，以赛促创"理念，并做好落实工作，引导学生积极参加以"互联网+""挑战杯""创青春"系列赛事为龙头，其他各类学生课外学术科技竞赛为支撑的学生创新创业体系。

（三）拉练队伍，精准培养

培养对大学生创新创业感兴趣的团干部队伍，从专业知识、实践锻炼、企业联络等方面进行训练，将了解、掌握专业学科可转化项目的能力列为考核重要指标，真正培养一批沉得下去、浮得上来的团干部。

（四）聚焦社会需求，创造共享价值

应将高校思想政治教育与双创教育结合起来，有机融合，协同育人。引导学生在开展"双创"工作中树立正确的价值导向，关注社会热点以及社会发展痛点，致力于解决当下我国发展面临的问题，将个人的创新创业理想同国家的发展紧密结合。

（五）牢记育人使命，培养创新人才

创新创业项目指导教师应关注学生在参与项目过程中的成长，并有意识地训练学生的创新理念、创新思维和创新能力,其中包括团队意识、职业素养、领导力、企业运营等,要认识到大学生创新创业工作的目标不是带领学生成功运营一家企业,而是培养一批今后可以成为企业家的学生。

撰稿人:由佳、王一涵、禹秋成

图 3-34　获得第五届互联网金奖

图 3-35　获得第七届互联网金奖

"专业+实践+创新创业",对接产业发展需求

一、背景要求

2021年5月,习近平总书记在两院院士大会中国科协第十次全国代表大会上强调,要坚持把科技自立自强作为国家发展的战略支撑,立足新发展阶段、贯彻新发展理念、构建新发展格局,要求以与时俱进的精神、革故鼎新的勇气、坚忍不拔的定力,肩负起时代赋予的重任。

青年人作为科技创新的生力军、教育实践的主体,更应牢记习近平总书记的嘱托,担负起科技强国的重任。药学院自建院以来便以创新创业工作为品牌特色,发展至今已形成了"四位一体"的工作格局,积累了一些工作经验,形成了满足青年创新服务需求的典型案例。

二、工作目标

南开大学药学院创新创业工作旨在发挥药学专业学科特色,培养学生创新创业的能力与意识,营造人人创新的学院氛围;响应科教兴国的国家战略,深入贯彻新发展理念,为科技强国贡献南开力量、药学力量。

结合南开校训和药学学科特色,学院在培养学生创新能力的基础上增强创新意识、强国意识,做到创新服务需求。在社会层面,创新要做到新技术服务社会,创业解决就业问题,带动整体就业。

三、思路举措

学院围绕体制机制、课堂教学环节、校园文化活动、社会实践四个方面打造"四位一体"的工作格局。首先建立鼓励创新创业的机制体制，将创新创业能力作为综合考评的重要方面；将创新创业能力的培养和考核纳入常规教学环节，结合理论知识学习，提高学生的创新创业能力；课堂之外，积极举办创新创业的相关宣传与实践活动，发扬创新创业文化；假期组织相关社会实践，深入创新创业产业化一线亲身体验。通过"四位一体"的工作格局打造学院创新创业品牌特色。

（一）建立健全体制机制，激发教师和学生参与热情

健全的鼓励机制可以有效激发学生和教师的参与热情。学院将参与创新创业工作所取得的成果量化并应用到保研评分过程中去，以奖励政策激励学生积极参与创新创业。同时，在近年的获奖团队中可以看出，指导教师的重视程度很大程度会影响团队项目的发展情况，所以基于此种情况，学院加大对指导教师的激励程度，将创新创业工作与教师绩效和奖教金相结合，鼓励教师深入发掘优质项目、培养优质项目。

此外，优质的外部环境也对创新创业项目发展起到帮助。学院与北京华润制药集团、石药集团、天津科伦药物研究有限公司、斯芬克司药物研发公司、荣昌制药、辉瑞公司、绿叶制药集团控股子公司博安生物、天士力中天药业有限责任公司等各大药企，以及安国市数字中药都、徂徕山道地药材种植区、兴国县苗木繁育场、临潭当归种植基地等多处药材基地建立合作意向，鼓励学生走进生产基地，实际了解药学产业发展过程中亟待解决的问题，拓宽创新创业思路，深入研发一线，真切感受药物创新产业化流程与艰难，发现书本学习与药物创新研发之间的差距与联系，听取药物研发专业人士对于药物创新的见解。帮助学生在进行药学相关创新项目时能够贴合药物市场实际，紧跟时代发展脚步，做到用专业知识解决实际困难。

（二）扎根药学专业知识，推动药学学科创新

专业知识支撑是创新创业工作的基石。依托第一课堂和实验室科研项目，既可以发掘优质创新创业项目，也可以持续培养孵化项目。学院在第一课堂上引导学生将"所学"转化成"所用"，在实验室里引导学生将已取得的科研成果应用到解决实际问题中去，多方面多角度鼓励学生进行创新创业工作。

"归根乡村助推良药"当归质量检测系统即为一例。该项目是从第一课堂上酝酿想法，在实验室科研过程中解决问题，最终形成检测系统产品。该系统以质量标志物为核心，以人工智能和大数据统计为技术支撑，且已在实验过程中被证实得到的数据真实有效。

（三）校园文化活动做好引导，营造创新创业氛围

药学院积极举办创新创业的相关宣传活动，在学院内营造浓厚的创新创业氛围。每年新生入学时都会举办"我为实验室代言"活动，为新生介绍实验室科研项目，近距离参观实验室，观察只在书本上提及的仪器，并学习它们的用途和使用方法，一步步带领新生走进创新创业世界的大门。此外，创新创业分享会也是学院必不可少的活动项目，邀请往届在创新创业方面获得突出成就的团队前来分享经验，也为院内各创新创业团队提供交流空间，互相学习优点，指出不足之处，共同进步。

（四）深入制药一线，将知识用在中国大地上

创新创业工作的最终目的是服务实际产业，解决实际问题。将创新创业项目成果落地应用，才是创新创业工作的最终目标。学院以此为目标，力争为每一个创新创业项目取得的成果提供实地检验的机会，以社会实践为依托，不断完善项目。

例如学院于2016年组建"橙心橙意"团队，指导项目"助力脐橙产业发展，为苏区振兴保驾护航"。成员往返于赣南老区果园和学校实验室之间，

开展调研，最后将目标锁定在黄龙病的快速检测与诊断上。找到关键问题后，一支由南开大学药学院学生牵头组建，多个学院学生共同参与的创新创业团队，便开始致力于柑橘病害快速早检测技术研发工作。团队集中全力攻关，耗时两年，利用药学院实验室设备环境，自主研发了分别针对苗圃幼苗和稳产区果树柑橘黄龙病、衰退病、碎叶病的多款新型检测产品，其中包括一款已申请国家专利技术的胶体金检测试纸。

在不断发展中，团队逐渐形成了依托国家重点实验室和国家脐橙中心的科研优势，面向政府、植保站、苗圃基地以及果农，推广精准识别患病果树检测方案的服务模式。未来，这套检测方案可能会复制到中国南方更广阔的柑橘种植区，同时继续建设推广三病一体化检防控体系。

图3-36　第十二届"挑战杯"中国大学生创业计划"橙心橙意"团队

通过社会实践活动，带领学生深入创新创业产业化的一线亲身体验并发现问题为项目提供了关键的发展方向，常规教学环节当中对学生创新创业能力培养为项目成型打下了坚实基础，学院对于创新创业活动的鼓励态度与开放观念为项目顺利进行排除了很多不必要的麻烦。"橙心橙意"团队先后斩获第十二届"挑战杯"中国大学生创业计划竞赛国家银奖、第六届"互联网+"中国大学生创新创业大赛红旅赛道国家铜奖、中美创客交流中心优秀团队三项国家级奖项、2020年"挑战杯"天津市大学生创业计划竞赛金奖等三项省市级奖项。

四、改革成效

综上，南开大学药学院以创新创业工作为品牌特色、依托学院打造的"四位一体"的工作格局展开；在学生创新创业工作领域，从体制机制、课堂教学环节、校园文化活动、社会实践这四个方面开展工作、深化改革，在院内营造了创新创业的氛围环境，掀起了全院创新创业的热潮；在学校创立了鼓励创新创业的示范和典例，大力发扬了科技创新、敢于创业的文化精神；在社会利用相关专业知识帮助解决了包括扶贫、增产、防治在内的实际问题，积极响应了习总书记科技强国的号召和国家"科教兴国"战略。

南开大学药学院"发挥专业特色 创新服务需求"的举措近年来取得了突出成就，组织的创新创业队伍收获了各类国家级竞赛奖项；各个实践队利用假期时间去往祖国各处，落地创新创业项目，获得了媒体关注；创新创业激励体制机制已形成传统，打造了创新创业的持久氛围。药学是交叉学科，药学相关创新创业工作的发展也带动了相关交叉学科双创工作的发展，在生命科学创新创业领域提供了可参考的价值。

撰稿人：王渤洋、裴粟玉、黄祎磊